LA THEORIE
ET
LA PRATIQUE
DU
JARDINAGE

OU L'ON TRAITE A FOND DES BEAUX JARDINS
apellés communément
LES JARDINS DE PROPRETÉ,
Comme sont LES PARTERRES, LES BOSQUETS,
LES BOULINGRINS, &c.

CONTENANT PLUSIEURS PLANS ET
Dispositions generales de Jardins, nouveaux Desseins de Parterres, de Bosquets, de Boulingrins, Labirinthes, Sales, Galeries, Portiques & Cabinets de Treillages, Terrasses, Escaliers, Fontaines, Cascades, & autres ornemens servant à la Decoration & Embélissement des Jardins.

AVEC LA MANIERE DE DRESSER UN TERRAIN, de le couper en terrasses, & d'y tracer & executer toutes sortes de Desseins, suivant les Principes de la Geometrie; & la méthode de planter & élever en peu de tems tous les Plants qui conviennent aux beaux Jardins; comme aussi celle de rechercher les Eaux, de les conduire dans les Jardins, & d'y construire des Bassins & Fontaines, avec des Remarques & Regles generales sur tout ce qui concerne l'Art du Jardinage.

A PARIS,
Chez JEAN MARIETTE, ruë saint Jacques,
aux Colonnes d'Hercule.

M. DCCIX.

AVEC PRIVILEGE DU ROY.

TABLE DES CHAPITRES CONTENUS DANS CET OUVRAGE.

PREMIERE PARTIE.

SECONDE PARTIE.

FIN DE LA TABLE.

APPROBATION.

J'Ai lû par ordre de Monſeigneur le Chancelier un Manuſcrit intitulé, *La Theorie & la Pratique du Jardinage*; & je crois que l'Impreſſion de cet Ouvrage ſera fort utile au Public. Fait à Paris ce 15ᵉ Decembre 1708.

Signé, HAVART.

PRIVILEGE DU ROY.

LOUIS PAR LA GRACE DE DIEU ROY DE FRANCE ET DE NAVARRE: A nos amez & feaux Conſeillers les Gens tenans nos Cours de Parlement, Maîtres des Requêtes ordinaires de nôtre Hôtel, Grand Conſeil, Prevôt de Paris, Baillifs, Seneſchaux, leurs Lieutenans Civils, & autres nos Juſticiers qu'il appartiendra, SALUT. Nôtre amé JEAN MARIETTE Marchand Libraire à Paris, Nous a fait expoſer qu'il deſireroit donner au Public l'Impreſſion d'un Livre intitulé, *La Theorie & la Pratique du Jardinage*, enrichi de Tailles-douces, s'il Nous plaiſoit lui accorder nos Lettres de Privilege ſur ce neceſſaires. A CES CAUSES, Nous lui avons permis & permettons par ces Preſentes, d'imprimer ou faire imprimer ledit Livre, en telle forme, marge, caractere, & autant de fois que bon lui ſemblera; de le vendre ou faire vendre par tout nôtre Royaume pendant le temps de quinze années conſecutives, à compter du jour & date des Preſentes. Faiſons défenſes à tous Imprimeurs, Libraires & autres perſonnes de quelque qualité & condition qu'elles ſoient, d'imprimer, faire imprimer, contrefaire, vendre ni debiter ledit Livre ſous quelque prétexte que ce puiſſe être, même d'Impreſſion étrangere, ſans le conſentement par écrit dudit Expoſant ou de ſes ayans cauſe, à peine de confiſcation des Exemplaires contrefaits, de quinze cens livres d'amende contre chacun des contrevenans, dont un tiers à Nous, un tiers à l'Hôtel-Dieu de Paris, & l'autre tiers audit Expoſant, & de tous dépens, dommages & interêts, à la charge que ces Preſentes ſeront enregiſtrées tout au long ſur le Regiſtre de la Communauté des Imprimeurs & Libraires de Paris, & ce dans trois mois de la date d'icelles; que l'Impreſſion dudit Livre ſera faite dans nôtre Royaume & non ailleurs, & ce en bon papier & beaux caracteres conformément aux Reglemens de la Librairie, & qu'avant de l'expoſer en vente il en ſera mis deux Exemplaires dans nôtre Bibliotheque publique, un dans celle de nôtre Château du Louvre, & un dans celle de nôtre tres-cher & feal Chevalier Chancelier de France le ſieur Phelipeaux Comte de Pontchartrain Commandeur de nos Ordres, le tout à peine de nullité des Preſentes, du contenu deſquelles vous mandons & enjoignons de faire joüir l'Expoſant ou ſes ayans cauſes pleinement & paiſiblement, ſans ſouffrir qu'il leur ſoit fait aucun trouble ou empêchement. Voulons que la copie deſdites Preſentes, qui ſera imprimée au commencement ou à la fin dudit Livre, ſoit tenuë pour dûëment ſignifiée, & qu'aux copies collationnées par l'un de nos amez & feaux Conſeillers & Secretaires, foy y ſoit ajoûtée comme à l'Original. COMMANDONS au premier nôtre Huiſſier ou Sergent de faire pour l'execution d'icelles tous Actes requis & neceſſaires ſans autre permiſſion, nonobſtant clameur de Haro, Chartre Normande, & Lettres à ce contraires: CAR TEL EST NÔTRE PLAISIR. Donné à Paris le dix-huitiéme jour de May l'an de Grace mil ſept cens-neuf, & de nôtre Regne le ſoixante & ſeptiéme. Par le Roy en ſon Conſeil, Signé BELLAVOINE.

Regiſtré ſur le Regiſtre N°. 2. de la Communauté des Libraires & Imprimeurs de Paris, pag. 462. N°. 904. conformément aux Reglemens, & notamment à l'Arreſt du Conſeil du 13. Aouſt 1703. A Paris ce 12. Juillet mil ſept cens neuf.

Signé, L. SEVESTRE, Syndic.

AVIS
AUX RELIEURS
POUR
PLACER LES FIGURES.

PREMIERE PARTIE.

LEs quatre grandes Planches cotées *A*, seront mises tout de suite suivant leurs chifres vis à vis la page 30.

Les six Planches de Parterres cotées *B*, seront placées tout de suite suivant leurs chifres vis à vis la page 38.

Les dix Planches de Bosquets cotées *C*, seront mises tout de suite suivant leurs chifres vis à vis la page 58.

La Planche des Boulingrins côtée *D*, sera placée entre les pages 60 & 61.

La Planche des Treillages cotée *E*, sera placée entre les pages 70 & 71.

SECONDE PARTIE.

Les quatre Planches de Pratique de Geometrie cotées *F*, seront pliées pour être tirées hors du Livre, & seront mises tout de suite suivant leurs chifres vis à vis la page 96.

La Planche des Terrasses cotée *G*, sera pliée pour être tirée hors du Livre, & sera placée vis à vis la page 116.

Les deux Planches d'Escaliers cotées *H*, seront mises tout de suite suivant leurs chifres vis à vis la page 120.

La Planche cotée *I*, sera pliée pour être tirée hors du Livre, & regardera la page 124.

La Planche cotée *K*, sera pliée pour être tirée hors du Livre, & regardera la page 130.

La Planche des Cascades cotée *L*, sera mise entre les pages 206 & 207.

LA THEORIE

PREMIERE PARTIE
QUI CONTIENT
LA THEORIE
DU
JARDINAGE.

CHAPITRE PREMIER,
SERVANT
D'AVERTISSEMENT.

APRES avoir examiné la plûpart des Auteurs, qui ont écrit de l'Agriculture & du Jardinage, je n'en ai trouvé aucun, qui se soit étendu sur la matiere que j'ai entrepris de traiter. C'est ce qui d'abord m'avoit presque ôté le courage d'y travailler, ne pouvant esperer aucun secours étranger. On s'écarte aisément dans une route dont personne ne nous a fraïé le chemin. Ainsi je puis dire sans vanité, qu'il y a du nouveau dans cet Ouvrage, & c'est ce qui doit engager les Lecteurs à excuser les fautes qu'ils y trouveront; il pourra venir après moi quelque main plus habile, qui perfectionera ce que je ne fais qu'ébaucher.

Mon dessein est d'écrire des Jardins qu'on peut appeller *Jardins de propreté*, c'est à dire des beaux Jardins, qu'on a soin d'entretenir proprement, comme sont les Parterres, les Bosquets, les Boulingrins, ornés de Portiques & de Cabinets de treillage, Figures, Fontaines, Cascades, &c. Je n'ai rien negligé pour m'instruire de mon sujet. J'ai lû quantité d'Auteurs Latins, Italiens, Espagnols & François, dont la lecture, quoique bonne d'elle-même, ne m'a pas servi de grand' chose. Nous n'avons parmi nos François *, que deux ou trois Auteurs qui aïent parlé des beaux Jardins; mais ils n'ont fait qu'entamer & effleurer, pour ainsi dire, cette matiere; outre que les desseins qu'ils ont donnés à la fin de leurs Livres, sont d'un goût fort commun, & ne sont plus d'usage presentement. Les autres qui ont écrit de l'Agriculture, ont apparemment crû cette matiere indigne de leur plume; les uns parlant de la Taille des Arbres fruitiers, de la Culture des Jardins potagers, du Jardin Botaniste, & de la proprieté des Simples, du Jardin Fleuriste, des Orangers, &c. les autres du menage des Champs, du devoir d'un bon Pere de famille, d'un Laboureur & Fermier, de la Vigne & des Vendanges, de la Pesche, de la Chasse, & de la maniere de faire la Cuisine, & toutes sortes de Confitures, en quoi l'on voit la difference de cet Ouvrage, d'avec les leurs.

* Boiceau, Molet.

La Quintinye. Le Jardinier François. L. Liger. Le Jardinier Solitaire. Le Jardinier Botaniste. J. de Tournefort. Le Jardinier Fleuriste. Liebaut. De Serres.

La passion que j'ai toûjours euë pour l'Agriculture & pour le Jardinage; le séjour de Versailles & de Paris, dont les environs sont autant de merveilles en ce genre; le plaisir que j'ai eu de parcourir toutes ces beautés, & les soins que j'ai donnés à faire planter plusieurs beaux Jardins, m'ont porté à faire des remarques de tems en tems; la Nature que j'ai consultée tant de fois, la pratique du Terrain, une longue experience, & le commerce que j'ai eu avec les plus habiles gens de la Profession, ont pû m'acquerir quelque lumiere là-dessus; les fautes considerables, & les dépenses inutiles que j'ai remarquées en plusieurs Jardins, joint à l'ignorance de la plûpart des Jardiniers, m'ont enfin déterminé à faire part au Public de mes observations.

Je m'étonne même, vû que tant de gens ont écrit des Jardins Fruitiers & Potagers, qu'il ne s'en soit trouvé aucuns jusqu'à present, qui aïent parlé à fond des *Jardins de propreté*, qui sans contredit sont les plus beaux & les plus nobles de tous; quoiqu'en dise un * Auteur moderne, qui tâche de donner la preéminence aux Fruitiers & Potagers. En effet, y a-t-il rien de plus agréable & de plus délicieux, qu'un beau Jardin, bien disposé, & bien entretenu, rien dont l'aspect contente plus les yeux, & donne plus de satisfaction aux gens de bon goût.

* La Quintinye.

Ce n'est pas que je blâme les Jardins Fruitiers & Potagers, ils ont leur merite; je conviens même qu'il en faut avoir, & que pour composer un Jardin parfait, ils sont aussi necessaires que les plus beaux Parterres & Bosquets; nous avons des exemples de cela dans les plus magnifiques Jardins, où les Fruitiers & les Potagers sont aussi curieux à voir que le reste. Cependant tous ces Potagers, tous ces Fruitiers, quelque beaux qu'ils puissent être, sont toûjours placés dans des lieux écartés, & separés des autres Jardins; preuve évidente qu'on les croit plus necessaires pour l'utilité d'une maison, que pour en augmenter la beauté & la magnificence: ce sont de ces choses qu'il faut aller chercher pour les voir, & qui d'abord ne se doivent point presenter à la vûë dans un beau Jardin.

Versailles, S. Cloud, Meudon, Sceaux, Chantilly, &c.

Je sçai bien que tout le monde ne sera pas de mon avis, surtout les personnes qui ont écrit des Fruits, & ceux qui les aiment; ils font consister toute la perfection de l'Art du Jardinage, & toute la beauté d'un Jardin, dans un Potager, un Fruitier planté en Quinconce, & en de longs Espaliers, pour y avoir le plaisir d'y cueillir une Poire, ou une Pesche: c'est où ils renferment & bornent tous leurs desirs, en fait de Jardinage, & comptent les Parterres, les Bosquets & le reste pour rien. Ils croïent même, sous prétexte qu'ils sçavent tailler un arbre fruitier, & dresser une planche de potager, avoir une parfaite connoissance des Jardins de propreté, dont la disposition & la culture sont tres-differentes.

Je ne crois pas que cet Ouvrage puisse être fort utile à ces ſortes de gens; ils ſont inſenſibles à toutes les beautés dont il traite, & l'interrêt chez eux l'emporte pardeſſus toutes choſes : ils aiment mieux avoir un Jardin ſemblable à une plaine Campagne, couverte de Pomiers, Ceriſiers, &c. ou bien à un Marais rempli de legumes, que de joüir d'un beau & magnifique Jardin. Cet eſprit d'interêt heureuſement n'eſt pas general, & ne regarde point les perſonnes dont les penſées ſont plus nobles, & plus élevées, & pour leſquelles en partie, je déclare que j'ai écrit, afin de faciliter leurs nobles intentions, & donner lieu à leur bon goût de ſe montrer au Public. Je me flate que ce Traité leur ſera de quelque utilité, & leur ſervira de guide, quand ils voudront planter un beau Jardin. Je ſuis ſûr au moins, qu'un Jardin tel que je le propoſe dans les Chapitres ſuivans, fera plus d'honneur à un Particulier, que tous les plus beaux Fruitiers & Potagers du monde, qui font connoître que leur Maître ſonge plus au profit, qu'à toute autre choſe.

Je ſuppoſe donc un Particulier riche, & curieux de Jardinage, qui veut faire la dépenſe neceſſaire pour planter un beau Jardin. Je le conduis pas à pas depuis le choix qu'il doit faire d'un bon terrain, juſqu'à l'execution & derniere perfection de ſon Jardin, en l'inſtruiſant de tout ce qu'il doit ſçavoir, pour n'être point trompé par les gens de la Campagne, & par les Ouvriers qu'il emploiera dans ſes travaux.

Je lui donne les moïens de connoître les bons Plants, de les bien planter & élever en peu de tems, la maniere de faire des Baſſins, des Fontaines jalliſſantes, & d'en conduire les Eaux dans ſon Jardin, celle de conſtruire des Terraſſes, des Eſcaliers, &c. & ſurtout de ſe former un bon goût à l'égard des diſpoſitions generales de Jardins, & des deſſeins de Parterres, Boulingrins, Boſquets, Treillages, Caſcades, & autres ornemens convenables; ce qu'il connoîtra par les 25 Planches qui ſont inſerées dans ce Volume.

Je prétends auſſi inſtruire à fond ce riche Curieux de ce qui regarde les Jardinages, enſorte qu'il puiſſe lui-même dreſſer un terrain, aligner & tracer ſon Jardin avec ſes domeſtiques, ſans être obligé d'avoir recours aux gens du métier. Mais il faut pour cela qu'il aime la Campagne, & l'Agriculture, ſcience ſi agréable & ſi eſtimée de tout tems parmi les personnes les plus qualifiées, que plusieurs Rois & Princes n'ont pas dédaigné après leurs travaux guerriers, d'y donner quelques soins. Les Anciens surtout s'en faisoient un fort grand honneur.

Loüis XIII. Loüis XIV. Mr. le Duc d'Orleans défunt.

Supposé même que des affaires, ou quelque Charge publique, ne permissent pas à nôtre Curieux de s'appliquer lui-même à planter & élever son Jardin, la lecture de cet Ouvrage ne laisseroit pas de lui être fort utile : il seroit sûr en suivant les préceptes qui y sont renfermés, de n'être point trompé, & de sçavoir à quoi s'en tenir, quand il s'entretiendroit avec des Ouvriers touchant quelque Ouvrage qu'il a dessein de faire. Il retiendroit dans le devoir son Jardinier, qui sçauroit que son Maître a de la connoissance dans cet art; au lieu que quand ces sortes de gens ont un Maître ignorant, & qu'ils voïent qu'au lieu d'entendre le Jardinage, il n'en sçait pas même les termes, ils ne font point de difficulté de lui en faire accroire, & se mettent sur le pied de le reprendre, & de rire quelquefois de ses demandes. Outre qu'un Jardin en est toûjours mieux quand il a l'œil d'un Maître un peu connoisseur.

Imperatorum olim manibus colebantur agri, &c. Plin. Hist. nat. L. 18. c. 3.

Infelix ager cujus dominus villicum audit, non docet. Columella lib. 2.

Quoique je me propose ici d'instruire un Particulier, & que ce soit en partie mon intention, cependant je compte que ce ne sera pas moins pour les Jardiniers & les gens de la Campagne, qui la plûpart n'ont qu'une mauvaise routine, & un méchant goût en fait de desseins de Jardinage; ce Traité servira aussi à instruire à fond les jeunes Jardiniers, & à affermir ceux qui ne sont pas tout à fait si novices, dans ce qu'ils sçavent de bon, & à les fortifier & éclairer sur bien des choses. C'est ce qui m'a engagé à écrire pour tout le monde, & à emploïer un stile simple, convenable à la matiere, & à la portée des Jardiniers, suivant ce précepte d'Horace,

Ornari res ipsa negat, contenta doceri.

Il ne me reste plus qu'à dire un mot touchant la division de ce Traité, dont les titres se trouvent cy-dessus dans la Table des Chapitres.

Cet Ouvrage est divisé en deux Parties, qui contiennent en tout dix-huit Chapitres.

Dans la premiere Partie on apprendra toute la Theorie du Jardinage, étant necessaire comme l'on sçait d'être instruit de la Theorie avant la Pratique, qui n'est que la suite & l'execution des conſequences & des certitudes qu'on en tire. Cette Theorie eſt remplie de regles generales, de meſures & proportions des parties d'un Jardin, & appuïée par des Exemples & des Deſſeins aſſés bien imaginés, & qui renferment toute la délicateſſe & le bon goût de l'Art du Jardinage. On a expliqué ces Deſſeins par de petites deſcriptions particulieres, pour en donner une plus parfaite intelligence. C'eſt ce qu'on trouvera dans les huit premiers Chapitres.

La ſeconde Partie enſeigne toute la Pratique du Jardinage, ce qui eſt le plus de conſequence à ſçavoir, & auſſi ce qu'on n'a point encore donné au Public juſqu'à preſent; comme la maniere de dreſſer un Terrain ſoit de niveau, en pente douce, ou en Terraſſes, & d'y tracer & executer toutes ſortes de Deſſeins les plus difficiles; le tout démontré par des principes & figures de Geometrie, & prouvé par quantité d'experiences & d'uſages, qui ſont des choſes de fait. C'eſt le contenu des quatre premiers Chapitres. Les quatre autres ſuivans renferment la maniere de planter & élever en peu de tems tous les plants qui conviennent aux *Jardins de Propreté*. Et les deux derniers Chapitres donnent la méthode de rechercher les Eaux, de les conduire dans les Jardins, & d'y conſtruire des Baſſins, Fontaines, & Caſcades.

On peut dire certainement qu'il ne manquoit plus que ce Traité pour la perfection de l'Agriculture & du Jardinage, les Fruits, les Potagers, les Fleurs, la Culture & le ménage des Champs aïant été traités pluſieurs fois, & aſſés bien, pour qu'il ne ſoit pas neceſſaire d'en écrire de nouveau. Il n'y avoit que les *beaux Jardins de Propreté*, dont on n'avoit point encore parlé aſſés amplement. On eſt ſûr, en joignant tous ces differens Traités enſemble, de ſe rendre un parfait Jardinier, & de pouvoir former un Jardin complet en toutes ſes parties.

ON a obmis dans le cours de l'Impreſſion la Remarque ſuivante, qui doit être à la fin de la page 84. 2e Partie, chap. 2. enſuite de la petite Remarque de la 4e Pratique de Geometrie. On y prendra garde en liſant, & on la confrontera avec la Figure IV. Planche 2e, cotée F.

SECONDE REMARQUE.

Cette Pratique ſe peut faire encore en traçant des portions de Cercle des deux piquets *F* & *G* diſtans également du point *E*, par le moïen d'un petit piquet attaché au bout du Cordeau, ce qui formera des ſections en *H*, & dans l'endroit où elles ſe couperont apellé Interſection, on y plantera le jalon *H*, d'où l'on tracera juſqu'à celui *E* la ligne perpendiculaire *HE*. Cette Pratique peut auſſi ſervir à toutes les ſuivantes.

CHAPITRE II.

DE LA SITUATION DU TERRAIN, & du choix qu'on en doit faire.

LA premiere chose, & la plus essentielle qu'on doit observer en choisissant un endroit pour planter un Jardin, c'est la situation & l'exposition du Terrain. C'est delà que dépend la réüssite d'une entreprise; car si l'on sçait faire un bon choix, les arbres deviendront beaux & grands en peu de tems, au lieu que si l'on s'y trompe, tous les soins & toutes les dépenses qu'on pourroit faire deviendront inutiles.

Il est presque impossible dans un mauvais Terrain de faire croître un beau Jardin; & quoiqu'il y ait des moïens pour ameliorer les terres, ils sont de grande dépense, & souvent il arrive que tout un Jardin perit, quand les racines des arbres ont atteint le fond naturel de la terre, quelque dépense que l'on ait fait pour y faire apporter de bonne terre de trois pieds de hauteur par tout.

Cette situation est de si grande consequence, que tous les Auteurs qui ont traité jusqu'à present de l'Agriculture se sont toûjours fort étendus sur sa necessité, & sur le bon choix qu'on en devoit faire. Je ne m'amuserai point ici à citer tous ces Auteurs, quoique je les aie presque tous lûs: je me contenterai seulement de rapporter ce qu'en dit * Vitruve, en parlant de la situation des Maisons de Campagne: il dit ** « qu'il faut avoir égard dans la situation d'une Maison de Cam- « pagne à la region de l'air, au climat, & à la commodité du « lieu: qu'il faut choisir un endroit accessible, fertile, abon- « dant de soi-même, & voisin de Rivieres & de Ports capables « de lui fournir toutes les commodités des lieux circonvoisins: « qu'il faut sur tout qu'un lieu soit sain, qu'il ne doit pas être « situé dans un endroit bas & marescageux, à cause de la cor-

* Fameux Architecte du tems d'Auguste.

** Liv. VII. ch. 1.

Trois conditions requises pour rendre un lieu sain.

» ruption qui est causée par l'haleine infectée des animaux ve-
» nimeux qui s'y engendrent, & qui cause quantité d'humeurs
» & de maladies : qu'il ne doit pas aussi être situé dans un lieu
» élevé & trop haut, afin d'être moins sujet aux broüillards &
» aux grands vents qui ravagent & renversent tout ; & enfin
» que la Maison ne doit point être tournée au midi ou au cou-
» chant, parceque le chaud affoiblit les corps, & le froid les
» affermit trop. Dans un autre endroit * il dit que pour bien
» situer une Maison de Campagne, il faut considerer en pre-
» mier lieu quelle exposition est la plus saine, & tourner la
» Maison de ce côté-là.

* Liv. VII. ch. IX.

En effet, c'est à quoi l'on doit le plus prendre garde. Quel desagrément seroit-ce de bâtir une Maison de Campagne, & de planter un Jardin, dans un lieu qu'on ne pût habiter, sans alterer sa santé, que quatre mois de l'année, comme il y en a un grand nombre ? Tâchons donc d'éviter ce défaut autant qu'il sera possible, & voïons quelles conditions sont necessaires à une bonne situation.

Vitandum est autem quod plerique fecerunt aquæ causa, villas in infimis vallibus mergere, & paucorum dierum voluptatem præferre habitatorum saluti. Palladius de re rustica lib. I. tit. XVI.

J'en trouve cinq considerables, la premiere une exposition saine, la seconde un bon terroir, la troisiéme l'eau, la quatriéme la vûë d'un beau païs, & la cinquiéme la commodité du lieu.

La premiere une exposition saine, c'est à dire un lieu qui ne soit point situé ni trop haut ni trop bas : trop haut, parcequ'un Jardin seroit trop exposé aux vents, ce qui est tres-nuisible aux arbres ; & trop bas, parceque l'humidité des lieux bas & marescageux cause des humeurs, des fluxions, & plusieurs autres maladies ; outre un mauvais air qu'on y respire provenant des Crapauds, Couleuvres, Serpents, & autres animaux venimeux, qui s'engendrent dans les eaux des Etangs & des Marais.

Palus omnimodo vitanda est, quia siccari consuevit æstate, & propter pestilentiam vel animalia hortis inimica quæ generat. Columella lib. 2.

C'est ce qui doit nous déterminer à fuir les situations des montagnes, & celles des fonds & vallées. Il y en a de deux autres sortes qui sont infiniment meilleures, & c'est celles-là qu'on peut appeller des situations heureuses, comme la demi-côte & la plaine.

La situation de la * demi-côte est tres-recherchée & des plus avantageuses, pourvû qu'elle ne soit point trop roide, que la pente en soit douce & imperceptible, où l'on puisse avoir

* On dit vulgairement la mi-côte.

avoir beaucoup de plein pied & quantité d'eau : car si cette pente étoit trop roide, comme pourroit être un Jardin situé sur la croupe d'une Montagne, on auroit le desagrément de voir souvent les arbres arrachés & entraînés par les Torrents & les Ravines, les terres d'en-haut s'ébouler sur celles d'en-bas, les allées toutes gâtées, les murs abatus ; en un mot on ne pourroit jamais joüir d'un Jardin propre & bien entretenu, tandis qu'il seroit sujet à tant d'accidens. Au lieu que si cette pente se trouve douce & imperceptible, & sur tout abondante en sources, elle vous donnera une exposition toute des plus saines & des plus agréables, le haut de la Montagne vous mettant à l'abri des grands vents & des grandes ardeurs du Soleil, vous fera joüir d'un air temperé ; les eaux qui viendront du haut de cette Montagne formeront dans vos Jardins des Fontaines, des Canaux, & même des Cascades si l'on vouloit. Ces mêmes eaux après avoir fait leur effet trouveront un écoulement naturel dans les vallées ; & ce qui rend un lieu extrêmement sain, c'est quand les eaux n'y croupissent point : cela s'entend des eaux de pluïe, comme des eaux de fontaine.

Felix horti positio est cui leniter inclinata planities, minimus cursus aquæ fluentis per spatia discreta derivat. Palladius de Re rustica lib. 1. tit. xxxiii.

Boyceau traité du Jardinage l. 1. pag. 29.

La Quintinye Tom. 1. Part. 2. pag. 165.

La situation de la Plaine a aussi son agrément, son terrain plat est moins lassant pour la promenade, & est de moindre entretien que le Côteau ; les murs de terrasse, les glacis, & les escaliers n'y étant point necessaires. Les ravines & les pluïes n'y font aucun dégât, ce qui est fort considerable dans un Jardin. On joüit dans la Plaine d'un beau plein-pied naturel, & d'un air encore plus pur que celui de la Côte : des Campagnes vastes entre-coupées de rivieres, d'étangs & de ruisseaux, de belles prairies, des montagnes couvertes de bâtimens & de bois, se presentent sans cesse à la vûë, & forment un fond agréable & une perspective naturelle qu'on ne sçauroit trop estimer, outre l'agrément de la Pesche & la commodité des rivieres pour voiturer toutes les choses dont on a besoin.

La plûpart des gens sont fort partagés sur ce choix ; les uns aiment mieux les Côteaux, les autres donnent la préference aux Plaines. Je laisse au Lecteur cette décision, après lui avoir raporté tous les avantages de ces deux situations. J'ajoûterai ici ce que les Anciens faisoient (au raport de plu-

B

ſieurs Auteurs) pour connoître ſi un lieu étoit ſain. Ils avoient accoûtumé de juger de la qualité de l'air, de l'eau, & des fruits d'un païs, par la conſtitution du corps des animaux, qui y étoient nourris, dont ils conſideroient les entrailles; & quand ils les trouvoient gâtées & corrompuës, ils conjecturoient delà que celles des hommes deviendroient de même, s'ils venoient habiter ces mêmes lieux.

Il eſt bon de dire ici qu'en fait de Jardinage on compte quatre expoſitions differentes du Soleil, l'expoſition du Levant, du Couchant, du Nord, & du Midi.

Quatre Expoſitions differentes du Soleil.

L'expoſition du Levant eſt celle où le Soleil luit depuis le matin juſqu'à midi.

L'expoſition du Couchant eſt celle où le Soleil darde ſes raïons depuis le midi juſqu'au ſoir.

L'expoſition du Nord ou Septentrion eſt celle où le Soleil ſe montre le moins, car il n'y paroît qu'environ deux heures le matin, & autant le ſoir, auſſi eſt-ce la plus mauvaiſe expoſition de toutes. Elle eſt oppoſée entierement à celle du midi où le Soleil ſe montre le plus ardent dans toute l'étenduë de la journée, ce qui la fait juger la meilleure des quatre, & la plus neceſſaire de toutes pour les Jardins.

Je reviens à la ſeconde condition qui eſt un bon terroir, c'eſt-à-dire une terre fertile & abondante d'elle-même. Ce ne ſeroit pas aſſez d'avoir trouvé une expoſition ſaine, tournée au midi, & qui auroit tous les avantages dont j'ai parlé ci-devant, ſi cette expoſition n'eſt accompagnée d'un bon fond de terre, & d'un terroir fertile de lui-même: car ſans cela on pourroit craindre, que tout ce qu'on y plantera ne languît pendant un temps, & enfin ne mourût; c'eſt à quoi l'on doit le plus prendre garde ſuivant l'inſtruction qui ſuit.

Pour connoître ſi le fond d'une terre eſt bon, il faut diſtinguer, premierement ſi c'eſt un vieux Jardin ruïné qu'on veüille remettre ſur pied, ou ſi c'eſt une place neuve qu'on ait deſſein de choiſir: Si ce n'eſt qu'un vieux Jardin qu'on déſire replanter & regarnir, on fera foüiller la terre aux endroits où l'on executera quelque deſſein nouveau, ſoit Parterre, Boſquet, Boulingrin, &c. & s'il ſe trouve que la terre n'y ſoit pas bonne, ou bien qu'elle ſoit uſée, on fera foüiller à trois pieds de profondeur par tout, on enlevera la mauvaiſe terre, & on y en fera rapporter de la meilleure qui ſe puiſſe trouver aux environs, ou bien on fera ſeulement retourner les terres, & on y jettera du fumier dans le fond; ce qui eſt d'une groſſe dépenſe, mais ce qui ne ſe peut faire autrement; car c'eſt ainſi qu'on ameliore les mauvais Terrains. On eſt quelquefois obligé de faire cette dépenſe, quand on achepte une Maiſon de Campagne toute faite, ou qu'il nous en vient une par ſucceſſion. Voilà tout ce qu'on peut faire pour reparer les défauts naturels d'un ancien Jardin. Si c'eſt une place neuve qu'on ait deſſein de choiſir en plaine campagne, il y a beaucoup plus de choſes à conſiderer. On doit examiner d'abord ce qui couvre la terre aux environs: ſi l'on y voit des Brüieres, Serpolets, Chardons, & autres mauvaiſes herbes qui croiſſent d'elles-mêmes, on peut juger de-là que le terrain eſt fort mauvais, & on le doit rebuter entierement ſans craindre de ſe tromper dans ce jugement. On peut encore, s'il y a de grands Arbres près de là, remarquer s'ils ſont tortus, mal faits, rabougris, d'un verd alteré, & pleins de mouſſe; & s'ils ſont ainſi, on fera bien de quitter promptement ce païs, & d'en aller chercher un autre loin de là. Mais ſi ces Arbres ſe trouvent droits, élevés, vigoureux, d'un beau verd; s'ils ne ſont point couverts de mouſſe & de vermine, & que la terre ſoit couverte de bonnes herbes, comme des paſturages & autres, cela doit engager ceux qui voudront ſe ſervir de ce Terrain, à en examiner de plus près la qualité.

Pour cela, dans l'eſpace à peu-prés qu'on aura deſſein de faire enclorre pour un Jardin, on fera faire cinq ou ſix foüilles en differens endroits, comme aux extrémités & dans le milieu, pour ſonder la terre & par là en connoître la qualité. Ces foüilles doivent avoir environ ſix pieds de large, ſur quatre de profondeur. On fera vuider cette terre, & enſuite avec la toiſe on examinera combien il y a de hauteur de bonne terre; il s'en doit trouver trois pieds de hauteur pour bien faire, ou pour le moins deux pieds.

La terre pour être bonne, ne doit point être pierreuſe, ni difficile à labourer; il ne faut pas qu'elle ſoit ni trop ſeche ni trop humide, trop ſablonneuſe & trop legere, & ſur tout elle ne doit point être trop forte; comme ſont les ter- *Qualitez requiſes à une bonne Terre.*

res franches & glaizeuſes, qui ſont les plus méchantes de toutes pour les Jardins.

A l'égard de la couleur de la bonne terre, elle doit être d'un gris tirant ſur le noir, les terres blanchâtres ne valant jamais rien. Il faut encore une qualité à la terre ; c'eſt qu'à l'aſpect elle n'ait point l'air trop ſec ou trop humide, & qu'en la maniant elle ſoit d'une moiteur temperée.

* La Quintinye. L. Liger. Le Jardinier François.

Les Jardiniers Fruitiers * ajoûtent à cela, que pour connoître une bonne terre on doit en conſulter le goût & l'odeur ; le goût, en mettant une poignée de terre dans un verre plein d'eau, paſſant enſuite cette eau dans un linge : Si vous trouvés en la buvant qu'elle ait un goût âpre & amer, les fruits & les legumes auront le même defaut. Pour l'odeur, il faut prendre un peu de terre dans la main, & la flairer ; ce qui fera connoître ſa bonne ou mauvaiſe odeur.

Ces deux dernieres qualités regardent plûtôt les Fruitiers & les Potagers, que les Jardins de propreté, où le goût & l'odeur ne font rien. Cependant, comme dans une belle Maiſon les Jardins Fruitiers & Potagers ſont neceſſaires, on ne fera pas mal d'avoir encore égard à ces deux dernieres qualitez, étant tres-deſagreable de manger des fruits qui ont un goût âpre, amer, inſipide, & qui ſentent le chou ou le navet.

Tels ſont les fruits qui croiſſent aux environs de Marly.

La troiſiéme condition qui eſt l'eau, eſt une des plus conſiderable de toutes ; car outre qu'elle eſt fort neceſſaire à la vie, elle l'eſt encore à tant de choſes, que ſi elle manquoit dans une Maiſon de campagne, ce ſeroit une tres-grande incommodité, & qui cauſeroit la mortalité de tout ce qu'on y pourroit planter. Le Jardinage demandant quatre choſes, le ſoleil, l'eau, la bonne terre, & le ſoin du Jardinier : ſans cela point de Jardin, & ce ſeroit une folie à qui planteroit un Jardin, dénué d'une ſeule de ces quatre choſes. L'eau ſur tout eſt d'une neceſſité indiſpenſable dans tous les Jardins : C'eſt par les arroſemens qu'on remedie aux grandes ſechereſſes de l'Eſté, qui brûleroient tous les plants ſans le ſecours de l'eau, qui tempere ces exceſſives ardeurs.

Aqua nutrix omnium virgultorum & diverſas ſingulis uſus miniſtrat.

On doit donc bien prendre garde dans le choix qu'on fera d'un terrain, qu'il s'y trouve aiſément de l'eau ; on en voit la neceſſité, joint à la beauté qu'elle y ajoûtera, en formant des Jets d'eaux, des Canaux, & des Cascades, qui sont les plus beaux ornemens des Jardins.

Il ne faut pas aussi qu'il y ait une si grande quantité d'eau dans un Païs*, que les terres en soient noyées: le trop n'en vaut rien pour les Jardins, outre que cela rendroit ces lieux aquatiques & mal sains, comme j'ai déja remarqué cy-devant.

* Ainsi qu'à Ruel, Gentilly, &c.

La quatriéme condition que demande une heureuse situation, c'est la veuë & l'aspect d'un beau Païs; elle n'est pas à la verité si necessaire que les precedentes, mais elle est une des plus agreables. Quel avantage y auroit-il de planter un Jardin dans un endroit enterré, où il n'y eût aucune veuë? Cette situation seroit tres-ennuiante & tres-mal saine: les arbres mêmes n'y viendroient pas si beaux, étant trop offusqués: Je ne trouve rien de plus divertissant ni de plus agreable dans un Jardin, qu'une belle veuë & l'aspect d'un beau Païs. Le plaisir de découvrir du bout d'une allée ou de dessus une terrasse, à quatre ou cinq lieuës à la ronde, un grand nombre de Villages, de Bois, de Rivieres, de Côteaux, de Prairies, & mille autres diversités qui font les beaux Païsages, surpasse tout ce que j'en pourrois dire ici; ce sont de ces choses qu'il faut voir, pour juger de leur beauté.

La cinquiéme & derniere condition est la commodité du lieu; ce qui doit être de quelque consideration pour un particulier, par rapport à la grande utilité qu'il en peut retirer. J'entends par la commodité du lieu, qu'une Maison soit voisine de quelque Riviere, pour y pouvoir apporter facilement toutes les choses necessaires, & en rapporter les provisions pour la Ville, ce qui est d'une grande épargne quand on les voiture par eau; qu'une Maison soit proche d'une Forêt, pour avoir du bois aisément, que le chemin pour y aller soit beau en Hiver comme en Esté; que ce soit du pavé ou bien des sables, & en un mot qu'on y puisse voiturer en tout temps les necessités de la vie. L'avantage qu'une Maison aura d'être située proche d'une Riviere, c'est qu'elle aura au moins de bons puits & peu profonds, si elle ne peut avoir des eaux de Source; & l'on pourra par le moïen d'une pompe élever les eaux, pour les conduire ensuite dans

Vitruve Liv. VII. ch. I.

des baſſins ; ce qui ſera expliqué plus au long dans le dernier Chapitre de cet Ouvrage.

Ces deux dernieres conditions ne ſont pas abſolument ſi neceſſaires que les trois premieres, qui ſont indiſpenſables, & pour leſquelles on doit avoir beaucoup plus de circonſpection. Cependant ſi elles étoient jointes toutes enſemble, elles formeroient une de ces ſituations heureuſes & enchantées, qui ſont ſi fort eſtimées de tout le monde.

Voila tout ce qu'on peut dire touchant la ſituation d'un lieu. Heureux ſont ceux qui peuvent trouver en un même terrain, tous ces divers avantages : Suppoſons donc, en finiſſant ce Chapitre, que quelqu'un ait fait un choix tel que nous venons de le dire, & donnons-lui les moïens de bien diſpoſer ſon terrain, pour former un beau & magnifique Jardin.

CHAPITRE III.

DES DISPOSITIONS, & Diſtributions generales des Jardins.

LA diſpoſition & la diſtribution d'un Plan general pour être parfaites, doivent ſuivre la ſituation du terrain: Car la plus grande ſcience de bien diſpoſer un Jardin, c'eſt de bien connoître & examiner les avantages & les defauts naturels du lieu, afin de profiter des uns, & de corriger les autres; les ſituations étant differentes à chaque Jardin.

La varieté & la diverſité de la compoſition, outre une ſage diſtribution bien entenduë & bien raiſonnée, contribuënt auſſi beaucoup à rendre un Jardin parfait, puiſqu'au ſentiment de tout le monde, les Jardins les plus variez ſont les plus eſtimez, & les plus magnifiques.

C'eſt à quoi un Architecte ou un Deſſinateur de Jardins doit principalement prendre garde, quand il veut inventer un beau Plan, en ſe ſervant avec art & œconomie, des avantages d'une Place, & en corrigeant par ſon induſtrie les défauts, les biais & les inégalitez du Terrain. C'eſt avec ces précautions qu'il doit conduire & régler l'impetuoſité de ſon genie, en ne s'écartant jamais de la raiſon & de ce qui peut s'executer de mieux, ſuivant la ſituation naturelle du lieu, à laquelle il doit toûjours s'aſſujetir & s'accomoder.

Cela n'eſt pas ſi aiſé qu'on ſe l'imagine, un beau Jardin étant du moins auſſi difficile à inventer & à diſtribuer, qu'un beau Bâtiment; ce qui fait que la plûpart des Architectes & de ceux qui ſe mêlent de donner des deſſeins de Jardinage ne réuſſiſſent pas toûjours; la plûpart formant des deſſeins en l'air, qui ne conviennent point à la ſituation du lieu, & dont le meilleur eſt pillé de coté & d'autre.

Une des principales raiſons pourquoi ces gens-là n'ont pas l'intelligence neceſſaire pour compoſer un beau deſſein, c'eſt que cette connoiſſance venant de plus loin qu'on ne penſe, ils ſont dépourvûs des qualitez requiſes à cette perfection. Il faut être un peu Geometre, ſçavoir l'Architecture & la bien deſſiner, entendre l'Ornement, connoître la proprieté & l'effet de tous les Plants dont on ſe ſert dans les beaux Jardins, inventer facilement, & avec tout cela avoir une intelligence & un bon goût naturel, qu'il faut s'être formé par la vûë des belles choſes, par la critique des mauvaiſes, & par une pratique conſommée dans l'Art du Jardinage.

Il n'y a pas juſqu'à de pauvres Jardiniers, qui quittant la Bêche & le Rateau, ſe mêlent de donner des deſſeins de Jardins, où ils n'entendent rien du tout; Malheur à ceux qui tombent dans les mains de ces ſortes de gens-là, qui leur font faire beaucoup de dépenſes pour planter un vilain Jardin: car il ne coûte pas plus d'executer un beau deſſein, qu'un mauvais: ce ſont toûjours les mêmes arbres, les mêmes plants, qui ne font un méchant effet que par leur mauvaiſe diſpoſition.

Un homme riche qui veut planter un beau Jardin, doit faire deux choſes; choiſir une perſonne capable & tres-habile dans l'Art du Jardinage, & ſe conſulter ſur la dépenſe qu'il veut faire, pour y proportioner la grandeur de ſon Bâtiment & l'étenduë de ſon Jardin; ce ſont deux choſes eſſentielles, où il ne doit jamais manquer. Il doit conſiderer que plus ſon Jardin ſera grand, plus il lui coûtera à en dreſſer le terrain, à planter & à executer tous les deſſeins, & à l'entretenir de tout. S'il y a des Fontaines, les Baſſins & les Pieces d'eau deviendront plus grandes, & les conduites plus longues, & par conſequent coûteront infiniment davantage.

Melior enim eſt culta exiguitas, quàm magnitudo neglecta. Palladius de Re ruſtica. L. 1. tit. xxxiv.

Il vaut donc mieux ſe contenter d'une étenduë raiſonnable & bien cultivée, que d'avoir l'ambition de vouloir de ces Parcs d'un ſi grand eſpace, dont les trois quarts ſont ordinairement negligés. Une vraïe grandeur pour un beau Jardin, ne doit gueres paſſer 30 ou 40 arpens. Il n'en faut pas davantage. A l'égard du Bâtiment, qui abſorbe le plus ſouvent la moitié de la dépenſe, il n'eſt pas neceſſaire qu'il ſoit ſi grand ni ſi magnifique, quoique bien des gens ſe piquent

quent d'avoir des Palais, & d'être mieux logez à la Campagne qu'à la Ville. On peut dire, avec raison, qu'un Bâtiment de Campagne doit être proportionné à son étenduë de Jardin: car il seroit aussi peu convenable de voir un magnifique Bâtiment dans un petit Jardin, qu'une petite maisonnette dans un Jardin d'une vaste étenduë; ce sont deux extrémités qu'il faut éviter; & faire ensorte que le Bâtiment réponde au Jardin, & le Jardin au Bâtiment. Cependant il vaudroit encore mieux se passer d'une petite Maison, accompagnée d'un grand Jardin; parce qu'une Maison de Campagne doit differer d'une de Ville, où la grandeur des Bâtimens est plus necessaire que celle des Jardins, par raport à une habitation ordinaire, & à la valeur du terrain: On ne recherche même la Campagne, que pour y avoir des Jardins plus vastes & plus magnifiques.

Voici à peu près les regles generales qu'on doit suivre, dans les dispositions & distributions des Jardins.

Il faut toûjours descendre d'un Bâtiment dans un Jardin par un Perron de trois marches au moins, cela rend le Bâtiment plus sec & plus sain, & l'on découvre de dessus ce Perron toute la veuë generale d'un Jardin, ou une bonne partie; ce qui forme un aspect fort agreable.

Un Parterre est la premiere chose qui doit se presenter à la veuë, & doit occuper les places les plus proches du Bâtiment, soit en face ou sur les côtez, tant par rapport à la découverte qu'il cause au Bâtiment, que par rapport à sa beauté & à sa richesse qui se trouve sans cesse sous les yeux, & se voit de toutes les fenêtres d'une Maison. On doit accompagner les côtés d'un Parterre, de pieces qui le fassent valoir. Comme c'est une chose plate, il lui faut du relief tels que sont les Bosquets & les Palissades. Mais cela se doit faire selon la situation du lieu; & l'on remarquera avant que de les planter, si l'on jouït d'une belle veuë de ce côté-là, alors on doit tenir les côtés d'un Parterre tout découverts, en y pratiquant des Boulingrins & autres Pieces plates, afin de profiter de cette belle veuë, & se donner de garde de la boucher par des Bosquets, à moins que ce ne soit des Quinconces, Bosquets découverts avec des Palissades basses; ce qui n'empêche point l'œil de se promener au travers des arbres ; & de découvrir la belle veuë de tous côtés.

Mais s'il n'y a point de veuë, & qu'il se rencontre au contraire une Montagne, un Côteau, une Forêt, ou un Bois, qui par leur proximité en ôtent l'agrément, ou quelque Village trop voisin, dont les Maisons forment un aspect desagreable, on pourra alors border le Parterre, de Palissades & de Bosquets, afin de cacher ces vilains objets ; de cette maniere on ne perd & on ne regrette rien dans la suite.

Ne seroit-ce pas un grand desagrément d'être obligé quelques années aprés, d'arracher un Bois ou de le reseper à une certaine hauteur, parce qu'il a d'abord été mal placé, ôtant la veuë qui est la plus belle chose des Maisons de Campagne.

Ainsi que l'on a fait dans les Jardins de Conflans.

Les Bosquets sont le capital des Jardins, faisant valoir toutes les autres parties, ainsi l'on n'en peut jamais trop planter, pourveu que les places qu'on leur destine, n'occupent point celles des Potagers & des Fruitiers, qui sont des choses necessaires & utiles à une grande Maison, & qu'il faut toûjours placer près des basses-cours.

On choisit pour accompagner les Parterres, les desseins de bois les plus mignons, comme Bosquets découverts à Compartimens, Quinconces, Sales vertes avec des Boulingrins, des Treillages, & des Fontaines dans le milieu : Ces petits Bosquets sont d'autant plus agreables étant près d'un Bâtiment, que vous trouvez tout d'un coup de l'ombre sans en aller chercher si loin, outre une fraîcheur qu'ils communiquent aux appartemens, qui est ce qu'on recherche le plus dans la grande chaleur.

Il seroit bon de planter quelques petits Bosquets d'arbres verds, afin qu'on eût le plaisir de voir un Bois toûjours verd dans les plus grands froids de l'Hiver. Ils feroient un bel effet, étant vûs du Bâtiment ; & je conseille fort d'en planter quelques quarrés dans un beau Jardin, cela varie auprès des autres Bois, qui étant dépoüillés de leurs feüilles paroissent tout nuds pendant l'Hiver.

On décore la tête d'un Parterre, de Bassins ou Pieces d'Eau, & au dessus d'une forme circulaire de Palissades, ou de Bois, percée en patte d'oïe, qui mene dans de grandes allées, & l'on remplit l'espace depuis le Bassin jusqu'à la Palissade, de petites Pieces de Broderie ou de gazon, ornées d'Ifs, de Caisses & de Pots de Fleurs.

Dans les Jardins en terrasses, soit de profil ou en face d'un Bâtiment, où l'on a une belle veuë; comme on ne peut pas boucher la tête d'un Parterre par une Demi-Lune de Palissades, il faut alors pour continuer cette belle veuë, pratiquer plusieurs pieces de Parterre tout de suite, soit de Broderie, de Compartiment à l'Angloise, ou de Pieces coupées, qu'on séparera d'espace en espace par des Allées de traverse, en observant que les Parterres de Broderie soient toûjours près du Bâtiment comme étant les plus riches.

On fera la principale Allée en face du Bâtiment, & une autre grande de traverse, d'équerre à son alignement; bien entendu qu'elles seront doubles & tres-larges. Au bout de ces Allées on percera les murs par des grilles, ou des ouvertures avec des fossés au pied, pour continuer les enfilades & le coup d'œil.

S'il y avoit quelque endroit de terre naturellement bas, & marescageux, & qu'on ne voulût pas faire la dépense de le remplir, on y pourra pratiquer des Boulingrins, Pieces d'Eau, & même des Bosquets, en relevant seulement les Allées pour les mettre de niveau avec celles qui en sont proches, & qui y conduisent. Comme les Bosquets de S. Cloud.

Après avoir distribué les maîtresses Allées, & les principaux Alignements, & avoir placé les Parterres & les Pieces qui accompagnent ses côtés & sa tête, suivant ce qui convient au terrain; on pratiquera dans le haut & le reste du Jardin, plusieurs differens desseins, comme Bois de Haute-Futaïe, Quinconces, Cloîtres, Galeries, Salles vertes, Cabinets, Labirintes, Boulingrins, Amphitéâtres, ornez de Fontaines, Canaux, Figures, &c. lesquelles Pieces distinguent fort un Jardin du commun, & ne contribuent pas peu à le rendre magnifique.

On doit observer en plaçant & en distribuant les differentes parties d'un Jardin, de les opposer toûjours l'une contre l'autre; par exemple un Bois contre un Parterre, ou un Boulingrin, & ne pas mettre tous les Parterres d'un côté,

& tous les Bois d'un autre ; comme aussi un Boulingrin contre un Bassin, qui seroit vuide contre un vuide ; ce qu'il faut toûjours éviter, en mettant le plein contre le vuide, & le plat contre le relief pour faire opposition.

Il faut de la varieté non seulement dans le dessein general d'un Jardin, mais il en faut encore dans chaque Piece separée ; comme si deux Bosquets sont à côté d'un Parterre, quoique leur forme exterieure & leur grandeur soit égale, il ne faut pas pour cela repeter le même dessein dans tous les deux, il faut en varier les dedans. Car il seroit desagreable de trouver le même dessein des deux côtés & quand on auroit vû l'un, on n'auroit point de curiosité d'aller visiter l'autre ; ce qui fait qu'un Jardin ainsi repeté des deux côtés, ne peut passer que pour un demi dessein : c'est une faute où l'on est tombé autrefois, & que l'on évite presentement, persuadé que l'on est que la plus grande beauté des Jardins, est la varieté. Il faut même dans une Piece en varier les parties separées, comme si un Bassin est circulaire, l'Allée du tour doit être octogone, & ainsi d'un Boulingrin, & des Pieces de gazon qui sont au milieu des Bosquets.

Le Jardin des Tuileries pareil des deux côtés, à quelque chose près.

On ne doit repeter les mêmes Pieces des deux côtez que dans les lieux découverts, où l'œil en les comparant ensemble peut juger de leur conformité, comme dans les Parterres, Boulingrins, Bosquets découverts à compartiment, & Quinconces. Au lieu que dans les Bosquets formez de Palissades & d'arbres de haute-futaïe, il faut toûjours en varier les desseins & les parties detachées, qui neanmoins quoique differentes, doivent toutes avoir un raport & une convenance entre elles, de sorte qu'elles s'alignent & s'enfilent l'une l'autre, ce qui fait des Percés, des Pertes de vûë, & des Enfilades très agreables.

En fait de desseins, il faut éviter les petites manieres mesquines, & donner toûjours dans le grand & dans le beau, en ne faisant point de petits cabinets & retours, des bassinets, & des allées si étroites, qu'à peine deux personnes s'y peuvent promener de front ; il vaut mieux n'avoir que deux ou trois pieces un peu grandes, qu'une douzaine de petites qui sont de vrais colifichets.

Avant que d'executer un dessein de Jardin, on doit conſiderer ce qu'il deviendra vingt ou trente ans après, quand les arbres ſeront groſſis & les palliſades élevées : car ſouvent un deſſein paroît beau & d'une belle proportion dans le commencement qu'il eſt planté, qui dans la ſuite devient trop petit & ridicule, ce qui oblige ſouvent à le changer, ou à l'arracher entierement pour en planter un autre.

On échancrera les encoignures & les angles de toutes les parties d'un Jardin, ce qui formera des carrefours plus agréables à la vûë, & plus commodes pour la promenade; que de trouver des pointes & des angles ſaillans, qui ſont tres-difformes ſur le terrain.

Il y a encore pluſieurs autres regles touchant la proportion, la convenance, & la place des differentes parties & ornemens des Jardins, que l'on trouvera dans les Chapitres ſuivans, ce qui fait que je n'en parlerai point ici.

Après toutes ces regles generales, il faut diſtinguer les differentes ſortes de Jardins qui ſe peuvent pratiquer, leſquelles ſe réduiſent à trois. Les Jardins de niveau parfait, les Jardins en pente douce, & les Jardins dont le niveau & le terrain ſont entre-coupés par des chutes de terraſſes, glacis, talus, rampes, &c.

Les Jardins de niveau parfait ſont les plus beaux, tant à cauſe de la commodité de la promenade, que par raport aux longues allées & enfilades, où il n'y a point du tout à deſcendre ni à monter, ce qui les rend d'un moindre entretien que les autres.

Les Jardins en pente douce ne ſont pas ſi agréables & ſi commodes; quoique leur pente ſoit imperceptible, elle ne laiſſe pas de fatiguer & de laſſer extraordinairement, puiſqu'on monte ou qu'on deſcend toûjours, ſans trouver preſque aucun repos. Ces pentes ſont fort ſujettes à être gâtées par les ravines, & ſont d'un entretien continuel.

Les Jardins en terraſſes ont leur merite & leur beauté particuliere, en ce que du haut d'une terraſſe vous découvrez tout le bas d'un Jardin, & les pieces des autres terraſſes, ce qui forme autant de differens Jardins qui ſe ſuccedent l'un à l'autre, & cauſe un aſpect fort agréable, & des ſcenes differentes, pourvû que ces terraſſes ne ſoient pas ſi frequentes, & qu'on y trouve de longs plain-pieds. Ces Jardins ſont fort avantageux pour les eaux, qui se repetent de l'une à l'autre : mais ils sont d'un grand entretien, & d'une grande dépense.

C'est selon ces differentes situations, que l'on doit inventer la disposition generale d'un Jardin, & la distribution de ses parties : cela est si vrai, qu'un beau dessein, qui conviendroit fort bien à un Jardin uni & de niveau parfait, ne vaudroit rien à executer dans un terrain coupé de plusieurs terrasses, qui en rompent le niveau & la continuité.

Les quatre Planches suivantes fournissent des exemples de toutes ces differentes situations, & donnent l'idée de ce qu'on y peut pratiquer de meilleur goût. Les desseins en paroîtront peut-être trop magnifiques, & d'une trop grande dépense pour l'execution, aussi-bien que tous les autres desseins de cet Ouvrage : mais on n'en prend que ce que l'on veut, & l'on trouve bien mieux son compte dans un dessein composé & bien travaillé, que dans un dessein tout simple. On en peut donc détacher ce que l'on jugera à propos, & à l'égard de la magnificence, comme les Figures, Fontaines, Berceaux & autres ornemens, on peut les retrancher, ou bien pratiquer à la place des bassins & pieces d'eau, des ronds & tapis de gazon, ce qui ne laissera pas de bien faire.

Quoiqu'on ait déterminé la grandeur de ces plans generaux de 60, 30, 20, ou 10 arpens, on pourra neanmoins s'en servir dans des terrains plus ou moins grands, en diminuant ou en agrandissant les parties qui les composent.

On dira ici pour aider les personnes qui ne sçavent pas le Toisé, & qui voudront sçavoir combien ces dispositions occupent de terrain, & chaque piece en particulier, qu'ils n'ont qu'à mesurer avec le compas 30 toises sur l'échelle, & les porter en quarré sur le plan : Ce sera l'étenduë d'un arpent, parceque 30 toises de tous sens composent 900 toises quarrées, qui est le contenu d'un arpent. En lignes droites il faut 100 perches ou 300 toises de long.

La premiere Planche offre un des plus beaux desseins, & des plus magnifiques qui se puissent executer. Il est fait pour un terrain plat, & d'environ 50 à 60 arpens d'étenduë. On suppose une grande avenuë qui conduit à la grille de l'avant-cour, separée par les murs de deux basse-cours sur les aîles qui sont entourées de bâtimens fort reguliers, servans d'un côté d'Ecuries, de Ménagerie, d'Etables, de Granges & d'autres pieces convenables à une basse-cour, & de l'autre de logemens pour les domestiques, & d'une longue serre en face de l'Orangerie; cette avant-cour vous mene dans la cour du Château, qui n'en est separée que par un fossé rempli d'eau. Le bâtiment est composé d'un gros pavillon double dans le milieu, avec des corps de logis qui viennent se joindre aux deux pavillons des bouts, en face desquels sont deux petites terrasses, d'où vous découvrés sur la gauche, un parterre de compartiment, & au-dessus une piece de gazon entourée de caisses & d'ifs, avec des goulettes & boüillons d'eau pratiqués dans le milieu. Au-delà est un grand potager fermé de murs, & composé de deux pieces coupées en quatre avec des bassins. Il est terminé par un long berceau avec trois cabinets en face des allées & pavillons. Sur la droite on y voit des tapis de gazon coupés aux enfilades, avec des goulettes & boüillons d'eau, ainsi que de l'autre côté. Ces pieces sont terminées par une double allée de caisses & d'ifs, & derriere par des niches de verdure pour placer des bancs & des figures. A côté est un parterre d'Orangerie fermé de murs ouverts par des portes de fer aux enfilades des allées; il y a un bassin au bout avec des cabinets & des niches de verdure pour des bancs.

Pour entrer dans le grand Jardin, vous descendés le perron du bâtiment, & vous trouvés une grande allée de traverse, terminée par des grilles de fer, & en face une autre grande allée double, qui perce d'un bout à l'autre du Jardin, aussi-bien que les deux qui sont autour des murs de l'enclos. On voit d'abord quatre pieces de parterre, deux de broderie, & deux de compartiment avec des bassins au milieu. Elles sont accompagnées de deux bosquets découverts, ornés de boulingrins. Au-dessus de ces six pieces, on trouve une autre grande allée de traverse, formée par des ifs, au milieu de laquelle est le principal bassin. La tête de ce parterre est composée de quatre petites pieces de gazon, avec des traits de buis & des ifs, & au-dessus, d'une demi-lune de pallissades, dont l'allée circulaire vient enfiler celle qui separe les quatre grandes pieces de parterre devant le Château. Cette demi-lune est percée en patte d'oye, & ses enfilades sont tres-belles, vous conduisant à d'autres bassins, & dans des cabinets tout differens. Entre chaque allée, elle est ornée de niches pour des figures, ce qui forme une belle décoration de tous les côtés. Ces bosquets sont accompagnés de deux quinconces, ornés de cabinets & d'une salle dans le milieu avec des figures. Il se trouve encore une allée de traverse, formée par les pallissades & les arbres des bosquets, où il y a deux bassins, dont les jets s'enfilent avec les grands de l'allée du milieu. Au-dessus sont quatre bosquets percés en croix de S. André, & tous differens. Les deux à droite de la grande allée, presentent une salle ornée de bancs & de figures, avec un boulingrin & une autre salle avec des gradins servant d'amphiteâtre & de teâtre pour joüer la Comedie. Dans les deux à gauche, on y voit une salle ovale avec un boulingrin different de l'autre, & une petite salle de fontaines, qui sont pratiquées dans les quatre milieux sans interrompre l'enfilade. Toutes ces pieces deviennent magnifiques dans l'execution; elles sont separées par des allées, qui s'enfilent avec celles d'en-haut, & d'en-bas du Jardin, soit par des lignes droites, ou diagonales, ce qui fait des percés & des enfilades tres-longues.

Au-dessus de ces Bosquets, est un grand Canal tenant toute la largeur du Jardin, qui a dans son milieu un grouppe de figures, comme un Neptune avec des Tritons, d'où il sort un gros jet & de l'eau de plusieurs côtés. Il y a à l'enfilade de ce Canal, des percés aux murs, avec des fossés pleins d'eau pour conserver la belle vûë. Par-delà ce sont deux grands bois de haute-futaïe percés en étoille, dont les allées sont doubles & plantés d'arbres isolés. Au milieu de ces bois sont deux Isles differentes avec des figures & des ifs. Au bout de la grande allée & au-dessus de ces bois, on trouve un petit mur de terrasse, d'où l'on découvre tout le païs d'alentour; il y a un fossé plein d'eau qui regne le long de ce mur, & en face de la demi-lune au bout de la grande allée, on y a pratiqué une Cascade formée par trois masques, & par une nappe qui retombe dans une piece d'eau ornée de deux jets, dont l'eau vient du Canal, & fournit tout le fossé qui est dans la Campagne. Cette terminaison est des plus magnifiques, & sans parler davantage des belles enfilades d'un bout du Jardin à l'autre, & de la convenance des parties, joint à ce qu'on découvre dans toutes les allées, des figures, des fontaines, des

percés,

percés, des grilles, &c. on peut convenir que ce dessein a dequoi satisfaire par sa disposition, sa varieté, & par la distribution de ses eaux, & de ses ornemens.

La deuxiéme Planche donne l'idée d'un Jardin, qui n'est gueres moins beau dans son espece que l'autre. Il n'est pas à beaucoup près si grand, ne contenant que 25 arpens. Il est situé dans un terrain coupé de terrasses en face du bâtiment, qu'on suppose planté au milieu d'un Parc, ou d'une Campagne, où l'on a continué les enfilades d'allées à travers les bois & les prez. On entre dans une belle avant-cour, accompagnée de tapis de gazon, & de barrières de bois, qui vous mene du côté gauche dans un grand potager, partagé en six pieces avec un bassin, & du côté droit dans une basse-cour entourée de bâtimens, d'où vous passés dans une autre cour, où il y a un abreuvoir & un Colombier à pied, avec d'autres bâtimens; on entre aussi par la Campagne dans cette cour, qui est une décharge de la basse-cour. Au-dessus est un parterre d'Orangerie avec un bassin, terminé par un berceau de treillage de forme circulaire, orné de trois cabinets, derriere lequel on a pratiqué un petit bosquet tres-mignon. Au bout de l'avant-cour vous trouvés une grande cour bordée de galeries, de pavillons, & d'un long corps de logis dans le fond, ce qui rend ce bâtiment fort regulier.

Vous descendés par un perron dans les Jardins, qui vous presentent d'abord une grande terrasse toute découverte à cause de la vûë, & remplie de deux pieces de parterre de broderie, avec des plates-bandes isolées & accompagnées de boulingrins, dont le fond est enrichi de pieces de gazon découpées. A côté sont deux miroirs d'eau servant de réservoir aux fontaines pratiquées dans le bas du Jardin. On descend de cette terrasse par les deux bouts, & en face de l'allée du milieu, par un grand escalier en fer à cheval, orné de trois bouillons qui sont à niveau de la premiere terrasse, & qui font nappe dans le bassin d'en-bas. Sur la seconde terrasse on trouve quatre bosquets, dont deux sont découverts à compartiment, & les deux autres plantés en quinconce, ce qui n'interrompt point la vûë. Les desseins en sont fort mignons, & ornés de bassins & de figures. La grande allée du milieu, & les autres sont continuées & plantées d'ifs & d'arbres isolés. Il y a un grand bassin avec un champignon, & des boüillons d'eau, en face de l'allée du milieu, & d'une allée de traverse plantée de maroniers au-dessus des bosquets. L'allée du tour de ce bassin fait avancer la terrasse en forme circulaire, où sont deux escaliers avec des rampes, des pailliers, & des perrons vis à vis des pattes d'oye, qui sont percées dans le grand bois de haute-futaïe qui est en-bas, ce qui forme une demi-lune de charmille, décorée de figures dans des niches. On descend encore par des escaliers pratiqués à chaque bout de cette terrasse.

Les deux rampes du grand escalier du milieu renferment un bassin avec des boüillons, qui tombent dans un autre, où il y a quatre jets qui font nappe dans un bassin plus bas, ce qui compose la tête d'une cascade, qui regne jusqu'au grand canal d'en-bas. Toute cette eau coule par des rigoles, & tombe *en moutonnant* dans des bassins où il y a des boüillons d'eau; à côté de ces rigoles sont de petits chandeliers qui se repetent jusqu'au bas, aussi-bien que les bassins & les boüillons de cette cascade, qui vient toute se rendre dans le canal, où dans le milieu il s'éleve un grand jet d'eau. Il y a de petites gondoles pour s'y promener. Ce canal sert aussi de clôture, & separe le Jardin d'avec le Parc. Le grand bois de haute-futaïe, qui accompagne cette cascade, est percé d'allées diagonales, & d'une grande allée circulaire, où l'on trouve des carrefours avec des pieces de gazon. Ces diagonales vous conduisent par des allées retournées d'équerre, dans quatre cabinets tout differens. Dans les deux à droite vous trouvés un grand cercle, entouré d'une palissade percée en arcades, avec un boulingrin octogone dans le milieu; & une salle longue coupée de niches pour des figures, avec deux renfoncemens pour des coquilles & buffets d'eau; dans le milieu, on voit une piece à l'Angloise entourée d'une plate-bande de fleurs. Les deux bosquets à gauche sont composés d'une salle verte avec un rang d'arbres isolés, & d'un cloître à pans formé par des arbres pliez en berceaux naturels; le milieu est rempli d'un boulingrin avec des ifs. On observera que le niveau des allées de ces bosquets, doit être raccordé avec celui des grandes allées du milieu, & des côtés, qu'on suppose être en pente douce à cause de la cascade.

La disposition generale de la troisiéme Planche, represente un Jardin situé sur une côte, dont les terrasses sont sur le côté, à la différence du dessein précédent où elles sont en face. Les bâtimens en sont fort simples, & il n'y a point d'avant-cour, ce qui rend ce dessein de moindre dépense en execution, que les autres. La cour est accompagnée de deux pavillons, avec une grande grille, & d'une basse-cour entourée de bâtimens, où il y a un colombier à pied & un abreuvoir; derriere cette basse-cour, il y a quatre pieces de potager avec un bassin au milieu. De l'autre côté de la basse-cour, est une petite terrasse d'alignement au pavillon d'entrée, & à l'encoignure du bâtiment, qui vous conduit le long de la cour dans le Jardin. En face du bâtiment vous trouvés sur une longue terrasse six pieces de parterre, avec une grande allée dans le milieu, & deux sur les côtés avec des allées de traverse pour separer ces pieces, dont deux sont de broderie, deux de compartiment avec un grand bassin dans le milieu, & les deux autres sont à l'Angloise, entourées d'une platebande coupée & garnie de fleurs, d'ifs, & d'arbrisseaux. Le bout de cette terrasse est terminé par une claire-voïe qu'on appelle autrement un *ab*, *ab*, avec un fossé sec au pied. De cette terrasse vous montés par des escaliers à chaque bout, & en face du bassin, sur une autre plus élevée, où vous trouvés un grand bois percé en étoile, avec une allée circulaire & huit carrefours; dans le milieu il y a une piece d'eau avec un jet, laquelle sert de réservoir aux autres bassins d'en-bas; à côté est une galerie verte entourée d'arbres isolés, & de pieces de gazon avec des figures. Cette galerie est accompagnée d'une grande allée double, avec un tapis de gazon au milieu, qui conduit vers le bâtiment.

A l'égard des Jardins d'en-bas, vous descendés de la terrasse en face du bâtiment, par deux escaliers qui vous menent sur une autre terrasse remplie de deux boulingrins avec des bassins ovales, d'un bosquet découvert à compartiment, & d'un quinconce, ornés de figures & de tapis de gazon, lesquelles pieces sont coupées d'allées qui répondent à celles des terrasses d'en-haut. Cette terrasse est soûtenuë par un talus de gazon, où vous trouvés trois escaliers tous differens, qui vous descendent sur une autre terrasse, dont la moitié est occupée par une grande piece d'eau ou canal avec un gros jet dans le milieu. Le reste du terrain est planté en bois d'un assés beau compartiment; cette terrasse est soûtenuë comme l'autre par un grand talus de gazon, avec un fossé au pied qui est dans la campagne. Ces quatre terrasses sont bordées d'ifs, de caisses, & d'arbrisseaux, & sont ornées de plusieurs autres choses que l'on connoîtra aisément, sans qu'il soit besoin de les expliquer.

La quatriéme Planche contient deux dispositions differentes de petits Jardins, propres pour des maisons particulieres.

La disposition de la premiere Figure peut s'executer dans l'espace de cinq à six arpens, & cependant renferme tout ce qu'on peut souhaiter dans un aussi petit Jardin. On entre en face du bâtiment, dans une cour ornée de tapis de gazon & d'allées, accompagnée sur la gauche d'une basse-cour, derriere laquelle il y a une pepiniere. Sur la droite est un potager fermé de murs. Le bâtiment est isolé, & par les deux grilles qui sont à ses côtés, il separe le Jardin d'avec la cour. C'est un simple corps de logis, dont les façades sont differentes: celle du côté de la cour fait avant-corps dans le milieu par un pavillon, avec un perron au bas; la façade du Jardin forme deux pavillons à chaque bout avec des perrons. Sur les côtés il y a des allées de traverse, terminées par des grilles de toute la largeur. En face du bâtiment se presente un parterre coupé en diagonales, ou croix de S. André, où l'on entre par les bouts, ce qui a raport aux deux perrons des pavillons. Sur les aîles de ce parterre il y a deux allées qui viennent en face des grilles de la cour, & qui sont terminées par des figures & des niches, pratiquées dans la pallissade du bois; à côté de ces allées sont deux bosquets, l'un une salle verte avec un boulingrin, & l'autre un cloître formé par des berceaux naturels, tous deux ornés de figures qui se regardent. Au-dessus de ces bosquets, on trouve une grande allée de traverse, double & plantée de maroniers & d'ifs entre-deux, elle vient rendre au grand bassin qui est au bout du parterre, & qui est vû de toutes les allées, principalement de la grande allée double, en face du bâtiment, qui va d'un bout à l'autre. Cette allée est tres-large, & est percée dans un bois de haute-futaïe, où l'on trouve dans le milieu un grand cercle, où aboutissent les allées d'une étoile pratiquée dans ce bois, & entrecoupée d'autres allées droites avec quatre carrefours circulaires, & des diagonales qui rendent aux deux bassins des bouts : celui qui termine cette grande allée est à pans, & est vû de l'allée de traverse du bout. Toute cette enfilade est terminée par une grande grille au-dessus de ce bassin, & le long du mur, est un boïau de bois, tant pour le cacher, que pour faire paroître le Jardin plus grand. A chaque angle il y a des niches, & des figures qui sont vûës des allées du pourtour des murs, & des allées diagonales du bois.

Dans la seconde Figure l'on voit un Jardin un peu plus magnifique, & plus grand de la moitié. Le bâtiment est pareillement isolé, mais c'est un gros pavillon double, aïant quatre perrons, dont l'un est en face d'une cour qui le précéde, bordée de deux aîles de bâtiment, renfermant d'un côté un potager, & de l'autre une basse-cour, d'où l'on passe dans une autre cour plus élevée, où est une piece d'eau quarrée servant de réservoir aux bassins du Jardin ; les deux faces des côtés ont la vûë, l'une sur un parterre à l'Angloise, & l'autre sur un boulingrin, ornés chacun d'un bassin. Ces deux pieces sont accompagnées d'allées doubles, terminées par des fossés pour joüir de la belle vûë. Dans la principale façade du bâtiment, on voit un grand tableau ou parterre de broderie, avec deux allées garnies de caisses & d'ifs, qui viennent rendre aux pavillons des aîles de la cour. Sur les côtés du parterre on trouve deux bosquets, l'un découvert à compartiment, & l'autre planté en quinconce, tous deux percés en étoile & ornés de figures. Au-dessus de ces bosquets, on a pratiqué à l'ordinaire une grande allée de traverse, terminée par des grilles, & découvrant le grand bassin au bout du parterre.

On suppose au-dessus de ce bassin & de cette allée, qu'il y a une petite pente douce pour descendre dans les deux bosquets de haute-futaïe ; ce qui a obligé de soûtenir le terrain par un petit mur, avec deux escaliers en face des contre-allées du parterre. Ce mur ne regne que de la largeur de la découverte du milieu, & l'on descend dans les bois, par des rampes douces. Entre les escaliers il y a une petite cascade, formée par trois masques, dont l'eau qui vient du bassin, fait une nappe dernier canal qui tient toute la longueur de la grande allée. Ce canal est cintré par le bout d'en haut, & est accompagné de deux allées doubles, plantées d'ifs, enfilant celles du parterre, & de deux bois de haute-futaie qui le renferment fort agréablement par la varieté & richesse de leur dessein.

Cette disposition quoiqu'inferieure en grandeur & en magnificence, à celles qui sont contenuës dans les trois premieres Planches, n'est pourtant pas la moindre de toutes, par son heureuse distribution, & par les enfilades d'allées qui se trouvent dans le milieu des bosquets, & qui viennent aboutir aux jets du boulingrin, & du parterre à l'Angloise, qui sont sur les aîles du bâtiment. Toutes ces pieces sont bordées de grandes allées doubles, & de palissades contre les murs, qui sont coupez aux enfilades des allées par des grilles, & par de petits murs à niveau des allées avec des fossez, tant au bout du canal, qu'en face des faces laterales du bâtiment, ce qui fait une belle découverte.

Disposition generale d'un grand Jardin dont la pente est en face du Bâtiment

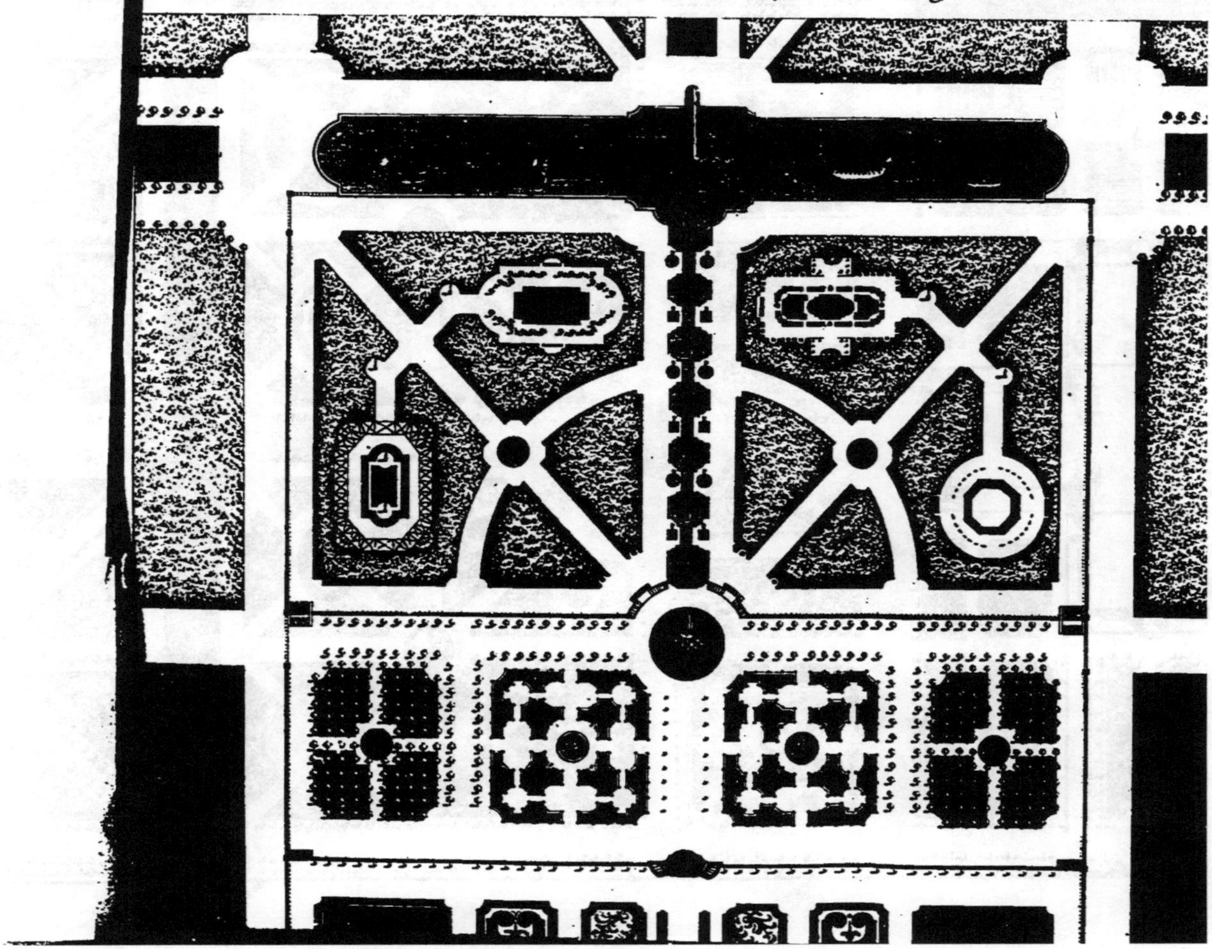

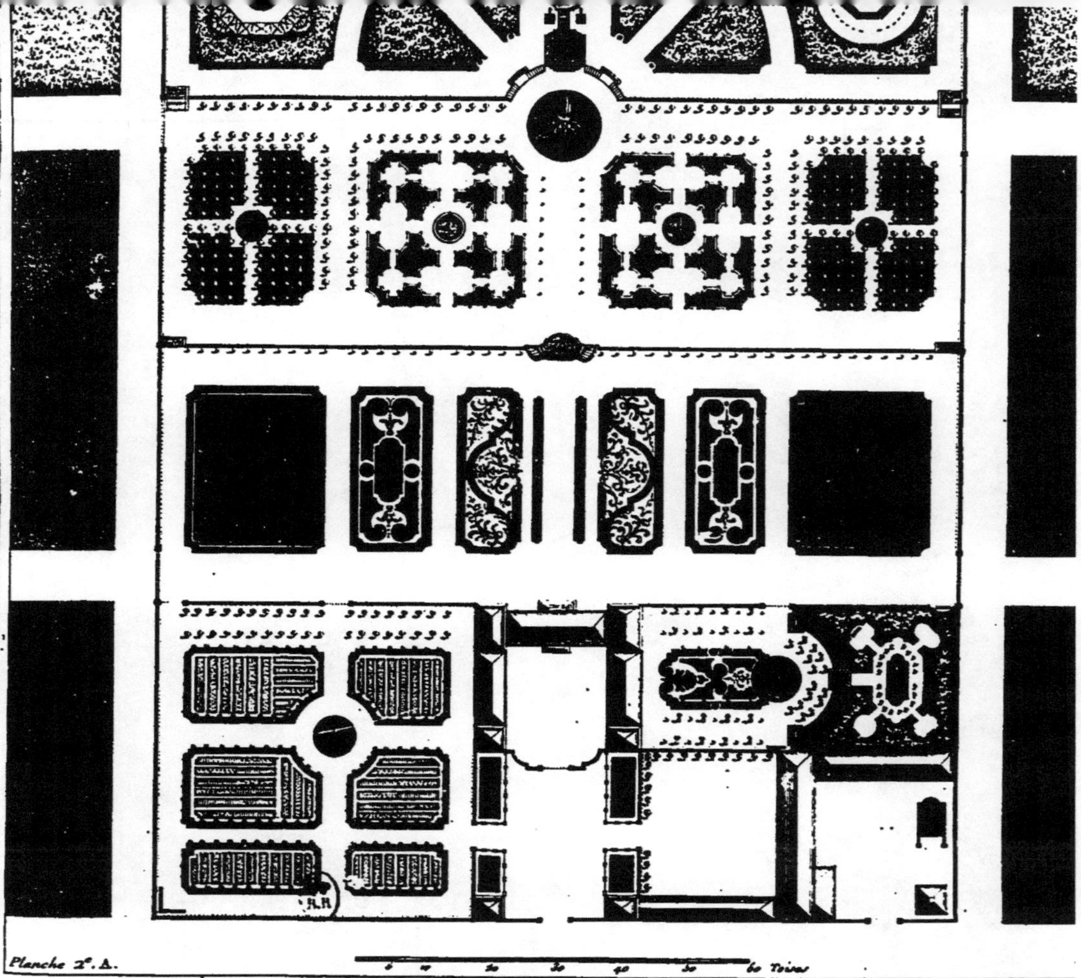

Planche 2e. A.

Mariette exc.

Disposition generale d'un Jardin dont- la pente est par le côté

Disposition generale d'un Jardin de six arpents

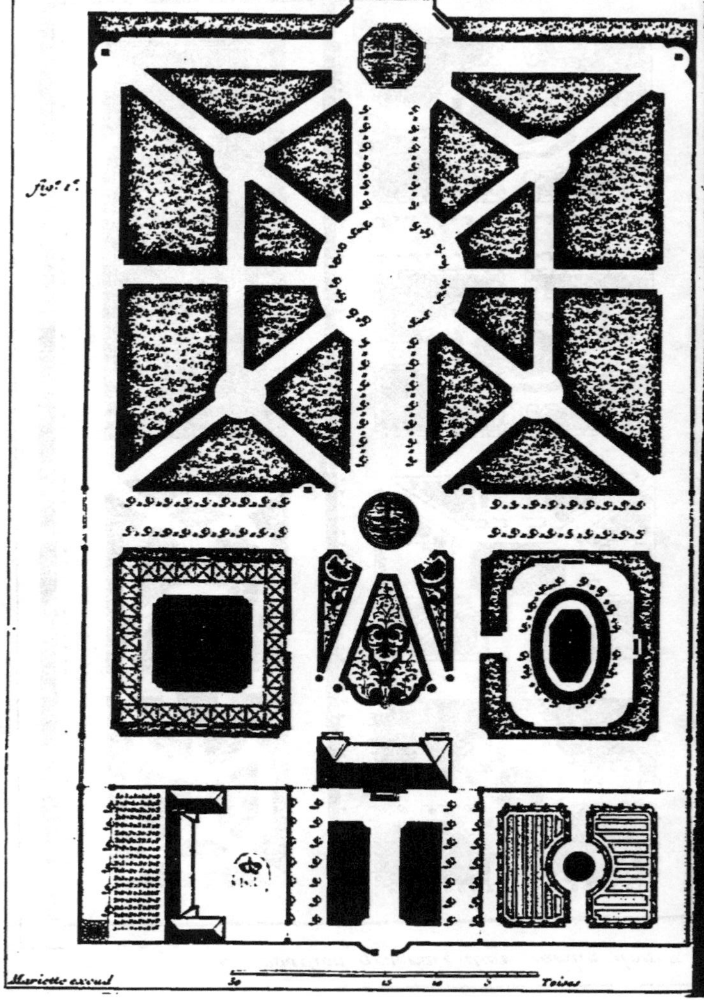

Disposition generale d'un Jardin de douze arpents

CHAPITRE IV.

DES PARTERRES ET Plates-Bandes de differentes especes.

L'ORIGINE du nom de Parterre vient du mot Latin *Pattin*, & selon quelques-uns un Parterre, signifie une Aire plate & unie. Diction. de l'Academie Françoise. Menage, Richelet.

Les compartimens & broderies des Parterres sont tirées des figures de Geometrie, tant de lignes droites, que circulaires, mixtes, &c. Il entre dans leur composition differens desseins, comme rinceaux, fleurons, palmettes, feüilles refendues, becs de corbin, traits, nilles, volutes, nœuds, naissances, agraffes, chapelets, greines, culots, cartouches, panaches, compartimens, guillochis ou entrelas, enroulemens, massifs & coquilles de gazon, sentiers, plates-bandes, &c. Quelquefois on y jont des desseins de fleurs, comme des rosettes, œillets, tulippes, &c.

On y mettoit autrefois des têtes de Levrettes, Griffons, & autres animaux avec leurs pattes & griffes, ce qui faisoit un fort mauvais effet, & rendoit ces Parterres tres-lourds.

On veut presentement des desseins tout differens, & l'on prétend que la Broderie pour être belle, doit être legere, bien entenduë, & sans confusion; ce qui fait tomber souvent dans un défaut opposé à celui où l'on étoit autrefois, qui est qu'à force de vouloir faire les Parterres legers, on les fait tout dégarnis & d'une Broderie si maigre & si mince, qu'elle ne figure pas assés sur la terre, & qu'on est obligé de la faire arracher quatre ou cinq ans aprés, les traits de buis se touchant, & se confondant l'un dans l'autre. Il faut dans ces sortes de choses un juste temperament, en évitant également la trop grande legereté, comme la trop grande pesanteur d'ornemens.

Il y a de plusieurs sortes de Parterres qui se réduisent aux quatre especes suivantes, sçavoir les Parterres de Broderie, les Parterres de Compartiment, les Parterres à l'Angloise, & les Parterres de Pieces coupées : il y a encore les Parterres d'Eau, mais ils ne sont plus d'usage presentement.

Les Parterres de Broderie sont ainsi appellés, à cause que le buis dont ils sont plantés, imite sur la terre la broderie. Ce sont les plus beaux, & les plus riches de tous ; on les accompagne quelquefois de massifs & d'enroulemens de gazon. Leur fond doit être sablé, afin de détacher mieux les feüilles & rinceaux de la broderie, que l'on remplit de machefer ou de terre noire.

Les Parterres de Compartiment different de ceux de Broderie, en ce que le dessein se repete par simetrie, tant en haut qu'en bas & sur les côtés. Ces Parterres sont mêlés de massifs & pieces de gazon, d'enroulemens & plates-bandes de fleurs, avec de la broderie en petite quantité, mais bien placée, lequel mêlange forme un effet tres-agréable à la vûë. On en doit labourer le fond, & sabler le dedans des feüilles, & l'on met du ciment dans le petit sentier qui separe les compartimens.

Les Parterres à l'Angloise sont les plus simples & les moindres de tous. Ils ne doivent être composés que de grands tapis de gazon, tout d'une piece, ou peu coupés, & entourés d'une plate-bande de fleurs avec un sentier ratissé de deux ou trois pieds de large, qui separe le gazon d'avec la plate-bande, & que l'on sable afin de les détacher. On lui donne ce nom de Parterre à l'Angloise, parceque la mode en vient d'Angleterre.

Les Parterres de Pieces coupées ou de découpé, ne sont plus gueres à la mode ; cependant ils ne laissent pas d'avoir leur merite. Ils different des autres, en ce que toutes les pieces qui les composent, y doivent être coupées par simetrie, & qu'il n'y entre ni gazon ni broderie, mais simplement des plates-bandes bordées d'un trait de buis, qui servent à élever des fleurs, & par le moïen d'un sentier un peu large qui regne autour de chaque piece, on peut se promener dans tout le Parterre sans rien gâter. On doit sabler tous ces sentiers.

Les Parterres de Broderie, comme étant les plus beaux, doivent aussi occuper les principales places & les plus proches du bâtiment : ceux de Compartiment les doivent accompagner ;

compagner ; & les Parterres à l'Angloise servent à remplir de grands lieux & dans les Orangeries, ce qu'on appelle Parterre d'Orangerie. Les découpés sont bons pour de petits endroits où l'on veut élever des fleurs, ce qui s'appelle aussi Parterre Fleuriste.

Nous avons déja dit que la vraïe place des Parterres étoit près du bâtiment, comme étant les plus riches morceaux des Jardins ; ainsi leur largeur doit être de toute la façade du corps de logis, & même plus large : à l'égard de leur longueur elle ne doit pas passer une juste proportion pour le coup d'œil, de maniere qu'on en puisse découvrir toute la broderie & tous les compartimens, étant proche du bâtiment.

On peut disposer les Parterres de plusieurs façons, selon le lieu : soit en les coupant en deux longues pieces repetées avec une allée dans le milieu, ou en ne faisant qu'un seul tableau de broderie avec des allées sur les côtés ; ou bien en les coupant par des allées diagonales, en quatre pieces qui forment une croix de S. André ; quelquefois aussi en demi croisée ceintrée par un bout : on en verra des Exemples dans les Planches suivantes.

Il faut remarquer qu'on ne se sert plus presentement de grands ifs & d'arbrisseaux dans les Parterres, parcequ'étant tres-differens des bois & des allées de haute-futaïe, qui font le relief des Jardins, ils doivent être plats, unis & dégagés comme des lieux découverts ; & quand on y mettoit de ces grands ifs, un Parterre ressembloit à un bois & offusquoit la vûë ; ce qui cachoit la beauté des bâtimens, qui en sont ordinairement voisins. Ainsi il ne faut laisser monter ces ifs & arbrisseaux, qu'à quatre ou cinq pieds de hauteur.

Les Parterres sont encore tres-differens des autres parties d'un Jardin, en ce qu'ils sont plus beaux dés le premier jour qu'ils sont plantés, que dans la suite ; le buis grossissant & alterant les contours gracieux du dessein, les terres perdant leur niveau, & les gazons ne conservant plus cette premiere beauté : mais ce sont des choses inévitables, malgré l'entretien & les soins que l'on y apporte.

Les plates-bandes des Parterres servent à les entourer & enclaver, afin d'empêcher qu'on ne les gâte en marchant dedans. Elles leur servent encore d'ornemens par les ifs, arbrisseaux, & fleurs qu'on y éleve. On leur donne ordinairement quatre pieds de large pour les petites, & cinq à six pour les grandes; & on les dresse toûjours en dos-d'âne, n'étant pas agréables à la vûë quand elles sont plates.

Il y a de quatre sortes de plates-bandes. Les plus ordinaires sont celles qui sont continuées tout autour des Parterres, sans aucune interruption, & qui sont labourées en dos-d'âne, & garnies de fleurs, d'arbrisseaux & d'ifs.

La seconde espece est une plate-bande coupée en compartimens d'espace en espace par de petits passages, on l'orne aussi de fleurs, d'arbrisseaux, & elle est en dos-d'âne.

La troisiéme espece sont des plates-bandes tout unies & plates sans aucune fleur, avec simplement un massif de gazon au milieu, bordé de deux petits sentiers ratissés & sablés. On les orne quelquefois d'ifs & d'arbrisseaux, ou bien de vases & de pots de fleurs, placés par simetrie au milieu du massif de gazon.

Les plates-bandes de la quatriéme espece sont toutes nuës & simplement sablées; ainsi que dans les Parterres d'Orangerie; ce sont les caisses rangées par simetrie, qui remplissent ces plates-bandes, qui du côté des allées sont bordées d'un trait de buis, & de l'autre par les tapis & pieces de gazon du Parterre. Quelquefois on plante des ifs entre chaque caisse, ce qui rend les plates-bandes plus riches, & les Parterres plus beaux pendant l'hiver.

On fait des plates-bandes droites, circulaires, & à pans, dont on forme des volutes, enroulemens, massifs & autres compartimens.

Les Fleuristes font encore des plates-bandes isolées, ou le long des murs, qu'ils entourent de bandes de menuiserie peintes en verd, ce qui est d'une tres-grande propreté. Ils élevent là-dedans des fleurs tres-rares & tres-belles; mais c'est ce qu'il ne faut point rechercher dans les grands Parterres, où l'on doit se contenter de les bien garnir de fleurs de differentes saisons, qui se succedent les unes aux autres, sans aucun vuide.

On ne fait plus regner presentement les plates-bandes sur le devant & en face d'une maison, afin que les arbrisseaux & les fleurs ne cachent point la broderie, & la naissance d'un Parterre, & qu'on puisse mieux juger du dessein. On y fait quelquefois sortir des feüilles, des palmettes & des coquilles qui joüent sur le sable.

Les deux premieres Planches representent en grand les mêmes desseins de Parterres, que ceux qui sont marqués en petit, dans la premiere Planche des Dispositions generales, Chapitre précédent.

La premiere Planche qui suit, est un grand Parterre de broderie mêlée de massifs de gazon, & entourée d'une platebande de fleurs, garnie d'ifs & d'arbrisseaux. Ce dessein quoiqu'il ne soit point coupé dans le milieu, étant tout entier, est ici repeté de l'autre côté, avec une contre-allée d'arbrisseaux & d'ifs, & un grand bassin au bout; ce qui se pratique quand la place est un peu large. La volute que l'on voit à l'un de ses angles, paroîtra sans doute extraordinaire; mais quand on consultera le plan general Fig. 1e Chap. 3e d'où l'on l'a tirée, on verra le bon effet qu'elle fait, avec la repetition de celle du Parterre de compartiment qui est à côté. On pourra retrancher cette volute angulaire, si l'on se sert de ce dessein pour une seule piece, en y ajoûtant quelque feüille, & en ceintrant la tête pour former une allée circulaire autour du bassin. Les massifs & les enroulemens de gazon rejettent fort à propos toutes les feüilles & palmettes de cette broderie, qui se découvre aisément par l'interruption de la plate-bande sur le devant.

La seconde Planche fait voir un long Parterre de compartiment, avec un bassin dans le milieu, entouré d'une plate-bande coupée, ainsi que celles des côtés, où viennent se joindre les enroulemens des autres plates-bandes, qui forment le compartiment. Le reste est rempli de coquilles & pieces de gazon, & aux deux extremités, de cartouches de broderie, ce qui fait un mêlange fort agréable. Il sort encore de petites palmettes, & des culots, de tous les enroulemens des plates-bandes: le fond de ce Parterre est sablé, & les sentiers sont en ciment. Il est accompagné de deux allées d'arbrisseaux isolés, & de quatre vases aux encoignures.

Le Parterre de la troisiéme Planche est des plus magnifiques; il est aussi de compartiment, mais il ne peut s'executer que dans une grande place quarrée. Il est composé de quatre cartouches de broderie dans ses faces, & de coquilles de gazon dans ses quatre angles, le tout sablé de differentes couleurs, & bordé d'un trait de buis. Au milieu est un bassin entouré d'une plate-bande coupée, garnie d'ifs & d'arbrisseaux, avec des pots de fleurs posés sur des dez de pierre. Les plates-bandes du tour sont interrompuës en face de chaque cartouche, & forment des volutes dans les angles. On a supposé au bas de ce Parterre, un talus de gazon bordé haut & bas d'un rang de caisses & d'ifs, avec un escalier dans le milieu, lequel a un paillier & est orné de figures & de vases. L'échelle en fera connoître toutes les proportions.

L'on voit dans la quatriéme Planche un Parterre de broderie coupé en deux pieces repetées, & variées de deux façons. Il y a une allée dans le milieu, qui mene à un bassin, au-dessus duquel est une patte d'oye percée dans un bois. On pourra choisir de ces deux pieces celle qui conviendra le mieux. Je ne parlerai point de ce qui les compose. L'explication que j'ai déja faite des Parterres précédens, devant assés instruire de ce que c'est.

La cinquiéme Planche represente un Parterre de broderie d'un goût tres-nouveau. C'est un grand tableau ceintré par un des bouts, avec un bassin au-dessus. Le milieu est rempli de broderie, & de massifs de gazon avec une plate-bande autour, qui est coupée dans toute la face d'en-bas. Il n'est extraordinaire que dans ses extremités, l'on y voit à l'une, deux têtes de Dauphin, qui forment des enroulemens, d'où les sentiers & les massifs prennent naissance. La face d'en-haut est ornée d'un masque de Griffon, avec des aîles de Chauve-souris, formées par des côtes de gazon, ainsi que les feüilles de la broderie forment le nez, les yeux, les sourcils, la moustache, & l'aigrette dessus la tête de ce masque. Sa cravatte ou bavette est exprimée par une coquille de gazon. Les sables de differentes couleurs contribuënt beaucoup à détacher toutes ces petites pieces, qui font des merveilles sur le terrain. Il y a déja deux ou trois Parterres d'executés dans ce genre.

La sixiéme & derniere Planche est la plus remplie, elle contient trois desseins de Parterres de differente espece; celui de la 1re Figure est un Parterre à l'Angloise, c'est à dire tout de gazon, comparti en plusieurs desseins, & entouré d'une plate-bande de fleurs, coupée en differens endroits, & garnie d'ifs & d'arbrisseaux. Ce dessein pour n'être que de gazon, ne laisse pas d'être assés riche.

Le Parterre de la 2e Figure est de pieces coupées, ou de découpé. Il est presque quarré, & ceintré par le haut avec un bassin, ses angles sont échancrés avec des ifs. Il est composé d'une ovale ralongée dans le milieu, & de cartouches aux quatre coins, avec des volutes & coquilles qui sont toutes coupées en differentes pieces, formant des plates-bandes ornées de fleurs & d'arbrisseaux placés par simetrie. Toutes ces pieces sont entourées d'un trait de buis, & d'un large sentier ratissé, qui vous conduit tout autour sans rien gâter. Il y a encore de petits sentiers autour de l'ovale, & des quatre cartouches qui doivent être sablés de rouge.

La 3e Figure fait voir ce qu'on peut faire de plus beau dans un petit Parterre d'Orangerie. C'est un quarré long ceintré dans les deux bouts, & rempli dans le milieu d'une petite piece d'eau, & de deux ronds de gazon avec des figures, ce qui acheve les portions circulaires. Ces trois pieces sont entourées d'un sentier & d'un trait de buis, qui forme avec celui du bord, des plates-bandes, qui regnent aussi autour des ronds de gazon. Ces plates-bandes sont sablées & tout unies. Elles sont garnies d'ifs, entre lesquels on place les caisses d'Orangers, de Jasmins, de Mirthes, de Lauriers, &c. qui doivent s'aligner sur les deux rangs des côtés.

Il ne faut pas manquer de sabler ces Parterres de differentes couleurs, car c'est ce qui en fait la beauté. On se servira de ciment pour le rouge; de terre noire, de limaille ou machefer pour le noir; & de sable ordinaire ou de sablon pour le blanc & le jaune.

Pour connoître sur les Planches, les endroits qui doivent être sablés en rouge, en noir & en jaune; on observera que tout ce qui est pointillé marque le sable ordinaire, & ce qui est exprimé par de petits points plus serrés, comme dans les sentiers autour des massifs, est du sable rouge ou du ciment. Le dedans des feüilles de la broderie, est rempli de limaille ou machefer, ou bien de terre noire, ce qu'on connoîtra par des lignes croisées l'une sur l'autre. Le gazon des massifs

& des coquilles, eſt diſtingué par des lignes droites entremêlées de petits points.

Chaque Parterre a ſon échelle particuliere, qui fera juger de l'étenduë & de la dimenſion de toutes les parties qui le compoſent. On peut cependant en changer les proportions, en élargiſſant, allongeant, ou diminuant ces Parterres ſuivant la place qu'on aura : mais cette augmentation ou diminution ſe doit faire avec beaucoup de diſcernement, & ne doit pas être fort conſiderable, comme de la moitié, parceque cela changeroit tout le deſſein, & en altereroit la grace. Il faut là-deſſus conſulter l'œil de quelques gens connoiſſeurs & de bon goût ; car ſouvent d'une bonne choſe on en fait une fort mauvaiſe.

Page 38.

Parterre de Broderie meslée de massifs de gazon

Page 38. Pl. 1.re B

Mariette excud.

Parterre de Compartiment

Pl. 2e. B

Grand Parterre de Compartiment.

Pl. 1.re 8

Parterre de Broderie varié de deux façons

Mariette excud.

Pl. 4

Parterre de Broderie d'un goût tres Nouveau

Pl. 5e. B

Mariette excud

Parterre a l'Angloise.

1 2 3 4 Toises

Parterre de pieces coupées pour des fleurs

1 2 3 4 5 6 Toises

Parterre d'Orangerie.

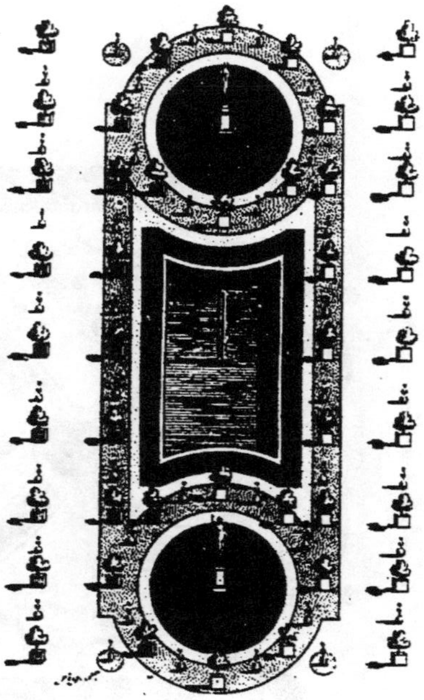

1 2 3 4 5 6 Toises

Planche 6e

CHAPITRE V.

DES ALLEES, CONTRE-ALLEES, & Palissades.

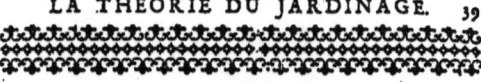

LEs Allées dans les Jardins sont comme les ruës d'une Ville, elles servent de communication d'un lieu à un autre, & sont comme autant de guides & de routes pour conduire par tout un Jardin. Outre l'agrément & la commodité que les Allées offrent sans cesse pour la promenade; elles font une des principales beautés des Jardins, quand elles sont bien pratiquées & bien dressées.

On distingue de plusieurs sortes d'Allées; les couvertes & les découvertes, les Allées simples & les doubles.

Les couvertes sont celles qui sont formées par des arbres ou palissades, qui se joignant par enhaut, empêchent la vûë de découvrir le Ciel, & par leur obscurité causent une fraîcheur impénétrable aux ardeurs du Soleil.

On doit moins donner de largeur aux Allées qu'on veut couvrir, qu'aux autres, afin qu'il ne faille pas tant de temps aux arbres pour s'approcher & se joindre par enhaut. Ces Allées ont leur agrément dans les grandes chaleurs, puisqu'on s'y peut promener à l'ombre, même en plein midi.

Les Allées découvertes se peuvent diviser en deux especes, sçavoir les Allées des Parterres, des Boulingrins, des Potagers, &c. qui ne sont formées que par les ifs & les buissons des plates-bandes; & les Allées, qui quoique plantées de grandes palissades & d'arbres de haute-futaïe, ne laissent pas d'être découvertes par enhaut, soit en arrêtant les palissades à une certaine hauteur, ou en élaguant les arbres des deux côtés, ensorte qu'on y puisse respirer la douceur de l'air.

C'est une regle generale de découvrir les principales Allées, telles que sont celles qui sont en face d'un Bâtiment, d'un Pavillon, de Cascades, &c. & même il les faut tenir plus larges que les autres, afin que du bout d'une Allée on puisse voir une partie de la façade d'un Bâtiment ou autre bel aspect: Car il n'y a rien de si desagréable dans une Allée, quand étant au bout, vous ne voïez qu'à peine la porte du vestibule d'un Bâtiment. Il ne faut laisser couvrir que les contre-Allées, pour former comme deux berceaux de verdure; & les Allées qui sont dans des endroits de peu de consequence, & où il n'y a aucun point de vûë considerable.

La grande Allée des Tuileries est si couverte, qu'à peine découvre-t-on du bout, la porte du gros Pavillon, ce qui est tres-défectueux. Cela vient des maroniers qui ont été mal conduits.

Les Allées simples sont celles qui ne sont composées que de deux rangs d'arbres ou palissades, à la difference des Allées doubles qui en ont quatre, ce qui forme trois Allées jointes ensemble, une grande dans le milieu, & deux de chaque côté, qui l'accompagnent, & que l'on appelle contre-Allées. Les deux rangs du milieu doivent être plantés d'arbres isolés, c'est à dire qui ne soient point engagés dans quelque palissade, & autour desquels on puisse tourner, & les deux autres rangs doivent être garnis & bordés de palissades. Comme les Allées doubles sont estimées les plus considerables, elles occupent aussi les plus beaux endroits des Jardins.

A l'égard des noms & des figures differentes des Allées, on les peut tous renfermer dans ceux-ci; Allée parallele, Allée droite, Allée de traverse, Allée tournante ou circulaire, Allée retournée d'équerre, Allée diagonale ou de biais par raport au trait quarré.

On peut encore distinguer de deux sortes d'Allées par la situation où elles se trouvent; les Allées de niveau, & les Allées en pente ou rampe douce. Rarement une Allée est d'un parfait niveau, on y pratique toûjours une petite pente imperceptible pour l'écoulement des eaux: cependant il s'en trouve qui sont parfaitement de niveau, comme les Allées d'un Mail, celles qui sont autour d'un Parterre ou d'une piece d'eau: alors pour perdre les eaux qui pourroient caver ces Allées, on y pratique d'espace en espace des puisarts composés de cailloux & pierres seches.

Les Allées en pente ou rampe douce sont les plus ordinaires; elles doivent être dressées de maniere qu'on ne soit point incommodé en se promenant, par leur pente qui doit être imperceptible: car étant trop roide elle blesse le coup d'œil, d'œil, & devient fort fatiguante en marchant. Cette pente ordinairement ne doit jamais passer trois pouces par toise, de peur d'être gâtée par les ravines. C'est là meilleure regle qu'on puisse suivre pour les bien dresser : cependant quand le terrain ne permet pas de la suivre, & qu'on est obligé de s'en écarter de beaucoup, comme pour une Allée qui descendroit le long d'une Cascade : alors on remedie à cette grande roideur, par des arrêts & des marches de gazon posées en zic-zac & appellées chevrons, que l'on fait traverser l'Allée d'espace en espace, ou bien par de petits arrêts faits de planches de bateau, qui n'excedent pas l'Allée de plus de deux pouces, lesquels retiennent les eaux & les rejettent des deux côtés de l'Allée. C'est par ce moïen qu'on les peut entretenir propres.

On observera pour l'écoulement des eaux, de tenir le milieu des Allées un peu élevé, afin que l'eau s'écoulant des deux côtés, elle n'ait point le temps de gâter le niveau de l'Allée ; cette eau par ce moïen ne deviendra pas inutile, car elle servira à arroser les palissades, plates-bandes, & arbres des côtés.

On doit proportionner la largeur des Allées suivant leur longueur, c'est ce qui en fait la beauté. Nous avons eu d'habiles gens dans le Jardinage, qui ont manqué à cette juste proportion, en donnant trop de largeur aux Allées par raport à leur longueur. On peut tomber dans un défaut contraire, en faisant les Allées trop étroites : Si par exemple une Allée de 100 toises de long n'avoit que deux ou trois toises de large, elle seroit tres-défectueuse, & ne paroîtroit qu'un boïau ; au lieu que si cette Allée avoit cinq ou six toises de large, elle deviendroit tres-belle & bien proportionnée, supposé cependant qu'elle fût simple ; ainsi les Allées de 200 toises de long, auront sept à huit toises de largeur ; celles de 300 toises, neuf à dix ; & celles de 400, dix à douze. Voilà à peu près leur juste proportion, à moins qu'elles ne soient doubles, car en ce cas elles doivent presque doubler en largeur.

Voici des observations qu'il est bon de faire au sujet de la largeur des Allées qui sont bordées, ou de jeunes palissades qui par leur hauteur, un jour contraindront & resserreront trop la vûë ; ce qui rendroit alors l'Allée trop étroite, ou bien ces palissades ou arbres des côtés, en grossissant & épaississant occuperont dans la suite deux pieds de chaque côté, ce qu'on ne peut empêcher; ce qui retrecit encore considerablement une Allée. Ce sont ces petites remarques qui doivent engager les gens du métier, à considerer ce que deviendront un jour les Allées, étant anciennes, & ne les pas regarder telles qu'elles sont d'abord, car un vieux plan est bien different d'un nouveau. Un peu de largeur davantage remediera à tous ces petits inconveniens.

On n'est pas obligé à observer toutes ces choses pour la longueur des Allées, qu'il faut prolonger tant qu'il sera possible, ne pouvant jamais être trop longues.

La proportion la plus ordinaire des Allées doubles, c'est de donner la moitié de la largeur generale, à l'Allée du milieu, & de diviser l'autre moitié en deux pour les contre-Allées, qui doivent se rapporter à la grande: par exemple à une Allée de huit toises de large, on donnera quatre toises à l'Allée du milieu, & deux toises à chaque contre-Allée; à une de douze toises, six pour l'Allée du milieu, & trois pour chaque contre-Allée; à une de seize toises, huit pour le milieu, & quatre pour chaque contre-Allée. On peut tout au plus diminuer une demie toise de largeur aux contre-Allées, suivant ce calcul, si le terrain ne le permet pas, ou dans les Allées doubles en face d'un bâtiment, ou d'une cascade, en tenant l'Allée du milieu plus large, de ce qu'on diminuë sur les contre-Allées, afin qu'on découvre plus aisément du bout de l'Allée la beauté de cette vûë.

Je n'approuve nullement les Allées doubles, dont les contre-Allées sortant de cette regle sont si étroites, qu'à peine deux personnes peuvent s'y promener de front. Surquoi je dirai qu'il faut environ trois pieds de large pour un homme; ainsi dans la largeur d'une toise deux personnes se promenent de front fort à l'aise, & par consequent dans une Allée de deux toises de large, quatre personnes marchent sans se toucher.

Ainsi que la grande Allée de maroniers du Luxembourg.

A l'égard des Allées de bosquets éloignés, & du pourtour d'un parc, qui n'ont aucune enfilade, ni alignement principal; il n'est pas necessaire de les faire si larges, comme étant des endroits peu frequentés, & qui ne paroissent pas tant à la vûë.

Le plus grand entretien d'un Jardin sont les Allées, l'herbe y croissant sans cesse : c'est pourquoi le Jardinier doit avoir grand soin de les tenir toûjours bien nettes, & bien propres. Il se servira de ratissoire pour les petites Allées, & d'une charruë pour les grandes, & ensuite les repassera avec le rateau, & les baliera, quand il s'y trouvera des feüilles & des ordures. Tout ce qu'il doit observer dans cet ouvrage, c'est de choisir un temps qui y soit propre, c'est à dire un temps qui ne soit point trop sec, parcequ'alors la terre étant trop ferme, il ne feroit que couper les herbes dans la superficie, & en laisseroit les racines en terre, qui repousseroient encore plus vivement. Il ne faut pas aussi que le temps soit trop mou, parcequ'en coupant les racines, la terre ou le sable qui en est proche s'enleveroit aussi, ce qui gâteroit l'Allée.

Les herbes les plus difficiles à détruire, sont le chien-dent & le lizeron, à cause des longues racines qu'elles poussent en terre.

Pour éviter le grand entretien des Allées qui ont beaucoup de largeur, & qu'on seroit trop long-temps à ratisser, on y pratique des tapis de gazon dans le milieu, qu'il faut faucher souvent pour la propreté.

Pour ce qui regarde la maniere de bien dresser les Allées & les mettre de niveau, je renvoïe le Lecteur ci-après au Chap. 2. de la seconde Partie, où il en est parlé fort amplement. J'en ferai autant pour la maniere de planter, & d'élever les arbres & les palissades des Allées, dont il est traité dans les Chapitres 6. & 7. de la seconde Partie.

Je viens à la maniere de sabler & de battre les Allées, qui est le plus sûr moïen de remedier aux herbes qui y croissent, & d'empêcher les traînasses des taupes qui sont les ennemies jurées des Jardins, ausquelles on trouvera le secret de remedier aussi-bien qu'aux autres insectes & vermines, dans le Chap. 7. de la seconde Partie.

La meilleure maniere de sabler les Allées, c'est de faire une aire de recoupe de pierre de taille, ce qui se pratique ainsi : On met dans le fond des terres qu'on a ôtées, sept à huit pouces de hauteur de grosse recoupe, & environ deux pouces de menuë recoupe passée à la claïe, que l'on étend par dessus : on bat le tout à trois volées, c'est à dire trois fois, & on arrose à chaque volée ; ensuite on répandra le sable par dessus, qu'on battra encore. Quand on met un lit de salpetre sur ces recoupes, comme dans un Mail & dans les Jeux de boule, on les bat huit à neuf volées; & si l'on ne pouvoit point trouver de recoupe dans le païs, on prendra des gravois & pierrailles, que l'on arrangera dans le fond avec un lit de terre par dessus, pour faire corps, & ensuite on jettera le sable que l'on aura soin de bien battre aussi.

Cette maniere de sabler & de battre les Allées va à de grandes dépenses, ce qui fait que dans les Maisons particulieres on se contente de bien battre la terre, & de répandre le sable par dessus; aprés cela les pluïes achevent, & contribuënt beaucoup à affermir ces Allées, où on ne doit pas mettre trop de hauteur de sable, pour qu'elles ne soient pas si lassantes, ni si long-temps à se battre; deux pouces de hauteur sont suffisans.

Comme il n'y a point de recoupe dans ces Allées & que la terre est fort proche du sable, les herbes y croissent plutôt que dans les autres, joint qu'à force de ratisser, les terres se mêlent avec le sable, & redeviennent pour ainsi dire par ce mêlange, de la pure terre.

Il y a de deux sortes de sable, le sable de riviere & le sable de terre.

Le sable de riviere est le plus beau & le meilleur. Pour le bien choisir il le faut prendre un peu graveleux, qui ne soit ni trop fin ni trop pierreux, & sur tout un peu pesant, afin que le vent ne l'enleve pas si aisément. On passe ce sable à la claïe ou au gros sas, pour en ôter tous les cailloux & le rendre plus beau.

On tire le sable de riviere avec des dragues, étant dans des batelets, mais tous les endroits de la riviere ne sont pas propres à donner de beau sable; on n'y trouve souvent qu'un sablon fin & limoneux, ce qui engage à sonder la riviere en bien des endroits, avant que d'en pouvoir trouver de bon.

Le sable de terre, appellé ainsi parcequ'on le tire des terres sablonneuses, ne laisse pas d'être bon & de bien sabler les Allées; on s'en sert dans les païs éloignés des rivieres.

Ce que je veux dire ici au sujet des Palissades, ne regarde point la maniere de les planter, dont je me réserve à parler dans la suite. Il s'agit seulement ici de dire un mot de leur beauté, & des differentes formes qu'on leur peut donner.

Les Paliſſades par l'agrément de leur verdure, ſont d'un tres-grand ſecours dans les Jardins, pour couvrir les murs de clôtures, pour boucher & arrêter la vûë dans de certains endroits, afin de ne point découvrir tout d'un coup l'étenduë d'un Jardin, & pour corriger, & racheter les biais, & les coudes des murs. Elles ſervent encore à renfermer, border les quarrés de bois, & à les ſeparer des autres pieces du Jardin, ce qui empêche d'y entrer que par les Allées.

La forme la plus ordinaire des Paliſſades eſt une grande longueur & hauteur toute unie, formant comme une grande muraille ou tapiſſerie verte, dont toute la beauté conſiſte à être bien garnie par le pied, peu épaiſſe, & bien tonduë des deux côtés à pied droit.

Mais dans les Boſquets & les endroits particuliers, tels que ſont les Cloîtres, Galeries, Sales qu'on pratique dans les quarrés de bois: on perce les Paliſſades en arcades, ce qui fait un fort bel effet. On donne à ces arcades pour juſte proportion de leur hauteur, deux fois leur largeur, & l'on pratique des boules & vaſes ſur le haut de chaque trumeau; leſquels vaſes doivent être formés par des brins de charmille échapés de la Palliſſade, qu'on aura ſoin d'élever & de tondre avec art, pour leur faire prendre la forme convenable. Cette décoration compoſe une eſpece d'ordre d'Architecture champêtre, ainſi que l'on nomme l'ordre ruſtique d'une grotte ou caſcade. Il ne faut pas percer ces arcades juſqu'au bas de l'Allée, une banquette ou paliſſade à hauteur d'appui doit regner tout autour, hormis dans les enfilades des Allées, où il faut faire des portes & paſſages de communication.

On peut encore pratiquer d'eſpace en eſpace des niches & des renfoncemens dans les Paliſſades, pour y placer des bancs & des figures, comme dans les Boſquets & dans les bouts des Allées, ce qui fait le plus grand merite des Paliſſades; car alors leur verdure ſervant de fond aux figures, vaſes, fontaines, &c. elle en releve infiniment la beauté en les détachant, & les fait beaucoup valoir par l'oppoſition qu'elle y produit.

On tond les Paliſſades de pluſieurs façons, en éventails, en rideaux, en banquettes, &c. ſelon la nature du lieu, & ſelon l'intention de celui qui en donne le deſſein, qui les destinc à de certaines figures qu'elles n'acquierent qu'avec le temps.

Les éventails & rideaux ne sont autre chose que de grandes Palissades tres-élevées, qui servent à fermer & à boucher des vûës & des endroits desagréables, ou des separations de Jardin.

Pour les banquettes, ce sont des Palissades basses à hauteur d'apui, qui ne doivent point passer ordinairement trois ou quatre pieds de haut; elles servent dans les côtés des Allées doubles, où étant ainsi ravalées, elles n'empêchent point de joüir d'une agréable vûë à travers les arbres.

On peut encore en étêtant une Palissade & les arbres qui en sont proches, former des niches & berceaux couverts naturellement, sans y emploïer du treillage. Voilà ce qu'on peut faire de meilleur goût en fait de Palissade; car autrefois on leur donnoit mille formes extravagantes, ce qui est encore fort ordinaire dans les Jardins d'Italie, & d'Espagne: mais aujourd'hui en France, on ne donne plus dans tous ces colifichets, & on aime mieux une regularité plus simple & moins embroüillée.

On observera pour entretenir la beauté des Palissades de ne les pas laisser monter si haut, crainte qu'elles ne se dégarnissent du pied: leur hauteur sera des deux tiers de la largeur de l'Allée où l'on l'arrêtera, ensuite on les tondra au croissant par le moïen de grandes échelles doubles & chariots roulants, tant par le dessus que par les deux côtés, & toûjours le plus court & le plus serré qu'il se pourra; car il n'y a rien de plus vilain que de voir une Palissade trop épaisse, outre que cela la ruïne en peu de temps.

Si cependant on avoit dessein d'élever des Palissades tres-hautes, ce qui arrive quelquefois en joignant les arbres de haute-futaïe enclavés dans la Palissade, avec la Palissade même, ce qui dégarniroit immanquablement le pied: alors on garnira le bas avec du buis ou des ifs, soûtenus d'un petit treillage de cinq à six pieds de haut, comme il se voit dans beaucoup de Jardins.

Versailles, Marly, Saint Cloud.

CHAPITRE VI.

DES BOIS ET BOSQUETS en general.

CE Chapitre renferme tout ce qu'il y a de plus beau & de plus agréable dans un Jardin, sçavoir les Bois & Bosquets; car sans eux on ne peut pas compter un Jardin pour beau, puisqu'ils en sont le plus grand ornement. Les Bois sont un secours pendant l'Esté dans les grandes ardeurs du Soleil, & c'est dans ces lieux couverts qu'on peut se promener à l'ombre, même en plein midi. A commencer depuis les grands Jardins où il s'y en rencontre toûjours en quantité, il n'y en a gueres de petit, qui n'ait un Bosquet ou quelque allée couverte.

On peut donc convenir, que l'essentiel d'un Jardin ce sont les Bois; c'est ce qui fait aussi qu'une Maison de Campagne sans Bois, est défectueuse en une de ses principales parties.

On appelle Bosquet du mot Italien *Bosquetto*, un petit Bois de peu d'étenduë, comme qui diroit un Bouquet de verdure.

Les Bois & les Bosquets font le relief des Jardins, & servent infiniment à faire valoir les pieces plattes, comme sont les Parterres & les Boulingrins. On leur doit destiner des places où ils ne cachent point la beauté de la vûë, car il arrive souvent qu'on est obligé dans la suite d'arracher ou d'étêter un Bois par le regret que cause la perte de cette belle vûë: c'est ce que j'ai déja remarqué en parlant des dispositions generales de Jardin.

Pour ce qui regarde leur forme & leur dessein, on les peut varier de differentes manieres, en tenant pour regle generale de les percer d'allées le plus qu'on pourra, de n'y point faire trop d'ouvrages & de retours, en consommant tout le terrain du Bois; & aussi d'en faire trop peu, en laissant de grands quarrés de Bois tout nuds, sans aucun ornement.

Leur forme la plus ordinaire est l'Etoile, la Croisée, ou croix de S. André, & la Patte d'oye ; cependant on y pratique les figures suivantes, comme Cloîtres, Labirinthes, Quinconces, Boulingrins, Sales, Cabinets, Chapelets, Guilochis, Sales de Comedie, Sales couvertes, Berceaux naturels & artificiels, Fontaines, Isles, Cascades, Galeries d'eau & de verdure, &c.

Il faut remarquer qu'on doit toûjours faire une belle piece dans le milieu d'un Bois, comme une Sale de Maroniers, une piece d'Eau ou Cascade, & que dans ces sortes d'endroits on doit donner plus de largeur aux allées : Si les allées du Bois ont deux toises de large, celles du milieu en doivent avoir trois ou quatre ; & quand il y a une piece d'eau, on ne doit point faire d'allées doubles autour, afin de découvrir plus agréablement l'eau, & de rendre ces lieux plus sains & moins marescageux.

Il y a des Bois de plusieurs natures qui se peuvent réduire aux six especes suivantes : les Forêts & grands Bois de haute-futaïe, les Bois taillis, les Bosquets de moïenne futaïe à hautes palissades, les Bosquets découverts à compartiment, les Bosquets plantés en quinconces, & les Bois verds.

Les deux premieres especes, qui sont les Forêts ou grands Bois de haute-futaïe, & les Bois taillis, ne conviennent que dans la Campagne, ou bien dans un grand Parc de deux ou trois lieuës d'étenduë. Cependant pour ne rien oublier, j'en parlerai comme des autres Bosquets suivans, qui sont ceux qui regardent le plus nos Jardins de Propreté.

Les Forêts & grands Bois de haute-futaïe sont ainsi appellés, à cause de leur hauteur & de leur étenduë considerable. On y compte au moins une lieuë ou plusieurs arpens de circuit : ils sont composés de grands arbres tres-élevés & tres-proches l'un de l'autre, qui forment une hauteur touffuë & tres-épaisse. Ces Bois n'ont point de palissades, ni d'allées ratissées ; ce ne sont que des routes pour la chasse. Ils sont ordinairement plantés en étoile, avec un grand cercle dans le milieu, où viennent abourir toutes les routes. Ces Bois sont brutes & champêtres, comme la Forêt de S. Germain en Laye, celle de Fontainebleau, de Senlis, le Bois de Boulogne, de Vincennes, &c.

Les

Les Bois taillis ne different des Bois de haute-futaïe, que parceque l'on ne les laiffe pas monter comme les Futaïes, & qu'on les coupe rez terre tous les neuf ans, ce qui leur donne le nom de Taillis. On fait la divifion de cent arpens de ces Bois en neuf parties, qui font de onze arpens, que l'on coupe chaque année : ainfi le Bois ne fe dégrade, & ne fe ruïne point de cette maniere, un côté recroiffant pendant qu'on coupe l'autre. On eft obligé d'y laiffer felon les Ordonnances feize Baliveaux par arpent, outre les anciens des autres coupes, ce qui par fucceffion de temps fait d'un Bois taillis, une haute-futaïe.

Les Bois de moïenne futaïe à hautes paliffades, appellés bois *Marmanteaux*, ou *de Touche*, & les trois autres efpeces fuivantes, font ceux que l'on pratique dans les beaux Jardins ; ce font veritablement les Bofquets de propreté : On les appelle moïenne futaïe, parceque les arbres qui les compofent ne parviennent jamais à cette grande élevation de la haute-futaïe ; ils ne paffent gueres 30 ou 40 pieds de haut. Ces Bois font ornés de Sales, Cabinets, Galeries, Fontaines, &c. Leurs quarrés font bordés de Paliffades & de Treillages, & les Allées en font bien dreffées & bien fablées, ce qui eft d'une grande propreté.

Les Bofquets découverts & à compartiment, que quelques gens appellent *Bofquets parés*, different des autres Bois, en ce qu'on ne plante point d'arbres dans le milieu de leurs quarrés, pour former de la futaïe ou du garni, ce qui les rend découverts ; on plante leurs allées de Tillaux ou de Maroniers, conformément au deffein, & on y met une petite paliffade refepée à hauteur d'apui environ de trois pieds de haut, ce qui dégage par le deffous tout un Bofquet, & fait qu'en fe promenant on joüit de la vûë, & qu'on voit les perfonnes qui font dans les autres allées, ce qu'on ne peut pas faire dans les Bois ordinaires, où les paliffades & le garni viennent tres-haut. Dans les quarrés de ces Bois, on y pratique des compartimens & tapis de gazon avec un fentier ratiffé de deux pieds de large, regnant par tout entre les paliffades & les pieces de gazon. On les orne d'ifs & d'arbriffeaux placés par fimetrie. Ces fortes de deffeins font les plus beaux & les plus riches, étant prefque comme de vrais Parterres, tenant de ceux à l'Angloise & à Compartiment, & retenant quelque chose du Bois. On y fait des Cabinets, des Sales & Enfilades qui se communiquent l'une dans l'autre.

Les Bosquets plantés en quinconce ne sont autre chose que plusieurs allées ou rangs d'arbres de haute-futaïe plantés en échiquier, ou à angles droits, ou bien en lignes paralleles: il n'y faut point de broussailles, ni de palissades. On les appelle Quinconces, à cause de la conformité qu'ils ont avec la figure du cinq des Cartes à joüer; on ratisse le dessous de ces arbres, ou on les gazonne, en ménageant seulement quelques allées dans le milieu, & quelques petits cabinets & enfilades, le tout sans palissades; on doit voir de tous sens des allées droites & bien alignées.

Les Quinconces qu'on fait présentement, sont tres-differens de ceux des Anciens, dont parle Vitruve, qui étoient tres-semblables au cinq des Cartes à joüer, en ce que les Anciens plantoient un arbre dans le milieu des quatre, ce que l'on ne fait plus, parcequ'il se rencontroit des allées plus étroites les unes que les autres. On se contente de planter les Quinconces en lignes retournées d'équerres, qui forment un échiquier ou trait quarré, ce qui rend les allées plus regulieres & d'égale largeur par tout.

La sixiéme espece, qui sont les Bois verds, sont les plus beaux de tous, par leur verdure continuelle pendant l'Hiver, comme pendant l'Esté; ils sont plus rares dans les Jardins, parceque le long-temps qu'ils sont à croître pour former de la haute-futaïe, peut dégoûter de l'envie qu'on auroit d'en planter.

On trouvera dans les desseins suivans tout ce que l'on peut souhaiter en fait de desseins de Bois, & je puis dire que cette matiere est épuisée, & qu'on ne peut aller au-delà de l'invention de ces 10 Planches.

On a donné beaucoup plus de Planches de Bosquets, que de Parterres, par la raison qu'il y a un grand nombre de Parterres gravés, & fort peu de Bosquets.

La 1e Planche contient deux desseins de grands Bois de haute-futaïe des mieux percés & des plus magnifiques.

La 1e Figure represente un Bois percé en étoile double, avec une grande Sale dans le milieu, ornée d'une piece d'eau avec trois Jets, & quatre autres Baſſins eſpacés dans le Bois, dont les Jets s'enfilent avec ceux de la piece d'Eau; ce qui fait un fort bel effet, parcequ'en vous promenant vous découvrés dans les allées au moins trois Jets, dans d'autres cinq, & vous voïez tous les ſept dans l'allée du milieu. Outre ces ornemens, ce Bois eſt percé ſi avantageuſement, que de quelque côté que vous tourniés, vous avés toûjours en face au moins trois allées, ce qui forme une patte d'oye, ainſi qu'aux huit entrées; un peu plus avant vous trouvés de petits carrefours à quatre allées, & dans les grands qui ſont ornés de baſſins & d'ifs, il y a ſix allées aboutiſſantes au centre, ce qui compoſe des étoiles. On a fait les huit allées principales plus larges que les autres. Cette compoſition ingenieuſe rend ce Bois des plus agréables, quoiqu'on n'y ait point pratiqué de Cabinets ni de Galeries, ainſi que dans l'autre deſſein à côté.

La 2e Figure repreſente un autre Bois percé en étoile ſimple, avec pareillement une grande Sale dans le milieu, & une piece d'Eau ornée d'un gros Jet, qui eſt vû des huit allées: à peu près dans leur milieu on trouve un grand ovale, dont les allées circulaires viennent ſe joindre à celles de l'étoile, dont on a coupé les pointes pour former huit carrefours. On trouve encore en ſe promenant dans cet ovale, d'autres allées qui vous conduiſent dans huit Cabinets ou Boſquets tous differens les uns des autres. Le 1er Cabinet, à commencer par en bas à droite, eſt un grand cercle de charmille coupé de niches pour des bancs, & des arbriſſeaux: au milieu eſt un octogone renfoncé, qu'on appelle autrement un boulingrin. Le 2e en remontant eſt compoſé de trois petites pieces qui s'enfilent l'une l'autre, dont celle du milieu eſt un quarré long orné d'ifs, & les deux des bouts ſont de forme circulaire avec des bancs. Le 3e Cabinet eſt une petite galerie d'eau compoſée de ſept boüillons, qui retombent dans une rigole ou foſſé, pratiqué dans le milieu. La paliſſade eſt bordée de ſcabellons, de figures & d'ifs entre-deux, & il y a deux niches avec des bancs aux deux extremités de cette galerie. Le 4e eſt de figure quarrée, ceintré dans les quatre faces, avec une piece de gazon dans le milieu, & quatre ifs dans les angles. Le 5e Cabinet enſuivant, eſt une figure à pans, qui forment un octogone irregulier ; il y a dans le milieu un boulingrin circulaire. Le 6ᵉ est une galerie tres-differente de l'autre, en ce qu'elle est formée par des arbres, & terminée par des bassins ovales, avec des bancs. Le 7ᵉ est tres-simple, n'étant qu'un quarré long, ceintré dans les deux bouts, avec un tapis de gazon, & deux grands ifs plantés au centre des portions circulaires. Enfin le 8ᵉ Cabinet est de figure quarrée, dont les angles sont coupés à pans, & dont le milieu est rempli d'une piece de gazon échancrée aux quatre coins.

Ces deux Bois contiennent environ sept arpens, & ne conviennent que dans de grands lieux. On peut cependant les executer en plus petit, & en plus grand, selon la place ; mais plus ils seront grands, mieux ils seront, parceque les allées ne se toucheront pas si près l'une de l'autre. L'échelle qui est commune à ces deux desseins en fera connoître toutes les proportions.

La 2ᵉ Planche contient quatre desseins de Bois de haute-futaïe, dont la forme est barlongue, & dont l'étenduë est d'environ six arpens. Dans les trois premieres Figures ce sont des Bois propres pour une grande enfilade, où il faut conserver une allée large dans le milieu, ce qui partage le dessein en deux, qui cependant ne laisse pas de former un tout fort agréable & fort regulier.

Dans la 1ʳᵉ Figure ce sont de petites allées comparties en guillochis, qui aboutissent à six Cabinets differens, ornés de berceaux, de pieces de gazon, de bancs & d'ifs. Au milieu de la grande allée, on a pratiqué une Sale à pans, & une piece d'Eau avec un Jet.

Les allées de la 2ᵉ Figure sont disposées de maniere, que les Cabinets des coins viennent se rendre l'un dans l'autre : Mais la Sale est tres-differente des autres, étant ceintrée dans son milieu, & presentant une Patte d'oye de chaque côté, avec quatre piedestaux pour des figures ou vases. Les allées de ces Pattes d'oye viennent aboutir chacune aux Jets de la piece d'Eau, où l'on en a mis exprès trois, ce qui rend ces allées circulaires fort agréables, tous ces Jets se voïant l'un après l'autre en se promenant. La piece d'Eau est d'un dessein fort particulier, elle est située au milieu de la grande allée plantée d'arbres isolés.

La composition de la 3e Figure est un grand cercle, dans l'intervalle duquel, & de la Sale du milieu, on a pratiqué deux Cabinets à pans avec des pieces ovales de gazon; de cette grande allée circulaire on entre par des coudes d'allées, dans des Cabinets qui sont aux quatre coins du Bois, où il se trouve d'autres allées d'enfilade au Jet de la piece d'Eau, avec des bancs vis à vis, ce qui est fort heureux. On sort de ces Cabinets & de ces allées dans la grande du milieu, qui est plantée d'arbres isolés.

La 4e Figure est un dessein entier sans enfilade dans le milieu; il se trouve percé par des allées diagonales, qui forment quatre croix de S. André, au milieu desquelles on a pratiqué des carrefours & pieces de gazon. Toutes les allées viennent se rendre dans une grande Sale, qui mene dans quatre Cabinets differens, & qui s'enfilent l'un l'autre. Il y a une piece de gazon terminée par deux Bassins, ce qui est assés extraordinaire; cependant cela fait fort bien, parceque les allées diagonales viennent about ir aux Jets de ces Bassins.

On voit dans la 3e Planche six desseins de Bois tres-variés, & propres pour des places quarrées de quatre arpens d'étenduë.

Dans le Bois qui est representé dans la 1e Figure on entre par les angles, où l'on trouve deux allées aboutissantes à des carrefours circulaires, qui vous menent dans une figure à huit pans. Cette figure est disposée de maniere que presentant quatre angles dans les carrefours, & les quatre autres étant occupés par des renfoncemens avec des bancs, elle allonge les allées des entrées, ensorte qu'une personne assise sur l'un de ces bancs, peut découvrir les deux allées des bouts, sans celle vis à vis, qui avec trois autres allées en face des bancs, vous conduit dans la piece du milieu, enrichie d'une Isle & de quatre boüillons, qui forment le fossé du tour. Il y a une figure au milieu de cette Isle, & un pont pour y aller.

La 2e Figure est un Bois qui a douze allées pour entrées, les droites enfilent la piece du milieu, & les diagonales viennent rendre à une piece de gazon circulaire, entourée d'une double palissade isolée, & percée vis à vis de chaque enfilade. Ces carrefours presentent des Pattes d'oye, d'où l'on passe à une grande figure quarrée qui forme un cloître, dont les angles sont occupés par des niches avec des bancs. Les quatre allées du milieu vous conduisent à une piece d'eau quarrée, dont les oreillons saillent en forme de bastions. Il s'éleve du milieu un grand Jet perpendiculaire, & des quatre coins ou oreillons, quatre autres Jets obliques formant des berceaux.

Le Bois de la 3e Figure est le plus simple de tous, aussi peut-on l'executer dans l'espace de deux arpens, & même d'un. C'est une simple croix de S. André, entourée d'un grand octogone, d'où par quatre allées on vient rendre dans une grande Sale circulaire ornée d'un Bassin à pans, & d'un rang d'arbres & d'ifs isolés, avec quatre niches pour des bancs.

La 4e Figure offre un dessein bien plus composé, & d'une invention assés particuliere. C'est pareillement une croix de S. André, qui vous mene dans une grande figure quarrée formant un cloître ; on trouve au milieu de chaque allée des renfoncemens en demi-lune avec des bassins, en face desquels il y a des allées qui viennent rendre à la piece du milieu, aussi-bien que celle de la croisée, ce qui compose une étoile reguliere. La Sale du milieu est de forme circulaire, coupée de huit niches pour des bancs, entre chaque allée. Elle est remplie d'un grand bassin octogone, où il y a une Isle au milieu avec une figure entourée de caisses, & de pots de fleurs. L'eau de ce bassin vient par quatre masques, posés sur quatre des côtés de l'octogone, & il y a un pont pour passer dans cette Isle, dont l'aspect est fort agréable, & fort surprenant au milieu d'un Bois.

La 5e Figure n'est pas tout à fait quarrée comme les autres, ce dessein n'aïant pas de grace à moins qu'il ne soit oblong, ce qui a obligé d'y pratiquer aux deux côtés, des allées & pieces de gazon découpées. Ce Bois se trouve percé de plusieurs desseins, comme d'un grand ovale, d'une lozange, & d'une croix de S. André, qui composent tous ensemble un assés beau compartiment. On y trouve deux Pattes d'oye, huit carrefours, & deux renfoncemens avec des bancs. Les quatre entrées des encoignures, & les deux du milieu, viennent aboutir à une Sale circulaire ornée d'un bassin, & de niches pour des bancs & des arbrisseaux.

Dans la 6e Figure on voit un Bois dont les entrées sont dans le milieu pour la varieté; elles sont interrompuës par les quatre angles d'une grande lozange, qui vous mene à des Cabinets pratiqués dans les quatre coins, & tous differens les uns des autres. Il y a de petits carrefours vis à vis de ces Cabinets, lesquels vous ouvrent l'entrée d'un cloître, au milieu duquel sont quatre issuës, d'où vous passés à la Sale du milieu qui est à pans, avec un bassin ovale. En-face de ces quatre petites allées, on trouve des niches avec des bancs. Il est inutile d'expliquer les quatre Bosquets des coins, car on peut juger de ce qu'ils contiennent, par ce qu'on a déja dit, au sujet de ceux qui se sont rencontrés dans les autres desseins, & qui ont été détaillés assés amplement.

La 4e Planche est la plus remplie de toutes, contenant dix Bosquets differens: les quatre premieres Figures sont propres à des places oblongues, d'environ un arpent & demi, ou deux arpens d'étenduë; les six autres suivantes font voir ce qu'on peut executer dans des languettes de terre & des boïaux de Jardin. Ces bois sont tres-variés, & quoique simples, ils ne laissent pas d'être bien percés & bien ouvragés. On peut juger de ce qu'ils contiennent par leur aspect, & par les échelles, sans qu'il soit besoin d'entrer dans un plus long détail.

Les deux Planches suivantes, qui sont la 5e & la 6e, representent des Cabinets, & des Salons propres à placer dans les bois, en cas que les desseins de ceux qui y sont, ne conviennent pas aux places qu'on auroit, ou qu'ils ne plussent pas tant: on pourra alors choisir dans les douze Figures qui sont dans ces deux Planches, desquelles je ne ferai point aussi de description particuliere; l'œil pouvant juger de ce qu'elles contiennent. On a fait graver ces Salons un peu grands, afin qu'on les puisse planter d'après ces desseins, sans être obligé de les dessiner une seconde fois.

La 7e Planche presente un Bosquet d'une autre nature que les précédens, c'est ce qu'on appelle un Bosquet découvert à compartiment. On n'en a mis qu'un seul dessein sur la Planche, afin que devenant plus grand, on pût mieux juger de sa disposition; mais quoiqu'il paroisse grand sur cette Planche, il ne contient cependant qu'un arpent au plus, & est orné & comparti autant qu'il est possible. Ce Bosquet est croisé de deux allées, qui aboutissent à un bassin formant un octogone irregulier, & entouré d'une Sale ovale, laquelle est coupée dans ces quatre milieux d'allées, qui vous conduisent à de petits Cabinets & Enfilades pratiquées dans les quarrés de ce bois; d'où par des bancs placés avantageusement, vous découvrés le Jet du milieu. Les entre-deux de ces Cabinets sont occupés par des pieces de gazon comparties en volutes & en ronds, ornés d'ifs placés avec simetrie. On tiendra les palissades de ce Bosquet à hauteur d'appui, afin de découvrir toutes les pieces du compartiment.

Il y a un quart du dessein où l'on n'a marqué qu'un simple trait pour la palissade, & des O pour la place des arbres, afin qu'on puisse mieux l'executer sans embarras, ce qui seroit arrivé, si l'on avoit élevé en perspective les arbres, & les palissades, comme dans le reste du dessein.

On voit dans la 8e Planche des pieces separées, dont on peut se servir dans le milieu d'un bois, en cas que les desseins ci-dessus ne plaisent pas tant. Ce sont des Sales plantées d'arbres isolés avec des ifs entre-deux.

La Sale de la 1e Figure est la plus magnifique. On la suppose au milieu d'un grand bois, & n'aïant que deux entrées: cependant on en pourroit faire quatre selon le lieu, en retranchant les Cabinets des deux bouts, ce qui ne la rendroit pas moins belle. Elle contient environ un arpent & demi; mais on peut l'executer dans un terrain plus petit de moitié. On l'a orné de quatre bassins, qui s'alignent l'un l'autre avec des bancs pratiqués de maniere, qu'ils sont en face de chaque allée, & enfilent les Jets des bassins. La piece du milieu, est un grand tapis de gazon, qui étant coupé à pans dans les quatre angles, forme aux quatre coins de cette Sale, des octogones que la palissade racheve. Le reste s'explique assés de lui-même.

La 2e Figure est encore une grande Sale differente de l'autre, en ce qu'elle est située dans une grande piece de gazon. On peut aussi la placer dans le milieu d'un bois. Cette Sale est un quarré long ceintré dans les deux bouts, où l'on l'on a pratiqué deux baſſins octogones, au centre deſquels viennent aboutir les entrées diagonales de cette Sale. On a placé des figures dans les deux bouts, & deux bancs à chaque angle de la Sale, qui eſt bordée ſimplement par le gazon & par des arbres, ſans aucunes paliſſades ni ſentiers derriere.

La 4ᵉ Figure que j'expliquerai devant la 3ᵉ, à cauſe du raport qu'elle a avec les deux précédentes, eſt une petite Sale fort ſimple, entourée d'une paliſſade à hauteur d'appui, avec des arbres eſpacés dedans: Elle eſt placée, ainſi que l'autre, dans des tapis de gazon, qui ſont diſtingués d'avec la paliſſade par un ſentier ratiſſé. Il y a dans le milieu une figure à l'enfilade des allées & des bancs.

Dans la 3ᵉ Figure l'on voit un Bois planté en quinconce, avec une Sale & des Cabinets, qui compoſent un compartiment, ce qui paroîtra d'un goût fort nouveau: ces ſortes de deſſeins n'étant ordinairement compoſés que de grandes allées paralleles, plantées en échiquier, ſans aucun autre ornement. Quoiqu'on ait pratiqué une Sale dans le milieu, avec un baſſin & des Cabinets, qui forment un Cloître, & s'enfilent l'un l'autre; cela ne dérange cependant rien du quinconce, & n'interrompt point l'enfilade des arbres, dont on n'a ôté que quelques-uns dans le milieu, & dans les coins, pour former cette Sale & ces Cabinets. Le deſſous de ce quinconce eſt gazonné dans quelques endroits, ce qui détache & fait valoir le ratiſſage des allées & de la Sale.

Ainſi que les Quinconces des Tuileries.

La 9ᵉ Planche donne l'idée de quatre morceaux de Jardin fort extraordinaires, & cependant magnifiques dans leur eſpece; c'eſt ce qu'on apelle des Cloîtres.

La 1ᵉ Figure eſt la plus ſimple de toutes; c'eſt un grand quarré de gazon, avec une figure dans le milieu, entouré d'une allée double, percée dans les enfilades des autres allées & des bancs. Ce Cloître eſt dans le milieu d'un bois, & on y arrive par quatre allées diagonales, qui rendent à des carrefours, ornés de pieces de gazon.

La 2ᵉ repreſente un Cloître de forme circulaire ſitué dans un bois, avec un baſſin octogone entouré de berceaux formés par des arbres, que l'on plie l'un ſur l'autre, & que l'on contraint par des perches, cerceaux, & gros treillages liés avec du fil de fer. Les quatre allées qui y conduiſent ſont aussi couvertes de berceaux, & il y a un petit sentier ratissé aux deux côtés, qui forment des contre-allées; c'est pour détacher ces berceaux, d'avec la palissade du bois.

On voit dans la 3e Figure un Cloître des plus magnifiques: Il differe des autres en ce qu'il est au milieu d'une piece de gazon; cependant on le peut placer aussi dans un bois. C'est un grand octogone ralongé, & couvert de berceaux de treillages, avec quatre Cabinets en face des allées qui y conduisent. Le milieu de ce Cloître est renfoncé, & on y descend par trois rangs de marches de pierre de taille, ou de gazon, si l'on veut. Le fond en est orné par une piece de gazon, & par quatre petites fontaines en buffets pratiquées sur les gradins, en face de chaque allée.

La 4e Figure est un Cloître en galerie, formée par une palissade percée en arcades. On y a placé des bancs de telle maniere, qu'ils s'enfilent à travers les arcades, ce qui continuë le coup d'œil. On a pratiqué au milieu de ce Cloître, une piece à l'Angloise bordée d'une plate-bande coupée, & ornée d'arbrisseaux & de fleurs, avec des bassins aux deux bouts, qui sont entourés pareillement de cette plate-bande.

Enfin la 10e Planche de ces Bosquets, contient un dessein de Labirinte d'une invention toute nouvelle: c'est une grande Volute ou Spirale, au centre de laquelle est un bassin accompagné d'une Sale percée de huit allées, qui rendent à quatre carrefours, d'où insensiblement vous passés dans des culs de sac, ornés de cabinets, de berceaux de treillage, tapis de gazon, fontaines, figures, &c. ce qui surprend & amuse agréablement ceux qui s'y sont égarés. La quantité d'allées & de détours differens qui se rencontrent dans la composition de ce Labirinte, le rendent des plus embarrassants, sans cependant lui ôter la regularité & la grace du dessein. Il n'y a qu'une seule entrée, qui sert aussi de sortie, où l'on a placé exprès un cabinet de treillage pour la rendre encore plus difficile.

Ce Labirinte demande un peu de terrain pour devenir beau en execution, & ne peut gueres se planter dans un espace moindre de sept à huit arpens, sans cela les allées se toucheroient de trop près, ce qui en ôteroit l'embarras, & en même temps tout le merite.

[illegible]

Grand Bois de haute futaie percé en etoille double

fig. 1ère

Grand bois de haute futaie percé en etoille simple avec des cabinets

fig. 2e

5 10 20 30 60 Toises

Page 58.

Pl. 1re C

Mariette excud.

Desseins de grands Bois de haute futaie

fig. 1re

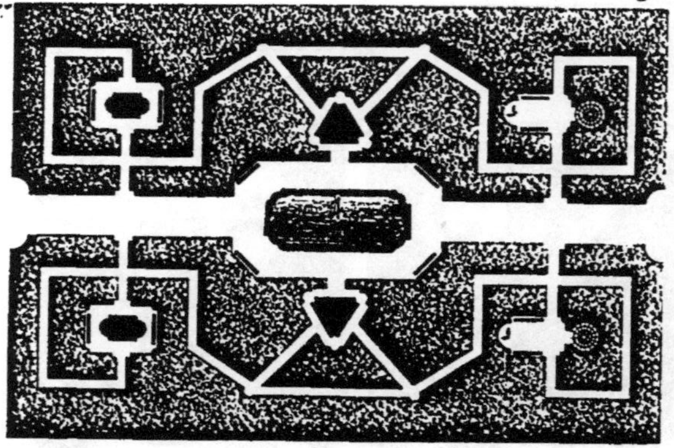

fig. 4

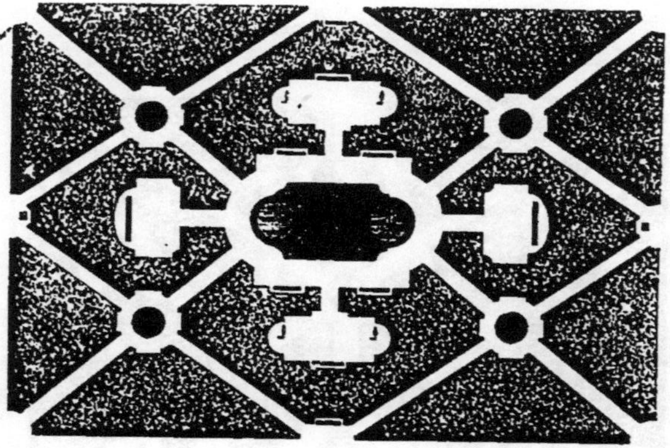

fig. 2

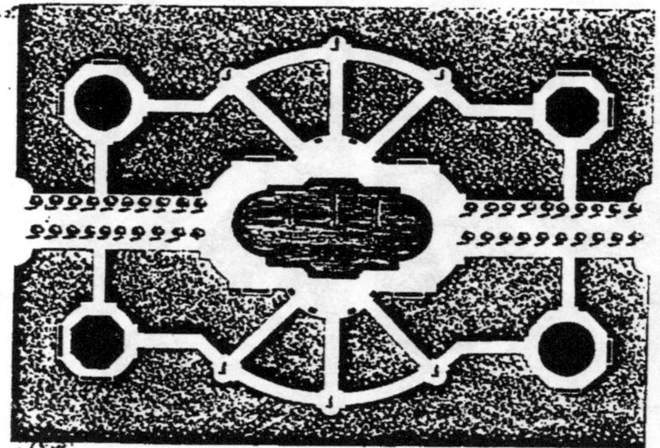

fig. 3

Toises

Pl. 25

Mariette excud.

Desseins de Bois de haute futaie

Pl. 5e C

Mariette excud.

Desseins de Bosquets de moienne futaie

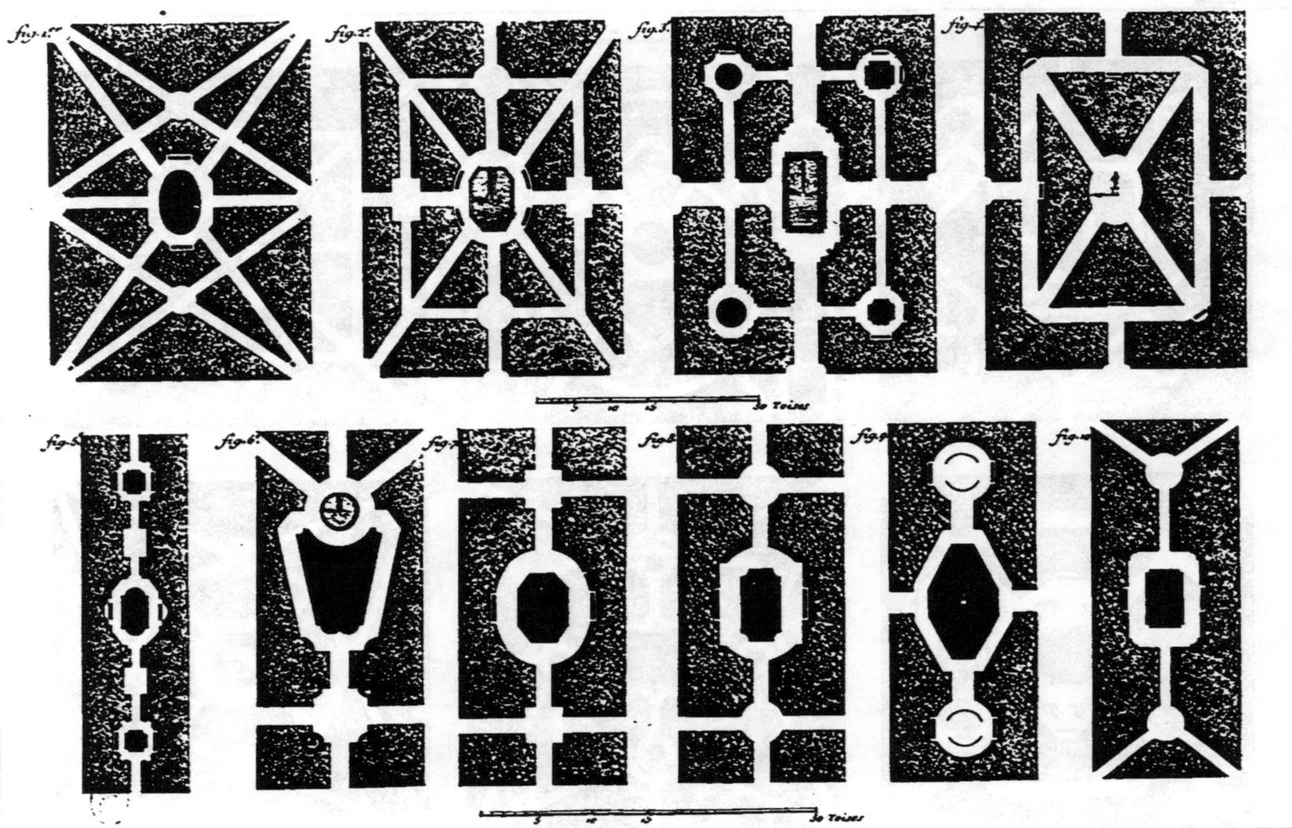

Pl. 4.e C

Mariette excud.

Desseins de Cabinets et Salons pour des bosquets.

Pl. 5e C

Mariette excud.

Desseins de Cabinets et Salons pour des bosquets.

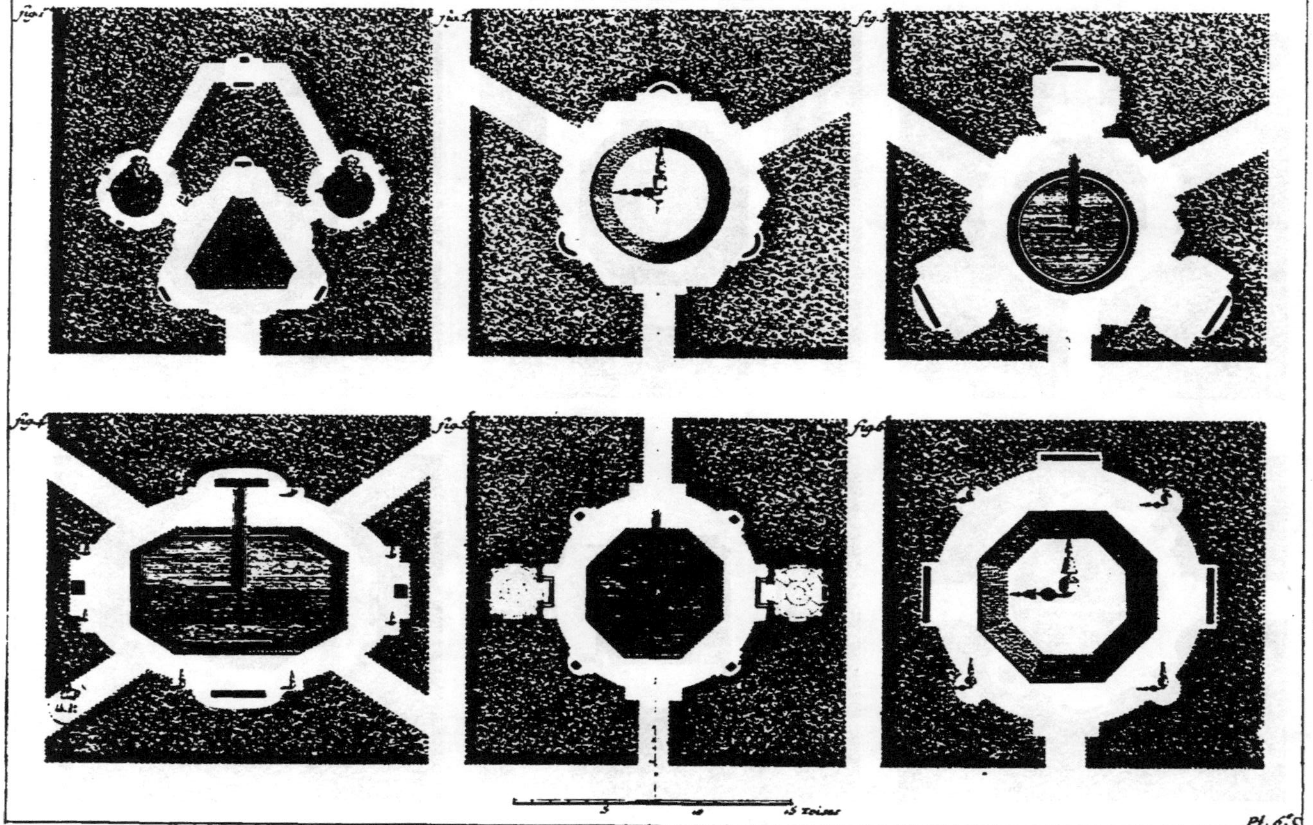

Pl. 6.e C

Mariette excud.

Bosquet découvert à Compartiment

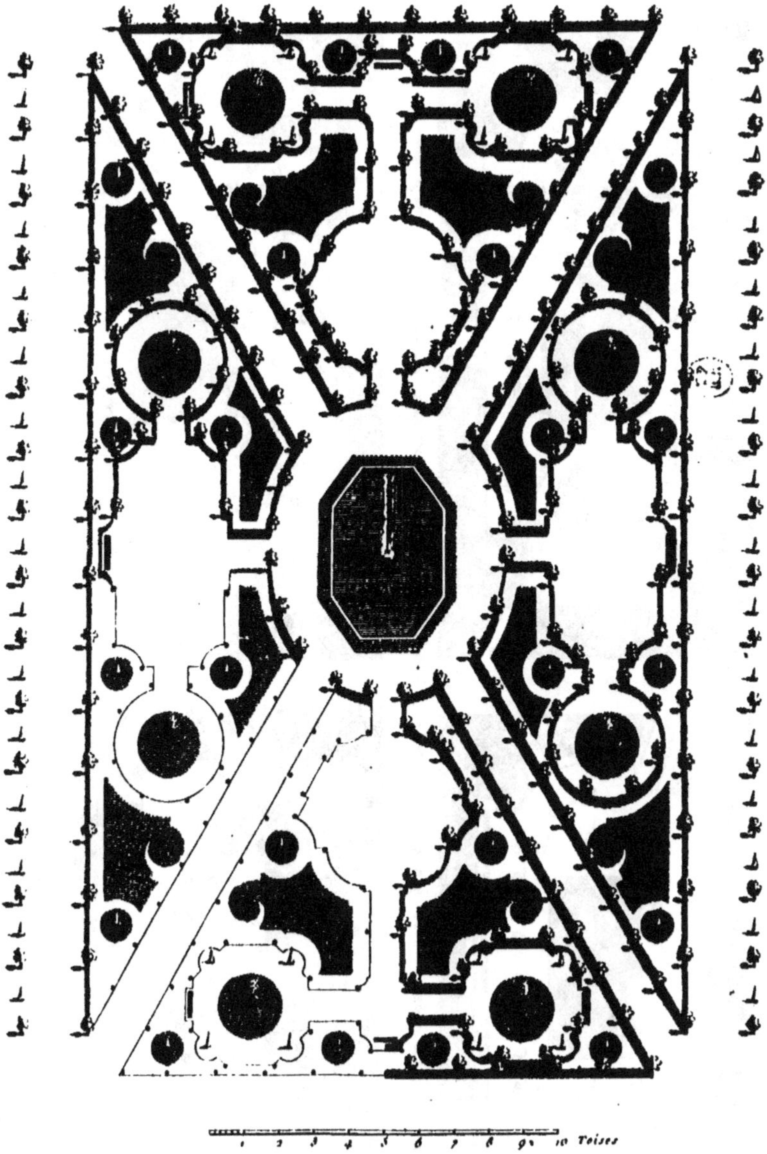

Pl. 7.
Mariette excud

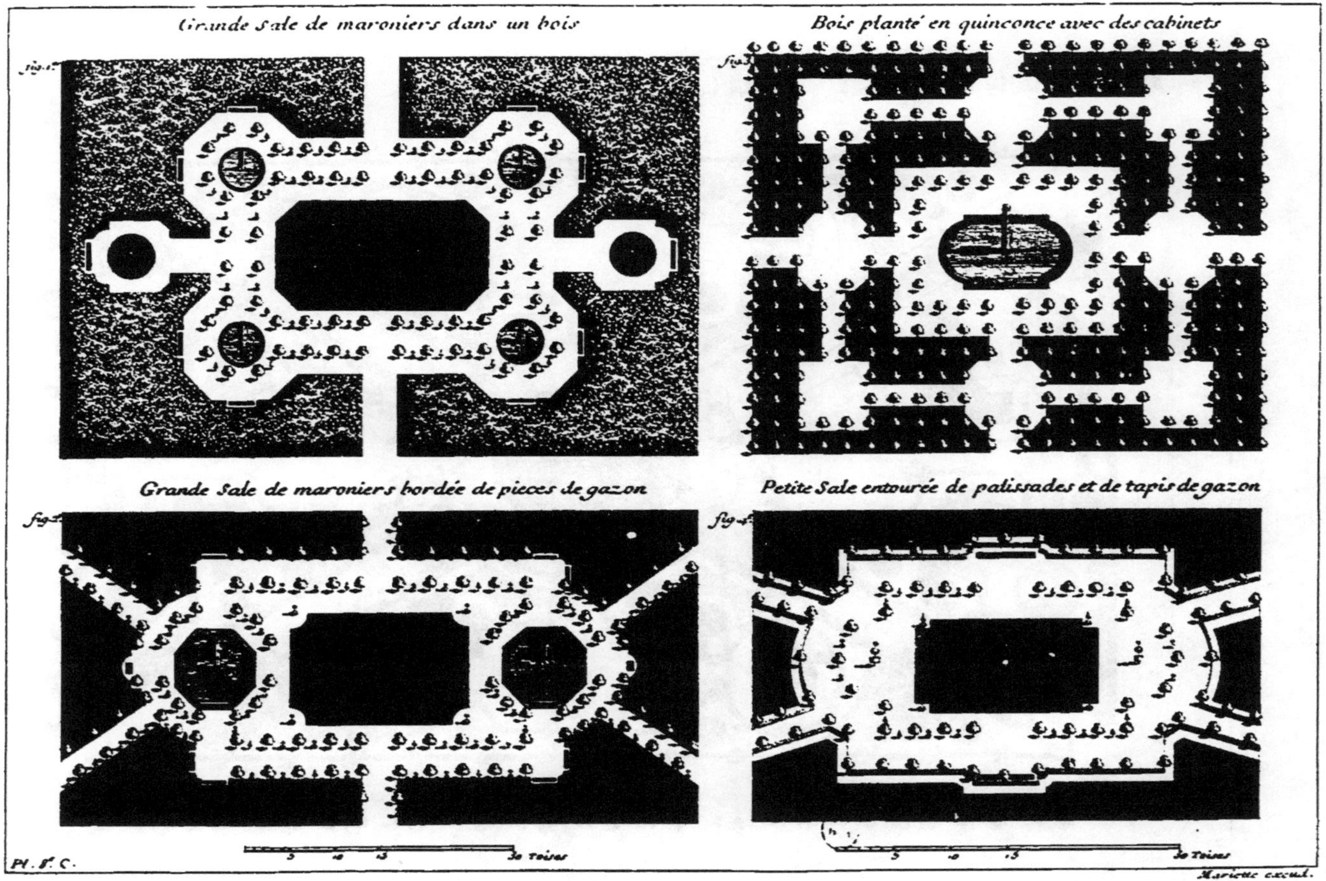

Grande Sale de maroniers dans un bois
Bois planté en quinconce avec des cabinets
Grande Sale de maroniers bordée de pieces de gazon
Petite Sale entourée de palissades et de tapis de gazon
5 10 15 30 Toises
5 10 15 30 Toises
Pl. 8e. C.

Mariette excud.

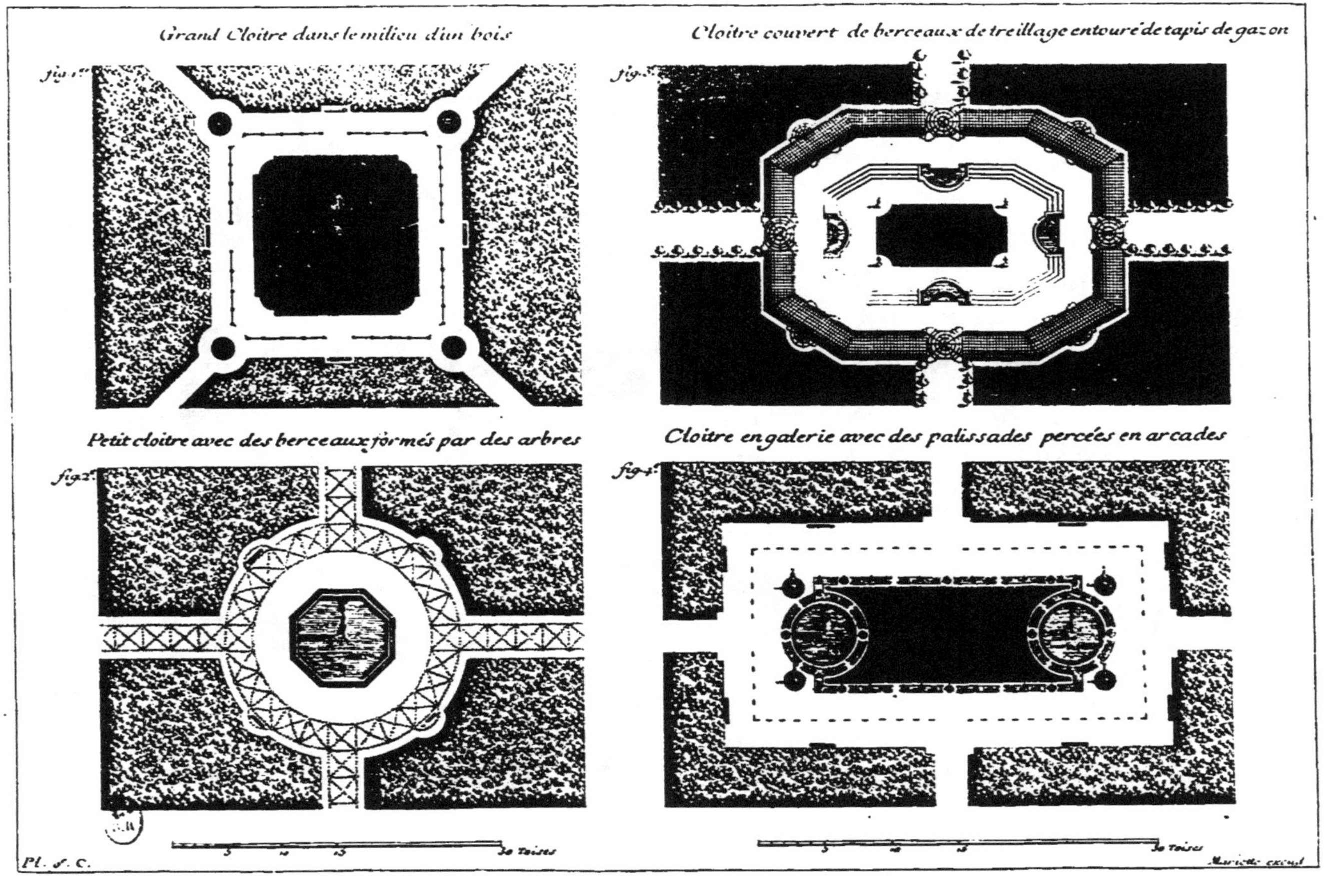
Grand Cloitre dans le milieu d'un bois
fig. 1re
Cloitre couvert de berceaux de treillage entouré de tapis de gazon
fig. 3e
Petit cloitre avec des berceaux formés par des arbres
fig. 2e
Cloitre en galerie avec des palissades percées en arcades
fig. 4e
5 10 15 30 Toises
5 10 15 30 Toises
Pl. 5. C.
Mariette excud

Dessein d'un Labirinte avec des cabinets et Fontaines

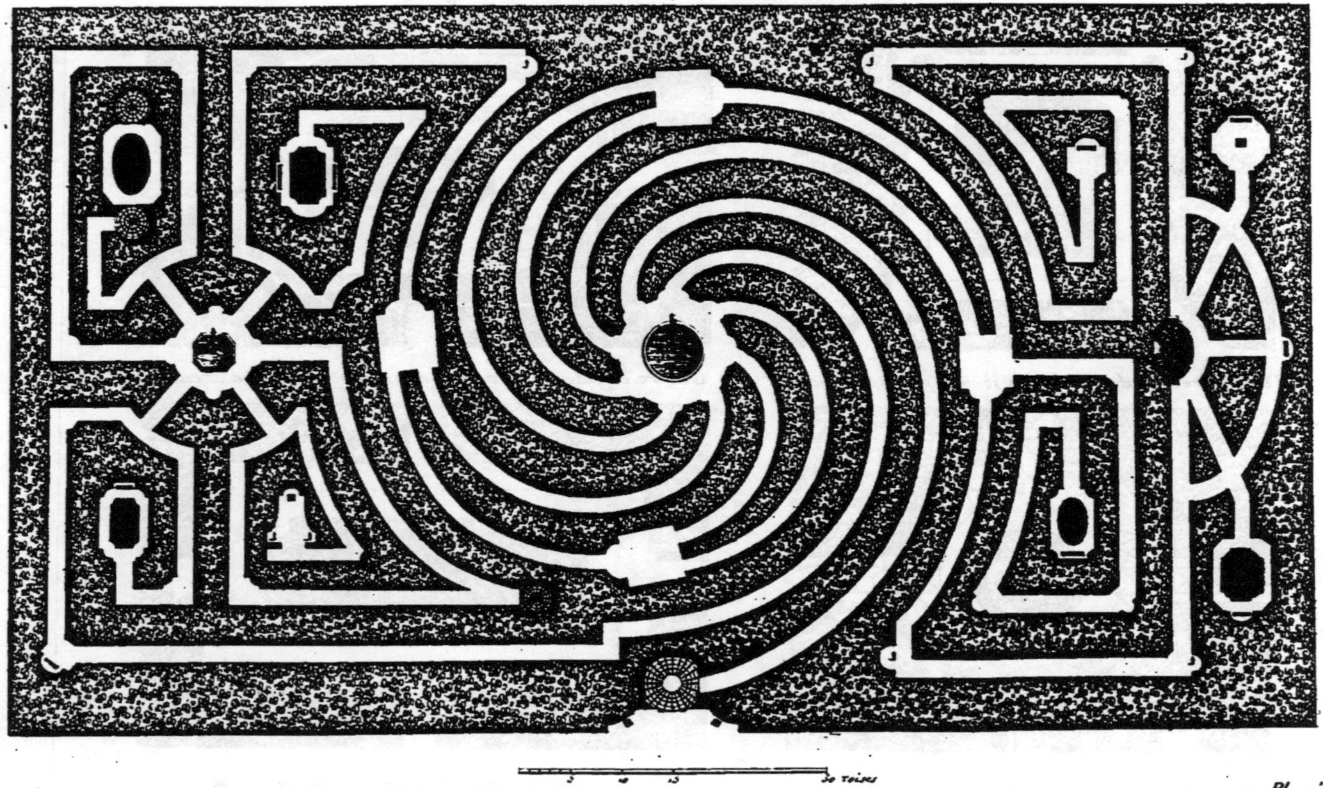

Mariette excud.

Pl. 10.me

CHAPITRE VII.

DES BOULINGRINS OU Renfoncemens de gazon, des grandes Rampes, Glacis, Talus, & Tapis de gazon, avec la maniere de les plaquer, semer, & entretenir.

LE terme de Boulingrin est un des plus usités dans les Jardins de propreté, & cependant celui qu'on entend le moins; la plûpart des gens n'en connoissent pas la veritable signification, ni l'étimologie.

L'invention & l'origine du mot de Boulingrin vient d'Angleterre. Plusieurs Auteurs le dérivent de deux mots Anglois, sçavoir de *Boule*, qui signifie Rond; & de *Grin*, qui veut dire prez ou gazon, peut-être à cause de sa figure renfoncée, qui est le plus souvent ronde & couverte de gazon; d'autres ont dit que le mot de Boulingrin a été donné à de grandes pieces de gazon, où l'on a accoûtumé en Angleterre de joüer à la boule, & pour cet effet les Anglois ont grand soin d'entretenir ces tapis de gazon bien courts & bien unis.

Dict. de l'Academ. Françoise.

Dict. de Daviler.

Furetiere.

Un Boulingrin en France est fort different de tout cela. On ne peut apeller de ce mot, que certains renfoncemens & glacis de gazon qui se pratiquent, soit au milieu de grandes pieces & tapis de gazon, ou dans un bosquet, & quelquefois au milieu d'un parterre à l'Angloise; ce qui fait que bien des gens confondent le parterre à l'Angloise & le Boulingrin, croïant que c'est la même chose, à cause que l'invention de ces deux pieces vient d'Angleterre, & qu'elles sont toutes deux couvertes de gazon. Cependant on en doit faire la difference dans les Jardins, & ne pas donner indifferemment ce mot à tout ce qui est gazon, ou improprement à d'autres parties d'un Jardin, comme à de grands tapis de gazon, qui sont dans des bosquets, à moins qu'ils ne soient renfoncés; parceque ce n'eſt que le renfoncement qui fait le Boulingrin, joint au gazon qui le couvre.

Le Boulingrin eſt une des plus agréables pieces d'un Jardin, quand il ſe trouve bien placé rien n'eſt plus agréable à la vûë. Sa figure renfoncée, couverte d'un beau gazon bien uni, & bien verd, entouré le plus ſouvent d'un rang de grands arbres, avec des arbriſſeaux pleins de fleurs, le rendent d'une agréable compoſition; outre le plaiſir de pouvoir ſe coucher ſur les glacis de ſon renfoncement, pendant la grande chaleur & d'y être à l'ombre.

Il y a de deux eſpeces de Boulingrins; de ſimples, & de compoſés: les ſimples ſont tout de gazon ſans aucun autre ornement, & les compoſés ſont ornés d'arbres, de paliſſades, d'arbriſſeaux, & de traits de buis. On peut encore y pratiquer dans le fonds du glacis, un baſſin ou une piece d'eau, ce qui l'enrichit extraordinairement.

Leur vraïe place & ſituation, eſt dans un endroit découvert, parceque les Boulingrins ne cachent point la belle vûë; cependant on peut en placer dans le milieu des Boſquets, ainſi qu'on le verra dans les exemples differens de la Planche ſuivante.

Le Boulingrin que repreſente la premiere Figure, eſt d'une étenduë bien plus conſiderable que les autres, & peut ſe placer au bout d'un grand parterre, ou pour remplir un grand eſpace, qu'on veut tenir entierement découvert. C'eſt un quarré long, dont les quatre iſſuës en diagonales viennent aboutir à quatre pieces de gazon rondes, où l'on a placé pour figures les quatre Saiſons. On a bombé les angles du talus, afin de continuer l'allée circulaire autour des gazons; & dans le fond du Boulingrin on y a pratiqué une grande piece de gazon, qui varie aſſés bien avec le reſte. Toutes les allées ne ſont formées que par les tapis de gazon, n'y aïant ni arbres, ni paliſſades, ni bois, comme dans les autres ſuivans.

Le Boulingrin de la ſeconde Figure eſt un quarré preſque parfait percé en étoile, au milieu duquel eſt un octogone regulier, qui a dans ſon renfoncement une piece circulaire de gazon. Il n'eſt orné que d'un trait ou bordure de buis, autour de chaque piece de gazon, & d'un petit ſentier ratiſſé

Boulingrin Simplement de gazon

fig. 1re

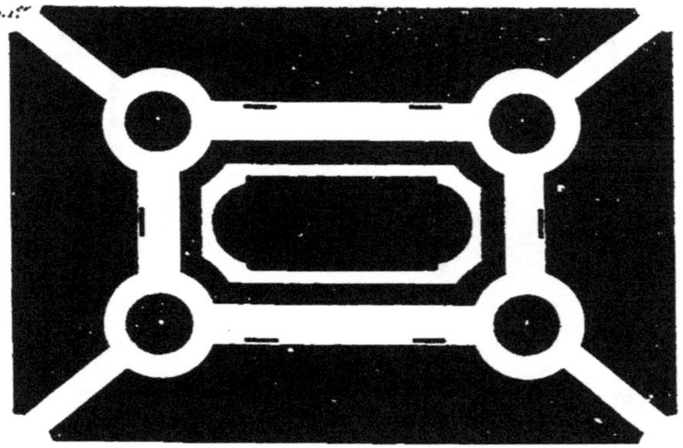

Boulingrin entouré d'arbres et orné de cabinets et palissades

fig. 3.

Boulingrin avec des traits de buis

fig. 2e

Boulingrin dans un bois, entouré d'une palissade percée en arcade

fig. 4.

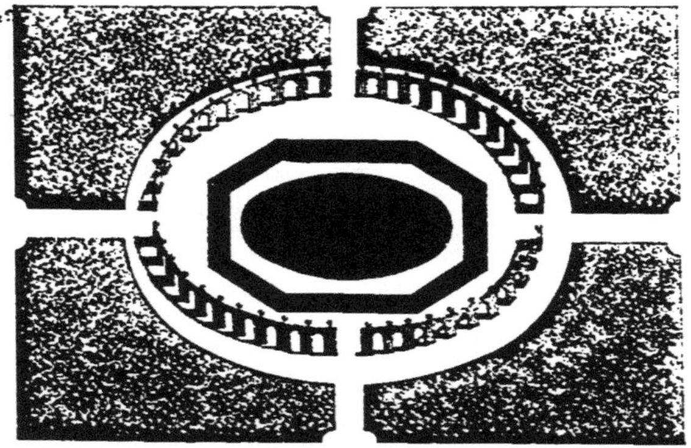

5 10 15 30 toises

Planche D. Page 60 et 61.

Mariette excud.

entre-deux. On a échancré differemment toutes les encoignures des pieces de gazon, & l'on a placé dans celles du milieu, seize ifs ou boules de buis. Ce Boulingrin est accompagné de deux grandes allées doubles, plantées de maroniers.

La troisiéme Figure represente un Boulingrin des plus composés & des plus beaux. C'est un grand ovale renfoncé, au milieu duquel est une piece de gazon coupée à pans, ce qui en fait la varieté. Ce Boulingrin est entouré de grands arbres, comme de maroniers ou tillaux, espacés regulierement sans interrompre les enfilades des allées & des bancs, à quoi il faut toûjours bien prendre garde. L'allée du tour est octogone, & formée par une palissade à hauteur d'appui, où il y a des cabinets & des niches pour mettre des bancs. Derriere la palissade sont des tapis de gazon, avec un sentier ratissé de trois pieds de large entre-deux, tant pour conserver la palissade & borner le gazon, que pour la grace & le coup d'œil.

On voit dans la quatriéme Figure un Boulingrin pratiqué dans le milieu d'un bois, où il fait assés bien, à cause de la découverte que l'on en a fait à travers les arcades de la palissade. C'est un octogone irregulier, dont le renfoncement est orné d'une piece de gazon ovale. Il est entouré d'une allée double, separée d'une palissade percée en arcades, avec des boules menagées sur chaque trumeau; ce qui forme des especes de vases, & compose un ordre champêtre : c'est la plus grande richesse des Jardins que ces sortes de palissades.

On observera en faisant des Boulingrins de ne les point trop renfoncer, car ce n'est pas le mieux. Il suffit de donner un pied & demi de profondeur pour les petits Boulingrins, & deux pieds tout au plus pour les grands.

A l'égard des talus & glacis, qui composent le revêtissement des Boulingrins, c'est-à-dire qui en forment les renfoncemens; on leur donne pour mesure six à sept pieds de long pour les petits, & huit à neuf pieds pour les grands, & pour les fonds on les ratisse tout-entiers dans les petits Boulingrins, parcequ'il n'y a point assés de place pour y mettre des pieces de gazon; mais dans les grands on y en pratique de belles, & quelquefois de découpées. Alors on laisse un ratiſſage de trois ou quatre pieds entre le talus & la piece de gazon, ce qui ſert à détacher ces pieces l'une d'avec l'autre.

Les rampes, les tapis & les pelouſes de gazon, ne different gueres entr'elles, à moins que ce ne ſoit les rampes, qui ſont ſuppoſées être de grands tapis de gazon en pente douce, comme celles qui accompagnent les côtés d'une Caſcade, ou qui ſervent à raccorder deux inégalités de terrain. Pour les tapis & pelouſes, c'eſt la même choſe ; on les place dans les cours & avant-cours des Maiſons de campagne, dans les Boſquets & Boulingrins, dans les Parterres à l'Angloiſe, & dans le milieu des grandes allées & avenuës, qui ſeroient trop long-temps à ratiſſer ſans cela.

Les talus & glacis ſont ſouvent confondus & pris l'un pour l'autre : on y trouve cependant une difference, c'eſt que le talus eſt plus roide que le glacis, qui doit être tres-doux & imperceptible à la vûë. Venons à la maniere de gazonner toutes ces pieces.

La maniere de gazonner eſt differente ſelon les lieux où l'on s'en ſert : car l'on gazonne un tapis & une pelouſe d'une autre maniere qu'un talus & glacis, ce qui ſe réduit ou à ſemer le gazon, ou à le * plaquer.

* Mauvais terme uſité, de dire poſer du gazon. Il faut dire plaquer.

Pour ſemer du gazon dans une piece, il faut la faire labourer d'un bon fer de beſche, enſuite la dreſſer, & la paſſer au rateau fin, en ôtant toutes les mottes, & les pierres qui s'y pourroient rencontrer, & y répandant un pouce de bonne terre pardeſſus, pour faciliter la graine de lever. Vôtre place étant bien unie, ſemés-y la graine tres-druë, afin qu'elle devienne épaiſſe & courte : paſſés enſuite le rateau pardeſſus, ce qui enfoüira & couvrira un peu la graine, qu'il ne faudra pas ſemer par un temps venteux, de crainte qu'elle ne s'envolât ; au contraire on choiſira un temps calme, & qui promette bien-tôt de la pluïe, afin que cette eau plombant la terre & enfonçant la graine, lui donne plus de facilité à paroître.

La meilleure ſaiſon pour ſemer eſt à la fin de l'Automne, les graines de leur nature, ne demandant que l'humidité pour croître, n'en manquent point dans cette ſaiſon, nonplus que le long de l'Hiver. Quand l'on attend à ſemer ces graines à la fin de Fevrier ou au commencement de Mars, on court risque de ne point voir si-tôt de verdure sur un tapis, si l'Esté est un peu sec, comme il arrive souvent, à moins qu'on n'ait le soin d'arroser continuellement, ou plutôt d'innonder un tapis, ce qui est d'une grande sujettion & d'une grande dépense.

Toute la difficulté de faire de beaux tapis en les semant, c'est d'avoir de bonnes graines, que l'on doit examiner soigneusement avant que de la semer. On se sert de graines de petit tresle de Hollande, de Bas prez, de Pinvain, d'Herbe à char, & de petites herbes fines qui ressemblent à la Civette. Il y a encore quantité d'autres graines dont on ne sçait point les noms, & où l'on est souvent trompé.

Il ne faut pas faire comme bien des gens, qui vont ramasser des graines dans un grenier à foin, & qui les sement indifferemment, esperant par-là faire venir de beaux tapis de gazon; c'est en quoi ils s'abusent; car ces graines montant trop haut, & faisant de gros tuïaux, ne se garnissent point du pied, & l'on a beau les faucher souvent, elles ne forment jamais de beau gazon: bien au contraire, ce ne sont que des touffes de méchantes herbes & de chien-dent, ce qui differe peu des prez de la campagne.

Quant à la maniere de plaquer le gazon, voici ce qu'on doit faire. Il faut auparavant l'aller choisir dans la campagne, tant dans les chemins, que sur le bord des paturages, & prairies, où les moutons & les vaches vont paître; car ces endroits sont les meilleurs, l'herbe y étant tres-fine & broutée fort court. On prendra garde dans le choix qu'on en fera, qu'il ne s'y rencontre point de chien-dent & de mauvaises herbes, & que la terre ait un peu de corps. On levera ce gazon à la besche, en le coupant par quarré d'un pied environ sur tous sens, & deux ou trois pouces d'épaisseur, ce qui suffit pour le transporter sans le rompre.

Pour plaquer ce gazon sur le terrain, il faut tendre le cordeau dans les lignes droites, & suivre la trace dans les circulaires, & petits desseins mignons, comme sont les coquilles, enroulemens, & massifs des parterres. On creusera & enlevera de la terre le long de ce cordeau, de l'épaisseur des quarrés de gazon, afin qu'il se trouve à l'uni de la terre, c'en est la beauté: On évitera la maniere de certaines gens, qui le posent sur la terre, sans en ôter dessous, ce qui releve trop le gazon, & le déchausse. On taillera avec un coûteau ces quarrés de gazon, suivant le cordeau & la trace, en les arrangeant & serrant l'un dans l'autre, & avec une petite batte ou maillet de bois, on les battra jusqu'à ce qu'ils soient bien pressés, & réduits au niveau de la terre. On ne peut, pour ainsi dire, trop battre & enterrer le gazon, l'herbe de son naturel s'élevant toûjours assés en poussant. Quand les quarrés de gazon ne se joignent pas bien, on les garnit de terre, & on y met de petites pieces pour boucher les trous, & les fentes: ce qui rend un tapis aussi beau, & aussi uni, que s'il étoit crû dans le lieu même.

On observera qu'aussi-tôt que le gazon est plaqué, il le faut arroser, afin que s'unissant plutôt à la terre, sur laquelle il est posé, il prenne racine, & n'ait pas le temps de jaunir, & de se secher, ce qui seroit à craindre, si l'on manquoit à le moüiller.

Le plus sûr moïen d'avoir de beaux tapis de gazon, bien unis & bien veloutés, c'est de les plaquer; cela vaut toûjours mieux que de les semer: mais quand on a de grandes pieces à gazonner, comme elles coûteroient infiniment à plaquer toutes entieres, on se contente de les semer de graine choisie; & comme l'on auroit de la peine à borner juste ces tapis avec de la graine, on en plaque les bords & extremités, de morceaux quarrés de gazon, suivant le cordeau tendu sur la trace, & l'on en seme le dedans.

Si l'on ne vouloit pas faire la dépense de plaquer les bords d'une piece de gazon, il faudroit semer beaucoup de graine dans la trace, afin que cela marquât davantage & plus vîte. Pour les petites pieces de gazon, comme massifs, coquilles, & volutes des parterres, pieces découpées, bordures de bassins, &c. il faut toûjours les plaquer, elles en sont plus belles, s'executent plus proprement, & s'en conservent mieux.

Les talus & glacis sont bien plus difficiles à gazonner que les rampes, tapis, & pelouses, en ce qu'il faut plaquer le gazon, de maniere qu'il ne s'éboule point, & conserver la ligne de pente, sans faire de coudes & de jarets.

Les talus & glacis qui ne sont pas considerables par leur hauteur, comme de cinq à six pieds, tels que sont ceux qu'on pratique

pratique pour les petites terrasses & dans les renfoncemens des boulingrins, sont les plus aisés à gazonner, on n'a qu'à plaquer les quarrés de gazon, suivant ce que l'on vient de dire.

Il ne faut presque jamais semer les talus & glacis, parceque l'herbe n'y vient pas si aisément que dans les tapis plats : cependant si l'on vouloit les semer, on plaquera la bordure d'en-haut & d'en-bas, avec des quarrés de gazon, ce qui entretiendra les terres & les empêchera de s'ébouler ; on en semera le milieu tres-dru, afin que la graine ne se mette point par pelotons.

Pour les grands talus & glacis, comme de quinze à vingt pieds de haut, ils demandent plus de circonspection dans la maniere de les revêtir de gazon, de crainte qu'ils ne s'éboulent. Ils sont construits par lits de terre, & de claïonnage, ainsi qu'il sera expliqué dans la suite.

Le gazon dont on se sert, doit être levé en forme d'un coin de bois, & non-pas d'égale épaisseur, comme celui que l'on plaque dans les tapis ordinaires. On appelle ce gazon, à pointe, ou à queuë. Cette pointe de terre que l'on laisse par dessous, sert à l'asseoir, & à l'entretenir, de crainte qu'il ne s'éboule. On plaque ce gazon le long du cordeau qui suit le principal trait, ensorte qu'il touche par l'un des bouts ce cordeau, & de l'autre les fascines ou claïonnages, observant selon * quelques-uns que l'herbe soit tournée en dessous, ce qui n'est bon que pour les ouvrages de Fortifications, & non point pour les talus des Jardins, sur lesquels on assit le gazon l'herbe dessus, en le plaquant suivant la ligne de pente, avec la précaution, de peur que ces gazons ne s'éboulent, de les cheviller tous, avec de bonnes chevilles de bois de chesne, ou d'aulne, ce qui les entretient jusqu'à ce qu'ils aïent pris racine.

* Mallolois, Rohault, Ozanam, Traitez des Fortifications.

Les tapis & les talus de gazon sont une des principales beautés des Jardins, quand ils sont bien entretenus : c'en est toute la difficulté ; quand même la graine seroit bien levée, & l'herbe tres-druë, ou que les gazons plaqués seroient repris & d'un beau verd, cette perfection changeroit en peu de temps, si l'entretien n'y étoit pas.

Cet entretien consiste à faucher souvent le gazon, non-

I

* Furetiere, Daviler, Diction. de l'Academie Françoise.

Sorbiere, voïage d'Angleterre, page 17.

pas quatre fois l'année, comme le disent quelques* Auteurs; mais au moins une fois le mois. Il y a même des endroits où l'on fauche le gazon tous les quinze jours. L'herbe s'en épaissit & devient plus belle, plus elle est coupée. Elle doit être d'un ras, qu'un brin, pour ainsi dire, ne passe pas l'autre. Il faut encore rogner de temps en temps & borner le pourtour des pieces de gazon suivant le cordeau; c'est ce qui en fait la propreté, parceque sans cela l'herbe passeroit, & coureroit dans l'allée, ce qui interromproit la forme & le dessein des compartimens.

La maniere dont on entretient le gazon en Angleterre, est de le faucher tres-souvent, & de le battre quand il est trop haut, en y roulant dessus de gros cylindres ou rouleaux de bois ou de pierre, afin de l'affaisser & d'arrazer l'herbe de bien près. On ne peut mieux faire que de suivre cette maxime d'Angleterre, où les tapis de gazon sont d'une beauté si parfaite, qu'à peine peut-on ici en approcher.

On peut dire que si les beaux gazons sont d'un grand ornement dans un Jardin, c'est aussi ce qui demande le plus de soin d'un Jardinier, qui doit être presque toûjours après: mais enfin c'est une chose necessaire & indispensable, au lieu que si on les neglige, les herbes venant par touffes, ne formeront plus ces tapis unis & ras, & se changeront en chiendent, & mauvaises herbes, qu'il faudra entierement ruïner, pour en plaquer ou semer d'autres. On peut donc eviter de changer tous les deux ou trois ans le gazon, par le grand soin qu'on apportera à le bien entretenir.

Quelques personnes prétendent, que pour avoir toûjours de beaux tapis de gazon bien entretenus, il faut tous les ans dans l'Automne, y semer legerement quelques graines, pour les renouveller, & remplir les places qui ne sont pas assés garnies, ou qui sont mortes. Cela peut être fort bon, pourvû qu'on choisisse bien les graines qu'on y semera.

CHAPITRE VIII.

DES PORTIQUES, BERCEAUX & Cabinets de Treillage, Figures, Vases, & autres ornemens servant à la décoration & embellissement des Jardins.

QUOIQUE nous venions de parler generalement de toutes les parties qui composent un beau Jardin, nous ne devons pas cependant oublier de dire quelque chose de ce qui sert à sa décoration & à son embellissement. Je serai dans cet endroit fort circonspect, ne voulant point ici proposer des exemples hors de la portée des particuliers, qui pouroient trouver des difficultés qui en empêcheroient l'execution. Ce sont de ces dépenses Roïales dont je veux parler, qu'il n'est permis qu'aux Princes, qu'aux Ministres d'Estat, & aux personnes de cette volée d'entreprendre.

Ce n'est plus à present si fort la mode de pratiquer dans les Jardins, des Portiques, Berceaux & Cabinets de Treillage; cependant on ne laisse pas encore d'en faire dans quelques endroits, & il est constant que ces morceaux d'Architecture étant bien placés, ont assurément quelque chose de beau & de magnifique; ils relevent & rehaussent infiniment la beauté naturelle des Jardins; mais comme ils coûtent beaucoup à executer & à entretenir, joint à ce qu'ils se ruïnent facilement, on est fort dégoûté de cette mode.

Il s'est fait de ces ouvrages dans quelques Jardins, qui coûtoient jusqu'à vingt-mille écus, & qui sont à present presque tout ruïnés, il n'y a que la quantité de fer qui les puisse soûtenir long-temps. L'Hôtel de Condé. L'Hôtel de Louvois.

On distingue de deux sortes de Berceaux, les naturels & les artificiels: les naturels sont simplement formés de branches d'arbres entrelassées avec industrie, & soûtenuës par de gros treillages, cerceaux, perches, &c. ce qui compose

Les Berceaux de Marly, merveilleux en ce genre.

des galeries, portiques, sales, & enfilades de verdure couvertes naturellement. On plante ces Berceaux d'ormes femelles, ou de tillaux de Hollande, avec de la charmille au pied pour garnir; ces sortes d'arbres se pliant facilement, & formant par la quantité de leurs petits rameaux un branchage tres-touffu. On observera sur tout de ne point plier ces arbres, qu'aprés la seconde ou troisiéme année qu'ils sont plantés & bien repris; sans cela on pourroit trop ébranler leurs racines, & les empêcher de se lier à la terre.

Les Berceaux & Cabinets artificiels sont faits tout de treillage, soûtenus par des montans, traverses, cercles, arcboutans & barres de fer. On se sert pour ces treillages, d'échalas de bois de chesne bien planés & bien dressés, dont on fait des mailles de six à sept pouces en quarré, qu'on lie avec du fil de fer. On se sert aussi de bois de boisseau pour contourner les moulures, & les ornemens des corniches, & de chevrons pour les larges plates-bandes & les socles.

On compose avec tout ce fer & ce bois, des Berceaux, des Portiques, des Galeries, des Cabinets, Salons, Niches, & Coquilles, ornés de colonnes, de pilastres, de corniches, frontons, montans, panneaux, vases, consoles, couronnemens, domes, lanternes, & autres ornemens d'Architecture; pour lesquels desseins on doit suivre une juste proportion, en reglant un module, & y raportant toutes les parties de l'Ordonnance, comme si c'étoit un bâtiment.

Il faut remarquer, que les ornemens les plus riches ne conviennent pas aux treillages, parce qu'ils sont trop difficiles à executer avec du bois; il y en a de certains qui leur sont affectés, & qui font parfaitement bien en ouvrage. On évitera de faire des colonnes, & on se servira toûjours de pilastres, ou de montans avec des paneaux. L'ordre Ionique est celui qui convient le mieux aux treillages, & qui s'execute plus facilement.

Il y a à Clagny, des colonnes Ioniques assés belles, dans un Cabinet de treillage.

On distingue un berceau d'avec un cabinet, en ce qu'un berceau est une grande longueur cintrée par le haut, en forme de galerie; & qu'un cabinet est composé d'une figure quarrée, circulaire, ou coupée à pans, formant un Salon qui peut se mettre aux deux extremitez, & au milieu d'un long berceau.

Les Portiques sont encore differens de tout cela : c'est l'entrée exterieure des cabinets, salons, & berceaux de treillages, qui est ordinairement décorée d'un fronton avec des pilastres ou montans, & d'une belle corniche : ou bien, c'est une longue décoration d'Architecture, placée contre un mur, ou à l'entrée d'un bois, dont les saillies & retours sont peu considerables.

On se sert ordinairement des berceaux, cabinets, & portiques de treillage, pour terminer un jardin de ville, & en boucher les murs & les vûës desagreables, en formant par cette décoration un bel aspect ; ou pour servir de fond & de perspective à une grande allée. On en pratique encore dans les bosquets, & dans des renfoncemens & niches, propres à mettre des bancs & des figures. On les couvre souvent de rosiers, de jasmins, chevre-feüilles, vignes-vierge, pour y pouvoir joüir d'un peu d'ombrage.

Il faut sur tout choisir un bel amortissement ou couronnement pour un portique, & pour un berceau de treillage, c'est ce qui paroît le plus : on en verra des exemples dans la Planche suivante, qui renferme toutes les differentes sortes de treillage, & les plus belles décorations qu'on leur puisse donner.

La 1re Figure est la plus magnifique & la plus composée de toutes : c'est un grand portique de treillage d'ordre Ionique, composé de plusieurs pilastres accouplés, qui soûtiennent une belle corniche avec un petit socle au dessus en forme d'Attique, orné de vases posés à-plomb sur chaque pilastre. Dans le milieu, c'est un grand renfoncement couronné d'un cintre, formé de la même corniche & de quelques bandes d'ornement. Le bas de ce renfoncement est occupé par un bassin tenant toute la largeur, d'où il sort un boüillon de six à sept pieds de haut d'entre deux enfans qui sont portez sur des enroulemens au dessus d'un gradin, dont l'eau en retombant, forme une nappe circulaire, accompagné sur les côtés de deux autres boüillons. Aux deux extremités de ce portique, sont deux niches circulaires, remplies chacune d'un chandelier d'eau porté sur une gaîne ornée de trois masques qui rejettent l'eau dans le bassin d'en-bas. Tout ce treillage est orné de ronds, de lozanges, de moulures, de bandes, & autres ornemens des plus riches, dont on connoîtra la proportion par l'échelle. On en auroit donné le plan, si la grandeur de la Planche l'avoit pû permettre. Ce Portique peut servir de fond à un jardin de ville, ou au bout d'une grande allée, où il formeroit une belle perspective, la nappe du milieu étant vûë de la grande allée, & les deux niches des bouts se trouvant en face de chaque contre-allée.

Le Portique qui est representé dans la 2e Figure, est moins considerable par son étenduë & sa richesse; il n'y a point d'ordre d'Architecture, cependant il fera un fort bel effet en execution. Il conviendroit pareillement pour le fond d'un jardin, ou au bout d'une grande allée, en mettant un banc dans son renfoncement, ou si l'on veut, pour servir d'entrée dans un bois, en perçant l'arcade du milieu, comme on en voit une moitié dans le dessein. Ce Portique est composé de montans & panneaux de treillages, avec la même corniche que celle du grand Portique. Son couronnement est un grand cintre, surmonté d'un fronton triangulaire, qui est porté dans les bouts par des panneaux & consoles; il est orné dans le bas de demi-cabinets ou gaînes qui portent des bustes. L'échelle du grand Portique lui est commune, & donnera l'intelligence du reste.

On voit dans la 3e Figure un Cabinet de treillage propre à placer dans un bosquet, ou au bout d'une allée découverte. Sa figure est à pans, & d'un dessein assez singulier. Il est décoré de panneaux simples & d'un [illegible] circulaire, surmonté d'une [illegible] qui porte une lanterne percée à jour, [illegible]

La 4e Figure est une grande niche [illegible] des plus riches, [illegible] & couronnez d'une belle [illegible], dont le fond est occupé par une coquille [illegible] [illegible]

[illegible]

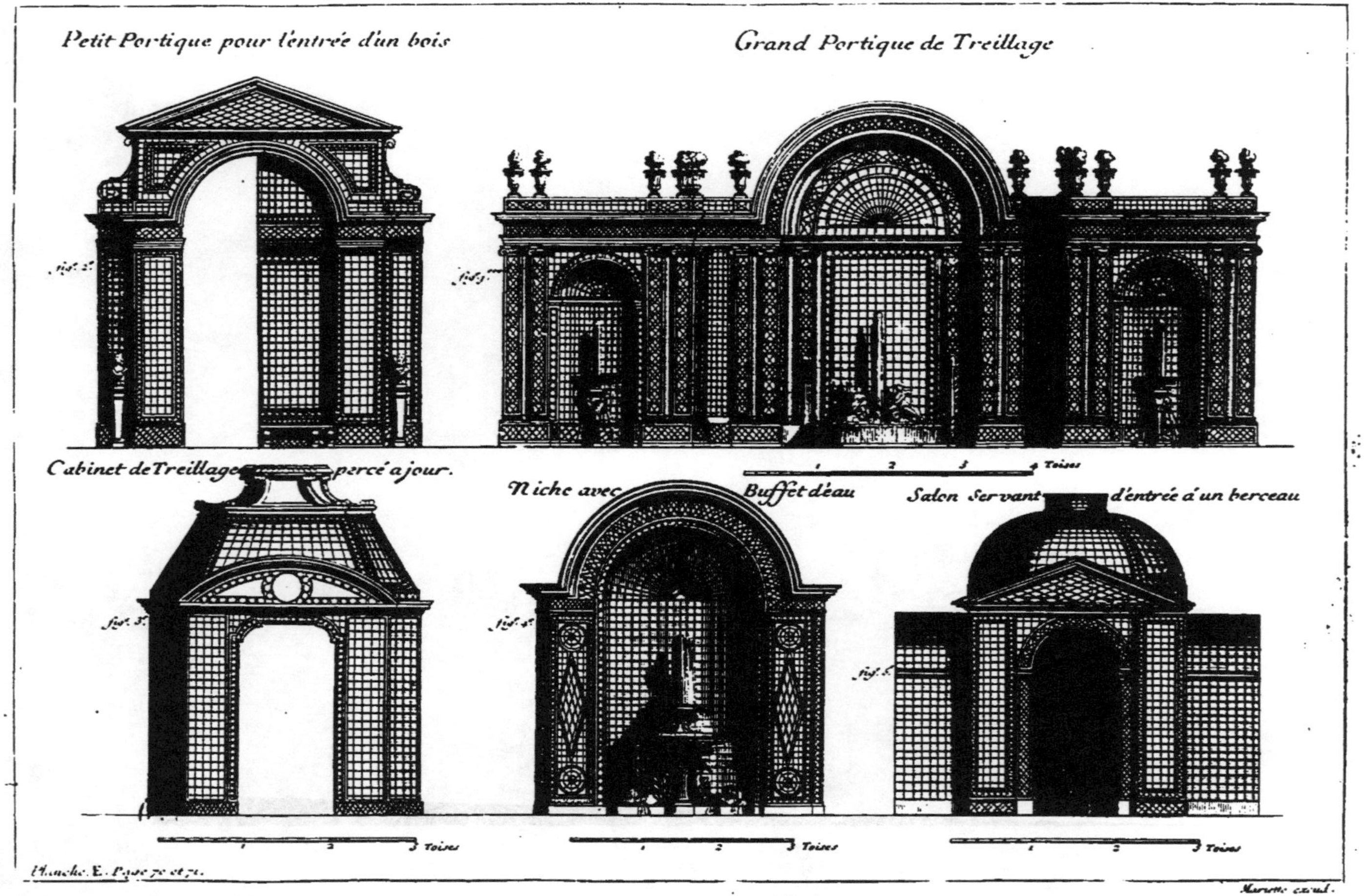
Petit Portique pour l'entrée d'un bois
Grand Portique de Treillage
fig. 2.
fig. 1.
1 2 3 4 Toises
Cabinet de Treillage percé a jour.
Niche avec Buffet d'eau
Salon Servant d'entrée a un berceau
fig. 3.
fig. 4.
fig. 5.
1 2 3 Toises
1 2 3 Toises
1 2 3 Toises
Planche E. Page 70 et 71.
Mariette excud.

berceau long, dans lequel il est pratiqué. Il est fort simple dans ses ornemens, n'étant composé que de deux montans, avec une arcade ornée d'impostes & d'archivoltes; le tout couronné d'un fronton triangulaire, surmonté d'un dome cintré, & ouvert par le haut.

On ne donne ici aucun dessein de cabinets de simple treillage sans aucun ornement, ce qui seroit fort inutile; car si l'on en vouloit executer quelques-uns, & qu'on les voulût orner d'une corniche ou d'un beau couronnement, on en pourra choisir dans les desseins precedens, d'où on les peut détacher, pour les placer fort aisément par tout.

Passons maintenant aux autres ornemens, qui servent à la décoration & embellissement des Jardins.

Sans parler des ornemens de verdure, comme palissades, sales de comedie & de bal, galeries, amphiteâtres dont j'ai traité cy-dessus, & qui sont les ornemens les plus essentiels, puisqu'ils font valoir tous les autres; je ne parlerai que de ceux qui leur sont accessoires, comme les suivans.

Les fontaines sont après les plantes, le principal ornement des Jardins; ce sont elles qui les animent par leurs murmures & jaillissemens, & qui causent de ces beautés merveilleuses, dont les yeux peuvent à peine se rassasier. On les place dans les plus beaux endroits, & les plus en vûë de tous côtés. S'il y a quelque pente dans un Jardin, on y pratique des cascades & bufets d'eau, qui se repetent par plusieurs napes, accompagnées de boüillons & de jets: & quand l'eau se trouve facilement, on fait des pieces d'eau, & des canaux qui sont des morceaux enchantés dans un Jardin. On met dessus ces canaux de petits bâtimens & gondoles dorées pour s'y promener, & on les peuple de quantité de poissons pour avoir le plaisir de la pesche. On met encore sur ces eaux pour l'ornement, des cygnes, des canards, & des oyes de differente couleur, ce qui est fort agreable à la vûë. On orne les fontaines d'un ordre rustique, enrichi d'ornemens maritimes avec des figures convenables aux eaux, ainsi qu'il sera dit à la fin de la 2e Partie.

Les terrasses étant bien situées, sont encore d'un grand ornement dans les Jardins, par leur régularité & leur découverte; sur tout quand ces terrasses sont bien bâties, &

ornées de beaux escaliers, ou de belles rampes. On y pratique quelquefois des voutes, grottes, cascades, & busets d'eau, avec un ordre d'Architecture, & quantité de figures dans les niches: & sur la tablette d'en-haut, on y met des vases & des pots de fleurs, rangés par simetrie.

Les Serres & les Orangeries sont de grands morceaux de bâtiment, comme des galeries, qui par leurs façades augmentent la beauté des Jardins; outre la necessité que l'on a d'en bâtir, pour serrer les orangers & les autres caisses pendant l'hyver. Elles doivent être placées avantageusement, car elles servent de galerie l'esté, pour se promener pendant la pluïe. On en pratique quelquefois sous les voutes d'une terrasse; ce qui fait une assés belle décoration de loin, par les arcades & trumeaux qui s'y rencontrent.

Les figures & les vases contribuënt beaucoup à l'embellissement & à la magnificence des Jardins, & en relevent infiniment les beautés naturelles. Il s'en fait de differentes formes, & de plusieurs matieres, dont les plus riches sont de bronze, de fonte, de plomb doré, & de marbre; les moindres sont de pierre, & de stuc. On distingue parmi les figures les groupes, qui sont composés au moins de deux figures ensemble dans le même bloc; les figures isolées, c'est-à-dire, autour desquelles on peut tourner, & les figures qu'on place dans les niches, qui ne sont finies que par devant: il y a encore les bustes, termes, figures à demi-corps, demi-nature, & plus grandes que nature, apellées Colossales, posées sur des piédestaux, scabellons, gaînes, piédouches, socles, sans compter les figures d'animaux, qui ornent les cascades, aussi-bien que les bas-reliefs & les masques.

Ces figures representent toutes sortes de Divinités, & de personnages de l'antiquité, qu'il faut placer à propos dans les Jardins, en mettant les Divinités des eaux, comme Naïades, Fleuves, Tritons, au milieu des fontaines & des bassins; & les Divinités des bois, comme Sylvains, Faunes, Driades, dans les bosquets. On represente encore des Sacrifices, Baccanales, Jeux d'enfans, en bas-reliefs sur les vases & piédestaux, qu'on peut orner de festons, feüilles, moulures & autres ornemens.

Les

Les places ordinaires pour les figures & vases, sont le long des palissades, en face & sur les côtés d'un parterre, dans des niches & renfoncemens de charmille & de treillage faits exprès. Dans les bosquets on les place au centre d'une étoile ou d'une croix de S. André, dans l'entredeux des allées d'une pate-d'oïe, au milieu des sales & des cabinets, entre les arbres & les arcades d'une galerie de verdure, & à la tête d'un rang d'arbres ou de palissades isolées. On les place encore au fond des allées & enfilades, pour les bien décorer; dans les portiques & les berceaux de treillage, dans les bassins, les cascades, &c. generalement elles font bien par tout; & l'on ne sçauroit en avoir trop dans un Jardin: mais comme en fait de Sculpture, il faut de l'excellent, aussi-bien qu'en Peinture & en Poësie (qui sont ses deux sœurs) j'estime qu'il est plus à propos, pour un particulier, de se passer de figures, que d'en avoir de mediocrement belles, qui font toûjours desirer cette perfection; on doit laisser cette dépense aux Princes & aux Ministres.

On orne les bouts & extremités d'un parc, de pavillons de maçonnerie, apellés *Bellevedere*, ou Pavillons de l'Aurore; c'est un agrément pour se reposer aprés une longue promenade, que de trouver ces sortes de Pavillons qui forment un bel aspect de loin; ils servent aussi de retraite pendant la pluïe. Le mot de *Bellevedere* est Italien, & signifie Belle-vûë: ce qui est donné fort a propos à ces Pavillons, qui étant toûjours élevés sur quelque hauteur, découvrent & commandent tout le païs d'alentour.

Les Perspectives & les Grotes ne sont maintenant presque plus à la mode, sur tout les Grotes qui sont fort sujettes à se gâter. On les pratiquoit ordinairement au bout des allées, & dessous des terrasses. A l'égard des perspectives, elles servent à cacher les murs de pignon, & les murs du bout d'une allée, qu'on ne peut percer plus loin. Elles font une belle décoration, & trés-surprenante par leurs percés trompeurs. On les peint à huile, ou à fresque, en les couvrant par en haut d'un petit toit, qui rejette l'eau de la pluïe, qui couleroit sans cela le long du mur, & gâteroit la peinture entierement.

Les Grilles sont des ornemens trés-necessaires dans les enfilades d'allées, pour en prolonger la vûë, & découvrir bien du païs. On fait presentement des claires-voïes apellées des *ab ab*, qui sont des Ouvertures de murs sans grilles, & à niveau des allées, avec un fossé large & profond au pied, & revêtu des deux côtés pour soûtenir les terres, & empêcher qu'on n'y puisse monter. Ce qui surprend la vûë en aprochant, & fait crier *ab*, *ab*, dont ils ont pris le nom. Ces sortes d'ouvertures bouchent moins la vûë, que les barreaux de grilles.

Les Caisses & les Pots de fleurs servent encore d'ornement aux Jardins. On éleve dans ces Caisses, des Orangers, des Jasmins, des Grenadiers, Mirthes, Lauriers, &c. qui se placent avec simetrie dans les Parterres d'Orangerie, le long des Terrasses, ou à côté des Parterres, ce qui forme des allées : on y met entredeux des pots & vases de faïance, remplis de fleurs de toutes les saisons, lesquels on place aussi sur des gradins, sur les tablettes des murs de terrasse, & à la descente des escaliers, ou sur des dez de pierre dans les plates-bandes & bordures de gazon.

Les Bancs outre la commodité qu'ils offrent sans cesse dans les grands Jardins, où l'on n'en peut jamais trop mettre par le grand besoin que l'on en a en se promenant, font encore un assés bel effet, étant mis dans de certaines places, qui leur sont destinées, comme dans des niches ou renfoncemens en face des grandes allées & enfilades, dans les sales & galeries des Bosquets : On en fait de marbre, de pierre de taille, & de bois qui sont les plus communs, & dont il y a deux especes, les bancs à dossier qui sont les plus beaux & que l'on transporte l'hyver ; & les simples, qui sont séllés en plâtre dans la terre.

On remarquera qu'il faut passer une couleur à l'huile soit verte ou autre, surtout ce qui est exposé à la pluïe dans un Jardin, & qui se peut aisément pourrir, comme sont les Treillages, les Bancs, les Caisses, les Gradins &c. c'est non-seulement pour leur conservation, mais encore pour une plus grande propreté.

FIN DE LA PREMIERE PARTIE.

SECONDE PARTIE
QUI CONTIENT
LA PRATIQUE
DU
JARDINAGE.

CHAPITRE PREMIER.

PRELIMINAIRE DE QUELQUES Pratiques de Geometrie, décrites sur le papier, avec la maniere de les raporter fidélement sur le Terrain.

CE n'est pas assés d'avoir parlé dans la premiere Partie de tout ce qui compose un beau Jardin, & fait voir le choix qu'on en doit faire, par les exemples que nos desseins en donnent: il faut enseigner présentement la maniere de mettre en pratique, & en execution toutes ces belles idées, qui seroient autant d'énigmes sans ce secours. En effet tout ce qui a été dit dans les Chapitres précedens, n'étant à proprement parler que la Theorie de cet Ouvrage, tous ces Chapitres ne seroient d'aucune utilité sans ceux de cette 2e Partie, qui en renferment la pratique: *La Theoria niente senza la pratica*, dit l'Italien. C'est où manquent la plûpart des Auteurs, qui s'étendent trés-amplement sur la speculative d'une Science, & ne parlent que trés-peu, ou point du tout de sa pratique; ce qui rend leurs Ouvrages de peu d'utilité, & fait regreter le tems que l'on a passé à les lire, sans en pouvoir tirer aucun fruit.

La maniere de tracer sur le Terrain, consiste plûtôt dans une grande pratique, que dans une profonde science: il ne faut sçavoir que quelques regles de Geometrie pratique, pour s'y rendre trés-habile en peu de tems. L'experience, la pratique du Terrain, & une certaine routine, y sont plus necessaires, qu'une longue reflexion dans le cabinet: Cependant si l'on negligeoit de s'instruire de ces regles, & qu'on travaillât d'abord sur le Terrain, avant que d'avoir dessiné sur le papier, ou du moins avant que de connoître le raport du papier [illegible] Terrain, on coureroit risque de se tromper souvent. Je ne dis point qu'il faille se rendre habile Geometre, pour être capable de tracer sur le Terrain, ce qui est hors de la portée d'un Jardinier: & si cela étoit necessaire, un jardin seroit long-tems en friche, s'il attendoit que son Maître se fût rendu habile dans une science, où la vie de l'homme suffit à peine.

Je ne veux pas même imposer à un Jardinier la necessité de lire un Traité de Geometrie pratique, quoiqu'il y en ait de fort bons & de trés-courts*. Je veux lui épargner cette peine: C'est pour cela que j'ai recherché dans la Geometrie pratique, tout ce qui peut avoir raport aux desseins de Jardinage, & que j'en ai composé ces Préliminaires, ou Elemens de la maniere de tracer, que j'ai réduits aux vingt Pratiques suivantes.

* Le P. Pardies, S. Le Clerc.

Pour tracer sur le Terrain on se sert de plusieurs instrumens; mais les plus ordinaires sont le Graphometre ou Demi-cercle, & l'Equerre ou Cercle parfait.

Le Graphometre ou Demi-cercle, est ordinairement de cuivre, & doit avoir depuis un demi-pied, jusqu'à 12 à 15 pouces de diametre. Plus il eſt grand, & plus on a de facilité à s'en ſervir. Ce Demi-cercle eſt diviſé en 180 degrés, qui eſt la moitié du cercle parfait en 360. On le met ſur 90 degrés qui eſt le quart du cercle, pour former un angle droit & ſe retourner d'équerre. Il a deux regles, l'une immobile qui lui ſert de baze, & l'autre mobile apellée Alhidade, qui par le moïen d'un clou rivé dans ſon milieu, ſe meut autour du centre, & ſert à prendre les ouvertures d'angles. Ces deux regles ſont terminées par des pinules ou viſieres élevées à angles droits, qui dirigent & conduiſent le raïon viſuel. On remplit ordinairement le milieu de cet inſtrument, d'une Bouſſole pour orienter les plans. Le Demi-cercle eſt monté ſur un genou, par le moïen duquel on le tourne ſur tous ſens, y aïant une vis qui ſerre & deſſerre ce genou tant que l'on veut. On le poſe ſur le Terrain, en fourant dans les trois ouvertures au deſſous du genou apellées doüilles, trois piquets ferrés par le bout d'enbas, que l'on enfonce en terre. En voici la figure.

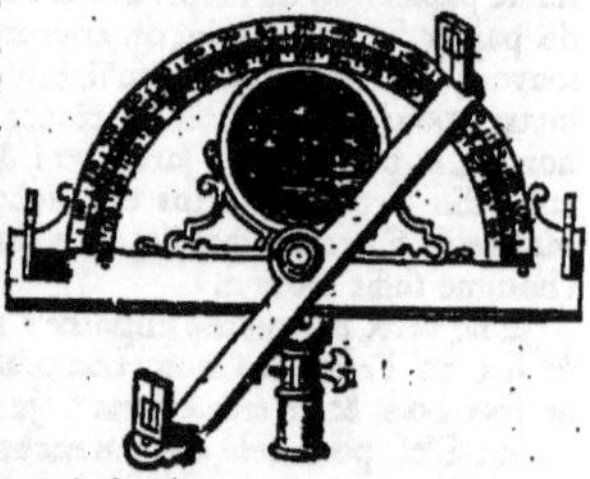

Les petits Demi-cercles ſont montés ſur un genou qui n'a qu'une doüille, & par conſequent où il ne faut qu'un ſeul piquet, que l'on poſe juſte ſur un point pris ſur le Terrain. Mais pour les grands Demi-cercles, qui ont un pied triangulaire, comme il ſeroit difficile de les poſer juſte ſur un point déterminé, il y a un plomb qui pend par deſſous, ce qui fait connoître quand il eſt juſte ſur le point en queſtion.

L'Equerre ou Cercle parfait, qui eſt un inſtrument dont on ſe ſert beaucoup dans le Jardinage & dans l'Arpentage, differe de beaucoup des Equerres des Maçons & autres Ouvriers. C'eſt un Cercle parfait coupé en quatre parties égales, par deux traverſes ou regles immobiles, tenantes au Cercle, ce qui forme la figure d'une croix, ainſi qu'on le voit dans cette figure. Aux quatre extremitez de ces traverſes & au centre, il y a des pinules ou viſieres qui ſervent à ſe retourner d'équerre & à angles droites. Cet inſtrument n'eſt ordinairement que de fer: on en fait cependant de cuivre. Il eſt monté ſur une ſimple doüille ſans genou, où l'on foure un piquet, quand on s'en veut ſervir ſur le Terrain. Cette Equerre eſt apellée ſimple, parce qu'il n'y a point de degrés diviſés ſur ſon cercle, & qu'elle n'a point d'alhidade ou regle mobile. C'eſt pour cela qu'on ne peut prendre d'ouverture d'angle avec cette Equerre, & qu'elle n'eſt propre ſur le Terrain, qu'à aligner de grandes lignes droites, & à former des angles droits. Ce défaut lui fait préferer le Demi-cercle qui eſt un inſtrument bien plus parfait, & qui ſert non-ſeulement à lever & à tracer des plans, mais encore à pluſieurs belles operations de Geometrie.

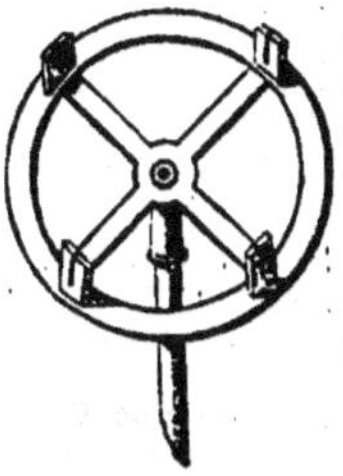

On porte fort commodément ces inſtrumens en Campagne dans des étuits, & on lie les piquets & les jalons enſemble.

On ſe ſert encore ſur le Terrain, de la Toiſe, du Cordeau, de Jalons, & de Piquets; leſquelles choſes ſont ſi neceſſaires dans le Jardinage, qu'on peut dire que leur uſage eſt journalier, n'y aïant preſque point de jour dans l'année, qu'un Jardinier ne ſoit obligé de ſe ſervir des uns ou des autres.

La Toiſe eſt un bâton bien droit & long de ſix pieds de Roi, dont la diviſion eſt marquée par de petits clous: un pied de Roi eſt diviſé en 12 pouces; le pouce en 12 lignes; & la ligne en 12 points. La Toiſe regle la longueur & la la largeur des allées, & ſert à prendre les grandes meſures, comme le pied ſert à prendre les petites.

On ſe ſert auſſi d'une chaînette de trois ou quatre Toiſes de long avec des piquets, ce qui eſt beaucoup plus ſûr dans les grandes meſures, que la Toiſe.

Le Cordeau n'eſt autre choſe qu'une petite corde ou ficelle, que l'on tortille autour d'un bâton, & que l'on défile selon la longueur necessaire; on remarquera que pour empêcher qu'il ne s'alonge, il faut le mettre en double & y faire des nœuds de quatre pieds en quatre pieds; on y fait aussi des boucles aux extremitez, pour les passer dans les jalons, comme quand on veut tracer un cercle, une ovale, une demi-lune, &c.

On regle ordinairemēt la longueur du Cordeau, de 15 à 20 toises.

Comme le Cordeau est sujet à quelques inconveniens, qui sont de s'alonger, ou racourcir selon qu'il est plus ou moins tiré; de diminuer de beaucoup quand il est moüillé, & de s'étendre quand il vient à sécher. On pourra se servir de fil de fer bien mince, de cordes faites d'écorces de Tilleul, ou de branches de Viorne liées ensemble; ce qui n'est point sujet à s'alonger ni à racourcir.

On dit, tendre ou bander le cordeau, quand l'aïant attaché à deux jalons, vous le tirez tant que vous pouvez, en observant que le cordeau ne soit ni lâche ni forcé; c'est-à-dire qu'en pinçant la corde, elle touche également par tout sans trouver de terre ou de bute, qui l'éleve, la force, & la contraigne tant soit peu.

Les jalons & les piquets sont de simples bâtons, qu'on choisit toûjours les plus droits qu'il se peut, cela facilite à bien aligner. On les éguise par un bout pour les ficher en terre, & l'on unit & plane l'autre par dessus, ce qui s'apelle la tête du jalon.

Les jalons ne different des piquets, qu'en ce qu'ils sont plus grands, & qu'ils doivent avoir cinq à six pieds de haut; au lieu que les piquets n'ont que deux ou trois pieds tout au plus.

Les termes de jaloner, aligner, mirer, bornoïer, signifient tous la même chose; c'est quand celui qui aligne, met l'œil sur la tête d'un jalon, pour dresser dessus tous les autres de la même ligne, ce qui se fait en fermant un œil, & n'ouvrant que celui dont on se sert pour aligner, laquelle action s'apelle ligne de mire, ou raïon visuel.

Il arrive, que quand on met l'œil si prés du jalon, on ne peut pas si bien remarquer le défaut des autres, parce que le raïon visuel s'écarte toûjours; il faut donc se placer un peu au dessus du jalon, environ à trois ou quatre pieds; &

en se baissant à sa hauteur, & fermant un œil, mirer avec celui qui est ouvert, suivant la tête du premier jalon, & de ceux qui seront posés dans le milieu & à l'autre extremité, tous les autres jalons, de sorte qu'ils se couvrent tous, & ne paroissent qu'un seul, y en eut-il 30 sur le même alignement.

Il n'est pas necessaire que les jalons soient enfoncés d'égale hauteur dans l'alignement qu'on fera, cela n'est utile que dans le nivellement : Ainsi quand un jalon en excederoit un autre d'un demi-pied, cela ne feroit rien ; il suffit qu'ils se couvrent bien l'un l'autre.

On a encore besoin sur le Terrain, d'un instrument apellé Traçoir, qui est un grand bâton droit & feré par le bout d'en-bas, dont la pointe est triangulaire ou aplatie en langue de chat ; c'est avec le Traçoir qu'on forme & qu'on desline toutes les figures des Jardins ; en un mot, c'est le porte-craïon du Traceur sur le Terrain.

Il faut pour tracer, tendre un cordeau d'un jalon à un autre, & suivre avec le traçoir ce cordeau, sans cependant le forcer & le contraindre en aucune maniere. Dans les grands alignemens il est à propos de ficher de petits piquets d'espace en espace sur la trace, de crainte qu'elle ne s'efface, & aussi pour la distinguer de loin.

Quand on trace, on doit enfoncer un peu avant le traçoir, pour rendre la trace plus large & plus creuse ; on repasse plusieurs fois le traçoir dans la même trace, & quelquefois la main en travers, pour la marquer davantage, depeur que les vents & les pluïes ne l'effacent.

On ne doit jamais relever les jalons, que la trace ne soit bien marquée sur la terre, & on en doit toûjours laisser deux au moins sur chaque alignement, tant pour servir à planter les arbres, que pour reprendre de nouvelles mesures, s'il étoit necessaire dans la suite.

On apelle se retourner d'Equerre (qui est un terme trés-usité dans la maniere de tracer) quand sur une ligne droite tracée avec le demi-cercle, ou avec le cordeau, on y fait tomber une autre ligne d'à plomb, apellée perpendiculaire, ce qui forme un angle droit ou ligne d'équerre, que les Ouvriers nomment le trait quarré.

Il

Il faut avoir la précaution en traçant, d'avoir prés de soi un petit cordeau de trois ou quatre toises de long, pour prendre les petites mesures & faire les petites operations; comme aussi d'avoir une grande * Equerre de bois pour former les petits retours qui se rencontrent dans les desseins, où il est inutile de se servir du demi-cercle ou du cordeau pour se retourner d'équerre.

* Cette Equerre est la même dont se servêt tous les Ouvriers.

Quand dans les pratiques suivantes vous lirés, *tracés cette ligne par la 3e, par la 5e pratique, &c.* cela signifie que c'est la même operation qu'on a déja faite dans la 3e ou 5e pratique ci-dessus, où on aura recours pour éviter les redites. On les a chiffrées exactement dans cette intention.

Il est à propos de dire ici une chose, avant que d'entrer dans les pratiques suivantes, & cela afin de ne point effraïer un Jardinier, qui desire d'apprendre à tracer, par les difficultés qu'il se formeroit, soit au sujet du dessein qu'il croiroit indispensablement necessaire pour sçavoir tracer, soit par la grande peine qu'il croiroit avoir, pour concevoir & mettre en usage toutes les Figures suivantes.

Je dirai au sujet de la premiere difficulté, pour tous les Jardiniers, & gens de la campagne en general, qu'il n'est pas necessaire qu'ils sçachent dessiner, mais seulement qu'ils doivent avoir l'intelligence d'un plan, de maniere qu'en leur donnant tout dessiné, ils sçachent le rapporter fidelement sur le terrain; ce qui se fait par le moïen d'une petite ligne double divisée par toise, qu'on appelle l'Echelle du plan, & qui est toûjours au bas du papier. Comme toutes les parties d'un dessein sont faites sur cette Echelle, & que c'est une regle infaillible pour les rapporter justes sur le terrain, de la suivre exactement; le Jardinier n'a qu'à examiner cette Echelle, & regarder en combien de toises elle est divisée. Pour cet effet il faut qu'il ait un compas avec lequel il mesurera toutes les parties de son plan, une regle pour prolonger les lignes, & les centres qu'il faut trouver sur le papier, & les mesurant sur la division de son Echelle, il sçaura combien de toises elles ont en longueur, & en largeur. Il aura besoin encore d'un petit Instrument qu'on appelle un Raporteur, tel que le represente la Figure de la page suivante: c'est pour prendre les ouvertures d'angles. On applique le

Raporteur ſur un des côtés de l'angle, & comptant de ſon centre, la quantité de degrés depuis ſa baſe juſqu'à l'endroit où l'autre côté de l'angle vient couper ſa circonference, on les chiffrera ſur le papier, & on les rapportera fidelement ſur le terrain de pareille proportion, en ouvrant le demi-cercle, & poſant l'alhidade ſur un pareil nombre de degrés, parceque le Raporteur eſt diviſé en autant de degrés, que le grand demi-cercle dont on ſe ſert pour tracer ſur le terrain.

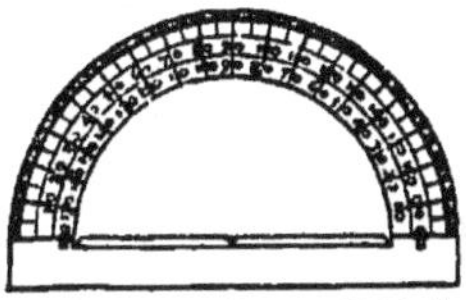

A l'égard de la ſeconde difficulté, qui eſt la grande peine qu'un Jardinier ſe formeroit par avance, pour concevoir les Pratiques ſuivantes; je lui répondrai que s'il veut les lire ſans prévention, pour peu qu'il ait de jugement & qu'il s'y applique, il ne trouvera rien de difficile & hors de la portée d'un bon eſprit: aïant tâché de réduire toutes ces Pratiques à un petit nombre, & à les mettre dans un ordre naturel & aiſé; outre que j'ai évité les longs détours, & les termes affectés à la Geometrie, qui auroient pû lui ſembler barbares. En un mot, toute mon application a été de me faire entendre des Jardiniers, & de leur rendre facile & palpable une choſe, qui d'elle-même paroît difficile. Ce n'eſt donc point pour les Geometres que j'écris, ni pour les gens éclairés dans cette matiere, à qui les termes & les choſes les plus difficiles, ſont devenuës familieres par l'étude; c'eſt ſimplement pour les gens de la Campagne, & quelques Curieux de Jardinage: Je dis ceci afin qu'on ne m'impute point dans la ſuite d'avoir évité de parler en homme du métier.

Aprés ce petit avertiſſement, on peut paſſer aux Pratiques ſuivantes, qu'on ſuppoſe être deſſinées ſur des rouleaux de papier appellés Plans, & l'eſpace à côté être le terrain, ſur lequel elles ſont rapportées fidelement & de pareille proportion, c'eſt à dire réduites du petit au grand. Elles ſont contenuës dans les quatre Planches à la fin de ce Chapitre.

On jugera par ce Parallele du papier avec le terrain, du raport qu'il y a entr'eux. Je puis dire certainement que ces

Pratiques renferment tout ce qu'un Jardinier doit sçavoir de Geometrie, pour pouvoir tracer toutes sortes de figures sur le terrain.

PARALLELE DU PAPIER avec le Terrain, en ce qui regarde la maniere de tracer, réduit à 20 Pratiques.

PREMIERE PRATIQUE.

Tracer une ligne droite sur le Terrain, avec le Cordeau.

Soit la ligne droite *a b*, que l'on suppose ici être de douze toises, on mesurera exactement cette longueur sur le terrain de *A* en *B*, où l'on plantera deux jalons, puis tendant un cordeau de l'un à l'autre, on marquera avec le traçoir cette ligne sur le terrain, en suivant le cordeau sans le forcer. FIGURE I. PLANCHE I.

REMARQUE.

Cette Pratique ne peut servir qu'à une distance d'environ 12 ou 15 toises, à cause de la difficulté qu'il y a de tracer au long d'un cordeau, une plus grande ligne.

SECONDE PRATIQUE.

Tracer une ligne droite sur le terrain, avec des piquets.

Supposant que la ligne qu'il faut tracer soit trouvée sur le plan de 100 toises de long, comme la ligne *c d*, il faut planter sur le terrain un jalon vers une des extremités de cette ligne, comme en *A*, & un autre à l'extremité *B*, distans de 100 toises l'un de l'autre, & en aligner un troisiéme vers le milieu comme en *C*; ensuite divisés la grande longueur de *A* en *B* en assés de parties, pour que chacune n'ait pas plus de 12 à 15 toises de long; & tendant un cordeau d'un jalon à l'autre, vous tracerés cette ligne en plusieurs fois, *suivant la Pratique précedente.* Ensuite vous pourrés ôter les jalons, qui ont servi à l'alignement, & mettre des piquets fort près les uns des autres, pour retrouver plus aisément la trace. FIG. II.

TROISIE'ME PRATIQUE.

Prolonger sur le Terrain une ligne droite.

On suppose en cette Pratique que la ligne que l'on doit prolonger, est l'alignement d'un mur, ou d'un bâtiment comme *a b*. Il faut se mettre vers l'extremité opposée à celle que l'on doit prolonger, comme vers *A*, & faire planter au-delà de l'encoignure *B* un jalon comme en *C*, en telle sorte que ce jalon ne s'écarte point de la ligne *A B*, vers *D* ni vers *E*, & l'on tracera la ligne *B C par l'une des Pratiques précedentes*, selon la longueur de cette ligne.

FIG. III.

QUATRIE'ME PRATIQUE.

Tracer avec le Cordeau, une ligne droite qui soit d'équerre ou perpendiculaire à une autre ligne droite tracée.

Soit la ligne droite *C D* tracée sur le terrain, & le piquet *E* planté au point, d'où la perpendiculaire doit être élevée: portés de part & d'autre du point *E*, environ six ou huit toises, plantés-y deux piquets comme *F* & *G*, puis passant les boucles des extremités du cordeau, dans les deux piquets *F* & *G*, on tirera la boucle du milieu du cordeau vers *H*, ensorte que les deux côtés du cordeau *FH* & *GH* soient tendus également. On plantera un jalon en *H*, au devant de la boucle, c'est à dire dans l'angle que formeront ces deux lignes, & tendant un autre cordeau de *E* en *H*, on tracera la ligne *H E* qui sera perpendiculaire à la ligne *C D*, & semblable à celle du plan *a b*.

FIG. IV.

REMARQUE.

Pour l'execution de cette Pratique & des suivantes, il faut prendre un cordeau de 15 à 20 toises de long, faire une boucle à chacune de ses extremités, puis le plier en deux, & tendant également les deux bouts, faire une troisiéme boucle au milieu.

CINQUIE'ME PRATIQUE.

Tracer avec l'Instrument, une ligne perpendiculaire à une ligne droite tracée.

Soit la ligne droite *AB* tracée ſur le terrain, & le piquet *C* planté au point, d'où la perpendiculaire doit être élevée, ainſi qu'elle eſt marquée ſur le plan, par *ab* : poſés le demi-cercle ſur ſon pied, bien à plomb au-deſſus du piquet *C*, a'ignés enſuite ſa baſe vers le piquet *A*, ou vers celui *B*, par le moïen des pinules qui ſont ſur cette baſe, & vous retournant d'équerre, mettés l'alhidade ſur 90 degrés, & faites planter un piquet comme vers *D*, que vous alignerés par les pinules de cette alhidade, à une diſtance proportionnée à la longueur que doit avoir cette perpendiculaire : Vous tracerés enſuite cette ligne du piquet *D* à celui *C*, *par la 1e ou 2e pratique*, laquelle ligne ſera perpendiculaire ou d'équerre à la ligne tracée *AB*. FIG. V.

SIXIE'ME PRATIQUE.

Tracer avec le Cordeau, une ligne perpendiculaire à l'extremité d'une ligne droite tracée.

Aïant ſur le papier la ligne *ab* perpendiculaire à la ligne *bc*, qu'il faut tracer ſur le terrain : pour y parvenir, de l'extremité *A* de la ligne tracée *AB*, meſurés (ſuppoſé) dix toiſes, & plantés-y un piquet comme *C*, prenés un cordeau double d'environ dix à douze toiſes, paſſés les deux boucles des extremités dans les piquets *A* & *C*, tirés la boucle du milieu vers *E*, & plantés-y un piquet, retirés enſuite la boucle du piquet *A*, paſſés dedans un autre piquet, & tendant le bout de ce cordeau juſqu'à ce que vous ſoïés d'alignement avec les piquets *E* & *C*, comme au point *G*, plantés-y ce piquet, & tendés un autre cordeau du piquet *A* à celui *G*, la ligne *GA* ſera perpendiculaire à la ligne *AB*. FIG. VI.

REMARQUE.

On peut élever cette perpendiculaire à l'extremité d'une ligne, par le moïen du demi-cercle, en le poſant à plomb au-dessus du piquet d'une des extremités, & alignant la base vers l'autre extremité, & l'alhidade étant posée sur 90 degrés, on operera comme *en la Pratique 5ᵉ.*

SEPTIE'ME PRATIQUE.

Tracer avec le Cordeau, une ligne parallele à une ligne droite tracée.

FIG. VII. PLANCH. II. Soient les deux lignes paralleles sur le plan *a b* & *c d* distantes l'une de l'autre de 12 toises, & que la ligne droite *CD* soit tracée sur le terrain. Elevés à chacune de ses extremités *C* & *D* une perpendiculaire, *suivant la Pratique precedente*, portés sur chacune la longueur de 12 toises, comme ici de *C* en *E*, & de *D* en *F*, & tracés du point *E* à celui *F* la ligne *EF*, elle sera parallele à la ligne *CD*.

HUITIE'ME PRATIQUE.

Tracer avec le demi-cercle, une ligne parallele à une ligne droite tracée.

Soient (comme en la précédente Pratique) les deux lignes paralleles sur le plan *ab* & *cd*, supposées distantes l'une de l'autre de 50 toises, & que la ligne *AB* soit tracée sur le terrain, à laquelle doit être tirée une parallele à la même distance de 50 toises. FIG. VIII. Du point *C* pris à volonté sur la ligne *AB*, élevés avec l'Instrument, une grande perpendiculaire, *Pratique 5ᵉ* : transportés ensuite l'Instrument au point *D* éloigné du point *C* de la distance de 50 toises, dirigés la base vers le piquet *C*, & l'alhidade étant sur 90 degrés, alignés par ses pinules un piquet vers *E* & un vers *F*, & tracés la ligne *EF*, *par la 1ᵉ ou 2ᵉ Pratique*, selon la longueur que cette ligne contiendra sur le plan.

REMARQUE.

Quand on aura plusieurs lignes à tracer, paralleles à une même, il ne faudra que porter les distances des unes aux autres, soit selon *la Pratique 7ᵉ*, en élevant des perpendiculaires aux extremités, ou suivant celle-ci, en se retournant d'équerre, avec le demi-cercle, à chacun des points mesurés sur la grande perpendiculaire du milieu.

NEUVIE'ME PRATIQUE.

Tracer avec le Cordeau, un angle égal à un angle marqué sur le papier.

Mesurés sur le plan une longueur à volonté, comme ici de huit toises. Faites avec le compas, du point de l'angle *a*, un arc tel que *bc* qui joigne les deux côtés de cet angle, & mesurés la distance des deux points *b* & *c*, supposée de quatre toises, qui est ce qu'on appelle la corde de l'arc *b* & *c*. Mesurés ensuite sur une ligne tracée sur le terrain, huit toises comme de *A* en *B*, & prenant un cordeau de quatre toises, dont la boucle sera passée dans le piquet *A*, & un de huit toises, dont la boucle sera pareillement passée dans le piquet *B*, on les joindra ensemble au point *C*, où l'on plantera un piquet; après quoi on tracera les lignes *CB* & *CA*, qui formeront avec la ligne tracée *AB*, l'angle *BAC* égal à l'angle du plan. FIG. IX.

DIXIE'ME PRATIQUE.

Tracer avec l'Instrument, un angle égal à un angle marqué sur le plan.

Mesurés l'angle marqué sur le plan avec le Raporteur, en plaçant son centre sur le point *a*, & sa base le long de la ligne *ab*, comptés combien il se trouve de degrés depuis *c* jusqu'à *d*, comme de 30 degrés, retenés ce nombre pour le rapporter fidelement sur le terrain, en supposant la ligne *AB* tracée, & le point *B* celui d'où doit être tracé l'angle égal à celui du plan. Posés le centre du demi-cercle bien à plomb au-dessus du point *B*, alignés sa base sur le piquet *A*, & posés l'alhidade au point *C*, sur le même degré que vous avés trouvé sur le papier avec le Raporteur, & par les pinnules de l'alhidade faites planter un piquet vers *D*, & tracés la ligne *BD*, *par celle des deux premieres Pratiques*, la plus convenable à la distance qui se trouvera de *B* en *D*. FIG. X.

ONZIE'ME PRATIQUE.

Tracer avec le Cordeau, un triangle égal à un triangle marqué sur le plan.

Soit ſuppoſé le triangle *abc*; meſurés chacun de ſes côtés, & les chiffrés ſur le plan, tracés enſuite la baſe *AB* trouvée, par exemple, de 10 toiſes; prenés un cordeau de 12 toiſes de long, paſſés-en la boucle dans le piquet *A*, & un de neuf toiſes, dont vous paſſerés la boucle dans le piquet *B*, & joignant leurs extremités comme en *C*, plantés-y un piquet, tracés enſuite les deux lignes *AC* & *BC*, & le triangle *ACB* ſera ſemblable à celui du plan.

FIG. XI.

PREMIERE REMARQUE.

Si le triangle avoit les trois côtés égaux, que l'on nomme Equilateral, il faudroit ſeulement prendre deux cordeaux, dont la longueur fût égale à celle de la baſe, aux extremités de laquelle il y auroit deux piquets où l'on en paſſeroit les boucles, & joignant par le haut les deux bouts de ces cordeaux enſemble, on planteroit un piquet où ils ſe croiſeroient, & l'on traceroit enſuite ces deux lignes.

SECONDE REMARQUE.

Si le triangle ſe trouvoit tellement grand, qu'on ne pût le tracer avec le cordeau, il faudra meſurer un des angles, comme celui *a* avec le Raporteur, ſuppoſé de 50 degrés, & le côté *ab* de 100 toiſes, & *ac* de 120 toiſes. Après avoir tracé ſur le terrain la ligne *AB* de 100 toiſes, *par la 2e Pratique*, placés le demi-cercle au point *A*, en alignant ſa baſe ſur le point *B*, & mettant l'alhidade ſur 50 degrés, vous alignerés le jalon *C* à 120 toiſes de diſtance du piquet *A*, après quoi du piquet *C* à celui *B* vous tracerés la ligne *CB*, qui formera avec les lignes *AC* & *AB* le triangle propoſé.

FIG. XI.

DOUZIE'ME PRATIQUE.

Tracer un quarré long appellé Parallelogramme.

Après avoir meſuré la longueur *ab*, & la largeur *bc* du

quarré

quarré long décrit sur le papier, & les avoir cotté comme de 15 & de 8 toises, il faut tracer la ligne *AB* de 15 toises, & élever à une de ses extrémités comme *A*, une ligne perpendiculaire de 8 toises de long, comme de *A* en *C*, *par la 6e Pratique*. Attachés ensuite un cordeau de 15 toises de long au piquet *C*, & un de 8 toises au piquet *B*, croisés-les par les extremités en *D*, où vous mettrés un piquet, & tracés les lignes *BD* & *CD*, elles formeront avec *AB* & *AC* le quarré long ou parallelograme *ABCD*. Fig. XII. Planch. III.

Premiere Remarque.

Si le quarré long se trouvoit de beaucoup plus grand que celui-ci, on élevera avec l'Instrument, deux perpendiculaires aux extremités de la ligne *A B*, *suivant la Remarque de la 6e Pratique*, & l'on fera châcune de ses deux perpendiculaires, égale à la largeur du quarré long.

Seconde Remarque.

Pour tracer un quarré parfait, la Pratique est la même que celle ci-dessus, à l'exception qu'il faut que les deux perpendiculaires soient tracées aussi longues que la b-se du quarré.

TREIZIÉME PRATIQUE.

Tracer avec le Cordeau, une figure irreguliere de quatre côtés.

Supposé la figure irreguliere *abcd*, du point *a* & de l'intervalle *ac*, décrivés avec le compas un arc comme *ce*, & du point *b* & intervalle *bd*, faites un autre arc comme *df*, mesurés les longueurs de *ab* supposé de 25 toises, *ac* de neuf, *bd* de onze toises, & les cordes des arcs ou distances de *ce* de 10 toises, & *fd* de 14 toises. Tracés sur le terrain la ligne ou base *AB* de 25 toises de long, portés de *A* en *E* neuf toises, & de *B* en *F* 11 toises: Plantés deux piquets aux points *E* & *F*, puis prenant un cordeau de neuf toises attaché au piquet *A*, & un de 10 toises attaché au piquet *E*, on les croisera par leurs extremités au point *C*, où l'on plantera un piquet: On fera une semblable operation de l'autre côté comme au piquet *B*, où l'on attachera un cordeau de 11 toises, & un de 14 au piquet *F*, qu'on fera croiser par leurs extremités Fig. XIII.

au point *D*, & traçant les lignes *AC*, *CD* & *DB*, elles formeront avec la base *AB* le quadrilatere proposé.

QUATORZIE'ME PRATIQUE.

Tracer avec l'Instrument, une figure irreguliere de quatre côtés.

Nous supposons que la figure quadrilatere *abcd* est considerablement plus grande que la précédente, comme sa base *ab* longue de 100 toises, le côté *ac* de 20 toises, & celui *bd* de 30. Mesurés avec le Raporteur, les deux ouvertures d'angles qui sont sur la base *ab*; supposés ici l'angle *a* de 60 degrés, & celui *b* de 100; chiffrés exactement toutes ces mesures sur le plan, & tracés sur le terrain la ligne ou base *AB* de 100 toises de long, *par la 2e Pratique*, placés ensuite le demi-cercle au piquet *A*, faites-y un angle de 60 degrés, c'est à dire égal à l'angle *bac* du papier, *par la 10e Pratique*, donnés à son côté *AC* 20 toises selon le plan, plantés-y le piquet *C*: faites de même au piquet *B* un angle de 100 degrés, donnés à son côté *BD* 30 toises, plantés un piquet en *D*, d'où vous tracerés jusqu'au piquet *C*, la ligne *DC*, & elle formera avec les lignes *CA* & *DB*, & la base *AB*, une figure quadrilatere irreguliere, & semblable à celle du plan.

FIG. XIV.

REMARQUE.

Toute Figure de plusieurs côtés, telle qu'elle soit, reguliere ou irreguliere, est appellée Poligone. Les regulieres prennent leur nom du nombre de leurs côtés, depuis le quarré jusqu'à la Figure de 12 côtés.

Le Poligone de 5 côtés s'appelle Pentagone.
celui de 6 . . . . . . Hexagone.
de 7 . . . . . . Heptagone.
de 8 . . . . . . Octogone.
de 9 . . . . . . Enneagone.
de 10 . . . . . . Decagone.
de 11 . . . . . . Ondecagone.
& de 12 . . . . . . Dodecagone.

QUINZIE'ME PRATIQUE.

Tracer avec le Cordeau, un Poligone tel qu'il soit.

Soit le Poligone regulier *a* de cinq côtés appellé Pentagone; tirés de son extremité ou angle superieur *a*, deux lignes aux extremités *b* & *c* de sa base, ce qui formera le triangle *abc*. Mesurés une de ses deux lignes seulement, & la chiffrés sur le plan, l'autre lui étant égale. Tracés ensuite sur le terrain le triangle *CDE* semblable à celui *abc* du papier, *par la* XIe *Pratique*. Prenés deux cordeaux égaux à la base *DE*, passés-en les boucles dans les piquets *C* & *D*, & les faites croiser, ils vous donneront le point *G*. Transportés ces deux cordeaux aux piquets *C* & *E*, & les faites pareillement croiser, ils vous donneront le point *F*, où vous planterés un piquet aussi-bien qu'en *G*. Tracés les lignes *DG*, *GC*, *CF*, & *FE*, elles vous formeront avec la base *DE*, un Pentagone regulier semblable à celui *a* du plan. Fig. XV.

Remarque.

Pour tracer tel autre Poligone que ce soit, il faudra le réduire en triangles comme en la Figure précédente, & rapporter ensuite chacun de ces triangles l'un après l'autre sur le terrain, dans le même ordre qu'ils sont sur le papier; ce qui se doit entendre aussi-bien pour les Poligones irreguliers, que pour les reguliers, la seule difference étant que dans les Poligones reguliers les triangles sont égaux, & dans les irreguliers ils sont tous inégaux.

SEIZIE'ME PRATIQUE.

Tracer avec l'Instrument, tel Poligone que ce soit.

Observation.

Cette Pratique se peut faire de deux differentes manieres; car il peut arriver que la base du Poligone soit tracée sur le terrain, ou que l'on ait un point fixé où son centre doit être placé.

Premiere Operation.

Soit la ligne *BC* tracée, égale à un des côtés de l'Octogone *a*, supposé de 15 toises quatre pieds ; mesurés sur le papier avec le Raporteur, un des angles formé par la rencontre de deux des cotés de l'Octogone, comme *c* & *i*, qui est ce qu'on appelle l'angle du Poligone ; placés sur le terrain le demi-cercle au point *B*, où vous ferés un angle égal à celui de l'Octogone, qui est de 135 degrés suivant la Table ci-dessous ; donnés à son côté *BI*, 15 toises quatre pieds, qui est la longueur de la base *bc* du plan ; faites la même operation aux points *DEFGH*, où vous mettrés des piquets, & tracés les côtés de ce Poligone d'un piquet à l'autre, ce qui le rendra regulier & semblable à celui *a* du papier.

FIG. XVI.

Seconde Operation.

Si l'on a seulement le centre de l'Octogone determiné sur le terrain, comme le piquet *A*, il faudra tirer sur le plan, des lignes du centre *a* à tous les angles du Poligone ; prenés la longueur d'une de ces lignes appellées raïon comme *ai*, les autres lui étant égales, & toutes supposées de 20 toises ; ensuite mesurés sur le plan avec le Raporteur, l'angle formé par la rencontre de deux de ces lignes, ou raïons au centre *a*, comme *ab* & *ac*, qui est de 45 degrés suivant la Table, & est appellé l'angle du centre. Posés sur le terrain le demi-cercle au centre ou piquet *A*, & marqués de suite huit angles de 45 degrés, & sur chaque ligne ou raïon de ces angles, mesurés depuis le piquet *A* 20 toises, & plantés-y des piquets. Tracés ensuite des lignes d'un piquet à l'autre, & elles formeront un Octogone regulier semblable à celui du plan.

FIG. XVI.

Premiere Remarque.

Pour rendre cette seizième Pratique commune à tous les Poligones reguliers, même pour le triangle, & le quarré jusqu'à la Figure de douze côtés ou Dodecagone, on aura recours à la Table suivante, où sont compris les angles du Poligone, & ceux du centre, & il suffira de mesurer ou l'un des côtés du Poligone, ou la ligne tirée de son centre à l'un de ses angles.

Noms des Poligones.	*Nombre des degrés de l'angle du Poligone.*	*Nombre des degrés de l'angle du Centre.*
Triangle	. . . . . 60	. . . . . 120.
Quarré	. . . . . 90	. . . . 90.
Pentagone . . .	. . . . . 108	. . . . 72.
Hexagone . . .	. . . . . 120	. . . . 60.
Heptagone . . .	. . . . . 128 $\frac{4}{7}$	. . . . 51 $\frac{3}{7}$.
Octogone	. . . . . 135	. . . . 45.
Enneagone . . .	. . . . . 140	. . . . 40.
Decagone	. . . . . 144	. . . . 36.
Ondecagone . .	. . . . . 147 $\frac{1}{2}$	. . . . 32 $\frac{1}{2}$.
Dodecagone . .	. . . . . 170	. . . . 30.

SECONDE REMARQUE.

A l'égard des Poligones irreguliers, on pourra se servir des moïens enseignés en cette Pratique, soit en les divisant en triangles, d'un point ou centre pris à volonté au dedans d'iceux, dont on mesurera avec le Raporteur tous les angles, & tous les raïons tirés aux angles du Poligone; ausquels on donnera sur le terrain les mêmes ouvertures, & longueurs trouvées sur le plan, ou bien en mesurant chaque angle du Poligone avec le Raporteur, & ensuite ses côtés comme on le vient de dire ci-dessus.

DIX-SEPTIE'ME PRATIQUE.

Tracer un Cercle sur le Terrain.

Supposant que le piquet *A* soit le centre du cercle *A* que l'on veut tracer; mesurés sur le plan la distance du centre *a* à la circonférence, comme depuis *a* jusqu'à *b*, supposée de six toises, qui est le demi-diametre; passés la boucle d'un cordeau de six toises de long au piquet *A*, & mettés la pointe du traçoir dans une boucle qui doit être faite à l'autre extremité *B*. Promenés le cordeau & le traçoir tout autour du centre *A*, jusqu'à ce que vous rejoigniés l'endroit d'où vous êtes parti comme *B*, ce qui vous tracera entierement FIG. XVII. PLANCH. IV.

vôtre cercle, en observant que le cordeau soit toûjours également tendu, & que rien ne l'arrête, & tenant toûjours le traçoir dans une même disposition sans écarter sa pointe, outre cela faites tenir le piquet *A* du centre, par un homme qui l'entretienne dans son à-plomb, de crainte qu'en bandant trop le cordeau, on ne le fit obeïr, ce qui rendroit le cercle plus grand que celui du plan.

Remarque.

Il est aisé de comprendre que l'application de cette Pratique peut se faire, pour tracer des demi ou quarts de cercle, & generalement telle portion circulaire que ce soit.

DIX-HUITIE'ME PRATIQUE.

Tracer un Ovale sur le Terrain.

Soit l'Ovale *a* sur le papier, dont le grand diametre seulement est déterminé de 12 toises, tracés sur le terrain la ligne *AB* de 12 toises de long, & la partagés en trois parties égales, où vous planterés des piquets comme aux points *C* & *D*. Prenés un cordeau de la longueur de *DB* ou de *CA*, avec lequel vous tracerés legerement deux cercles, dont les centres seront aux piquets *C* & *D*, lesquels cercles se croiseront aux points *E* & *F*, où vous planterés deux piquets, & les points *CDEF* seront les quatre centres de l'Ovale. Attachés un cordeau au piquet *F*, qui rase & effleure celui *D*, alignés-le sur les piquets *F* & *D*, & l'étendés jusqu'à ce qu'il coupe la circonference d'un des deux cercles, en un point où vous planterés un piquet comme en *G*; faites la même operation de l'autre côté, pour planter le piquet *H* sur la circonference, & du centre *F* sans changer le cordeau, tracés l'arc *GH*, jusqu'à ce que vous rencontriés les piquets *G* & *H*. Changés le cordeau & le reportés au piquet *E*, où vous pratiquerés la même chose, pour planter les piquets *L* & *I*, & tracer l'arc *IL*: & joignant ces deux traces, aux deux portions circulaires des extremités *A* & *B*, vous effacerés le reste de ces cercles marqués par des points, qui se trouvent au dedans de l'Ovale, qui demeurera seul apparent, & sera semblable à celui *a* du plan.

Fig. XVIII.

DIX-NEUVIE'ME PRATIQUE.

Tracer un Ovale, dont les deux diametres soient déterminés sur le papier.

Soit l'Ovale *abcd*, dont le grand diametre est de 20 toises, & le petit de 12 chiffrés sur le papier. Tracés sur le terrain la ligne *AB* de 20 toises de long, que vous terminerés par des piquets ; divisés-la en deux parties égales comme au point *E*, sur lequel vous éleverés la perpendiculaire *CD* de 12 toises de long, *par la 4e Pratique* ; prenés la moitié de cette perpendiculaire qui est six toises, & mesurant un cordeau de cette longueur, vous le tendrés sur le grand diametre *AB*, en commençant à l'une de ses extremités, comme depuis le point *B* vers *F* ; divisés l'espace qui reste depuis *F* jusqu'au point milieu *E*, en trois parties égales ; reportés sur la même ligne une de ses parties, au-delà du point *F*, comme en *G*: Prenés la distance qu'il y a depuis le point *G*, jusqu'au point milieu *E*, & portés-la de l'autre côté opposé, comme depuis le point *E* jusqu'à celui *H* ; plantés-y des piquets que vous alignerés sur ceux des extremités *A* & *B*, & de ces deux piquets *G* & *H*, tracés les deux triangles Equilateraux *HIG* & *HLG*, *suivant la 1e Remarque de la XIe Pratique*. Prolongés ensuite les côtés de ces triangles, par des lignes indéterminées, que vous tracerés legerement comme *LHN* & *IGM*, &c. c'est de ces quatre points *GHIL* comme centres, que vous tracerés l'Ovale de cette maniere. Passés la boucle du cordeau dans le piquet *G*, étendés-le jusqu'au piquet de l'extremité *B*, & tracés une portion circulaire jusqu'aux lignes indéterminées *M* & *P*, qui arrêteront la trace. Reportés ensuite ce cordeau de la même longueur à l'autre côté opposé, & passés-en la boucle dans le piquet *H*, d'où vous tracerés une autre portion circulaire, avec la même observation d'arrêter la trace à la rencontre des lignes indéterminées *N* & *O*. Fichés de petits piquets dans la section de ces lignes, comme aux quatre points *MPNO*. Prenés ensuite un cordeau plus long, passés-en la boucle dans le piquet *I*, ajustés-le de longueur au point *D*, & tracés l'arc *NDM*, jusqu'à ce que vous trouviés la trace, & les piquets FIG. XIX.

des portions circulaires, où le traçoir doit rentrer juste. Achevés de tracer la circonference de l'Ovale, en reportant la boucle du cordeau de l'autre côté, & la passant dans le piquet *Z*, d'où vous décrirés pareillement l'arc *OCP*: Ces deux arcs qui se joindront aux deux portions circulaires, fermeront entierement l'Ovale, après quoi l'on effacera les lignes qui n'ont servi qu'à la construction, afin qu'il ne reste que la seule trace de l'Ovale, qui se trouvera proportionné & semblable à celui du plan.

VINGTIE'ME ET DERNIERE PRATIQUE.

Tracer sur le Terrain, un Ovale appellé communément l'Ovale du Jardinier.

Si l'on veut tracer un Ovale à volonté, sans avoir aucun plan, ou que l'on en ait un sur le papier, tel que l'Ovale *a* dont les diametres ne soient point déterminés par des chiffres; tracés sur le terrain la ligne *AB*, que vous terminerés par des piquets, & prenés-y une longueur à volonté environ du tiers, comme depuis *A* jusqu'à *C*. Reportés cette même longueur depuis l'extremité *B* jusqu'en *D*, & plantés deux piquets fixes & stables à ces deux points *C* & *D*, qui seront les deux centres de l'Ovale. Prenés un cordeau sans boucles, tournés-le autour du piquet *D*, & l'étendés en double jusqu'à l'extremité *A*, où vous joindrés les deux bouts par une boucle dans laquelle vous passerés le traçoir. Promenés & faites aller ce traçoir d'*A* en *B*, d'*E* en *F*, d'*E* en *G*, &c. en prenant garde que le cordeau soit toûjours bien tendu également, & qu'il glisse & tourne librement à l'entour des deux piquets *C* & *D*. Continués toûjours à faire marcher le cordeau, & le traçoir jusqu'à ce que vous rejoigniés le piquet *A* d'où vous étiés parti; & par les differens triangles, que le cordeau formera successivement, en s'alongeant ou en se racourcissant, il tracera l'Ovale sans être changé, suivant la plus ordinaire methode des Jardiniers, ce qui lui a fait donner ce nom.

Fig. XX.

CHAP.

[illegible]

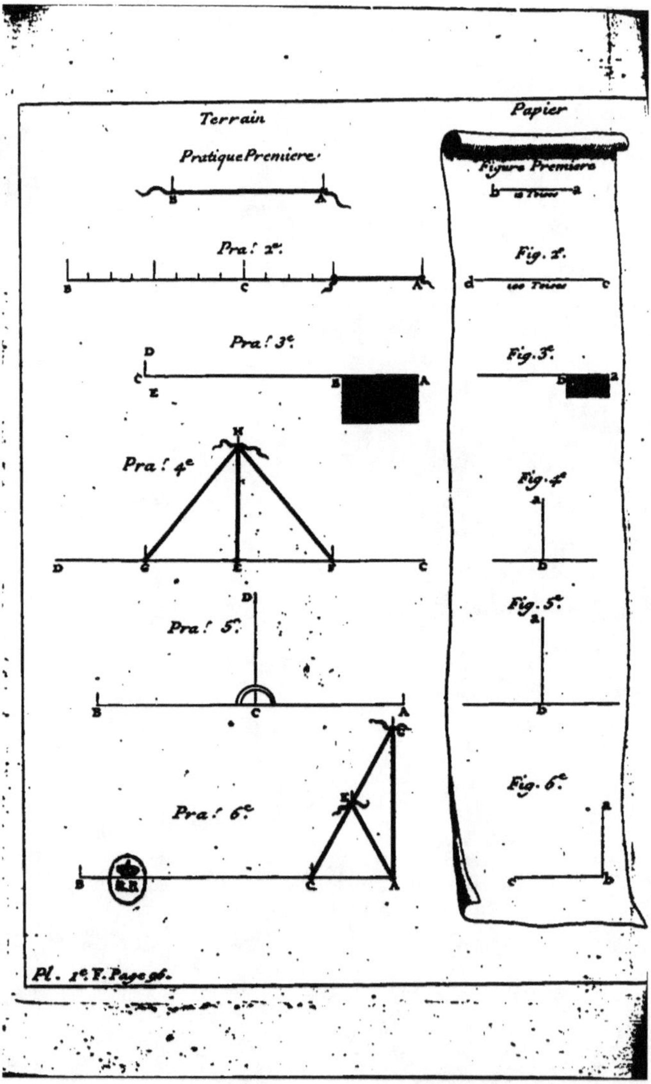
Terrain
Papier
Pratique Premiere
Figure Premiere
Pra.e 2e.
Fig. 2e.
Pra.e 3e.
Fig. 3e.
Pra.e 4e
Fig. 4e
Pra.e 5e.
Fig. 5e.
Pra.e 6e.
Fig. 6e.
Pl. 1e. T. Page 96.

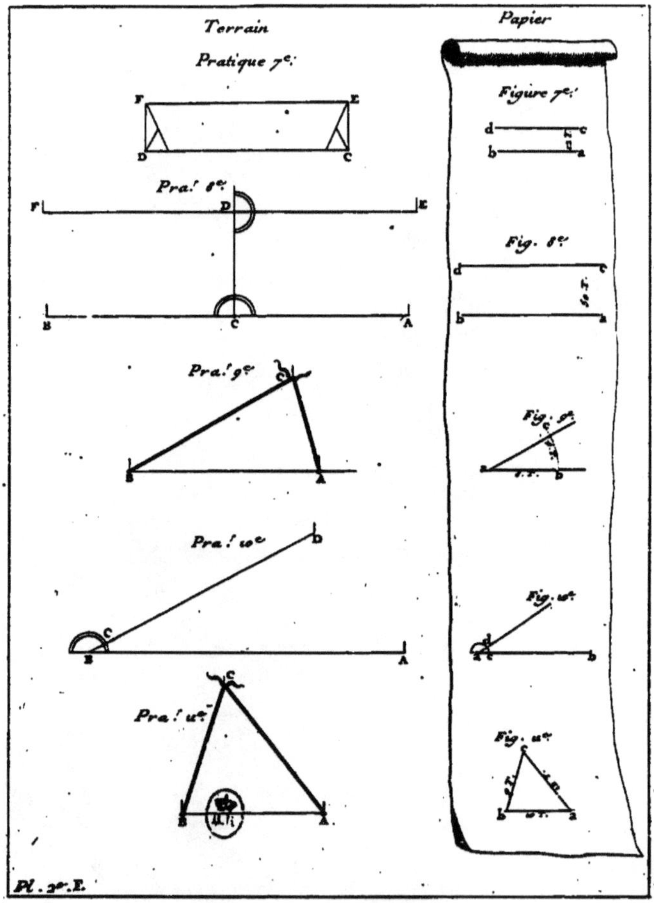
Terrain
Papier
Pratique 7e.
Figure 7e.
Pra.! 8e.
Fig. 8e.
Pra.! 9e.
Fig. 9e.
Pra.! 10e.
Fig. 10e.
Pra.! 11e.
Fig. 11e.
Pl. 2e. E.

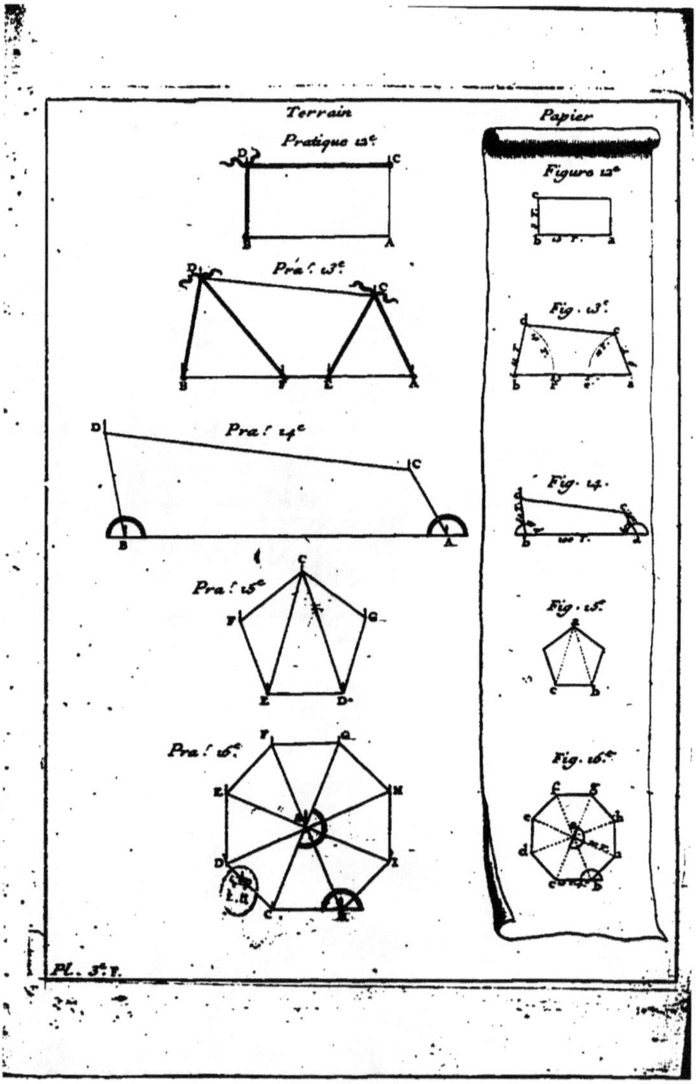

Terrain
Papier
Pratique 12e.
Figure 12e
Fig. 13e.
Pra. 14e
Fig. 14.
Pra. 15e
Fig. 15.
Pra. 16e.
Fig. 16e.
Pl. 3e. I.

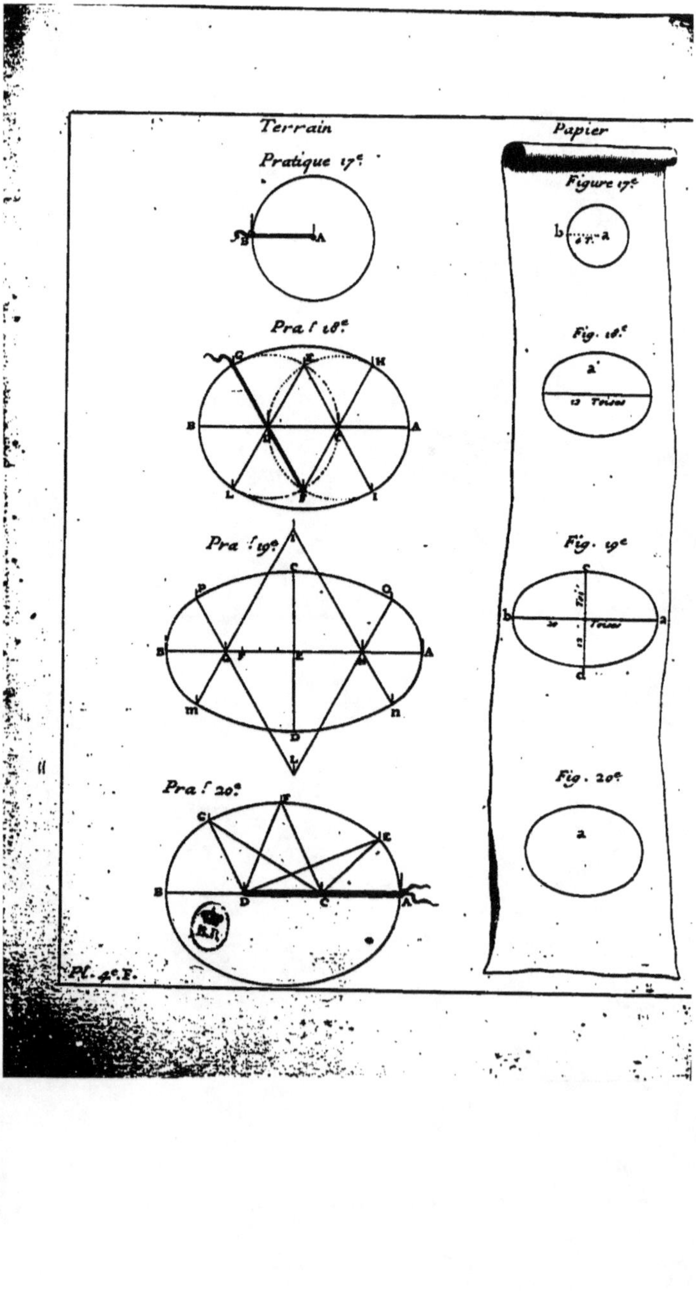

Terrain
Papier
Pratique 17e
Figure 17e
Fig. 18e
Toises
Fig. 19e
Toises
Fig. 20e
Pl. 4e. F.

CHAPITRE II.

DE LA MANIERE DE *dresser un Terrain, & de foüiller & transporter les terres.*

QUAND on aura fait choix d'un terrain, & qu'on en aura déterminé l'étenduë pour l'enclorre de murs, il faut travailler à le dresser, & à le mettre le plus de niveau qu'il se pourra. Mais comme les terrains sur lesquels on se propose de travailler, se trouvent presque toûjours inégaux & irreguliers, on est indispensablement obligé, ou de les dresser suivant leur pente naturelle, ou de les mettre parfaitement de niveau.

On apelle dresser un terrain sur sa pente naturelle, lorsqu'en suivant la situation du lieu, sans en enlever de terre, ni en raporter considerablement, on ne fait qu'en remplir les cavités, & en arraser les buttes ; ensorte que le terrain se trouve égalé & dressé par tout, suivant sa pente naturelle.

On apelle mettre un terrain parfaitement de niveau, lorsqu'on le dresse par le moïen d'un Instrument appellé Niveau, avec tant de précision, qu'il ne reste aucune pente dans toute son étenduë.

Il se trouve rarement des terrains qu'on puisse mettre parfaitement de niveau : outre leur situation ordinaire qui est toûjours inégale, & un peu en pente, la dépense qu'on seroit obligé de faire pour enlever les parties trop élevées d'un lieu, pour les transporter dans les basses, empêche qu'on ne recherche cette perfection de niveau. On aime mieux les dresser sur leur pente naturelle, qu'on rend douce & imperceptible à la vûë, & peu lassante pour la promenade ; ce qui est d'autant plus utile, que cette pente sert d'écoulement naturel aux ravines & aux eaux de pluïe. Cependant comme l'on est obligé quelquefois de mettre certaines parties d'un Jardin bien de niveau, comme les Allées autour des pieces d'eau, des Canaux, &c. j'en donnerai ici la Pratique.

On se sert de plusieurs Instrumens pour niveler sur le terrain, leur nombre est infini, puisque chacun en invente à sa maniere; & à entendre parler la plûpart des gens, il n'y a aucun niveau de juste, que celui qu'ils ont inventé, & dont ils conseillent l'usage, à l'exclusion de tous les autres: mais comme dans le Jardinage on ne s'amuse point à tous ces rafinemens, & que l'usage & la facilité d'un niveau, est ce qu'on doit le plus considerer, je n'en proposerai que deux, le Niveau d'eau & le Niveau ordinaire.

Le Niveau d'eau est le meilleur & le plus juste, aussi s'en sert-on pour prendre les hauteurs & les pentes considerables, surtout par raport aux eaux, que l'on veut conduire dans un Jardin. C'est ce qui fait que je n'en parlerai point ici, me réservant à en démontrer l'usage dans les derniers Chapitres de cet Ouvrage, qui traitent des Fontaines, & de la conduite des Eaux.

Le Niveau ordinaire ou commun, quoiqu'inferieur & moins juste que l'autre, ne laisse pas cependant de l'être assés, pour mettre de niveau tout un Jardin entier. C'est de ce Niveau qu'on se sert ordinairement dans le Jardinage, l'usage en est fort aisé, & la facilité d'en trouver par tout, fait qu'on s'en sert plus volontiers que d'un autre.

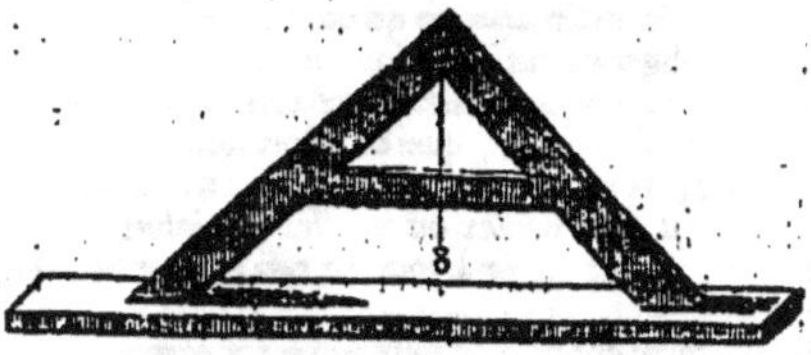

Cet Instrument n'est autre chose qu'une Equerre ou Niveau semblable à celui dont se servent les Maçons & autres Ouvriers, comme cette Figure le démontre ici. Plus cette Equerre est grande, & mieux on opere. Cependant à trois pieds de longueur pour chaque branche, elle devient suffisamment grande. Quoique l'usage en soit fort commun, j'ai jugé à propos de le mettre ici pour l'instruction des Curieux, & des jeunes gens qui veulent se perfectioner dans le Jardinage, en y corrigeant de méchantes pratiques, qui se sont introduites parmi les Jardiniers, & en y ajoûtant des particularités peu connuës, & qui tendent à une plus prompte & plus parfaite execution.

Mais avant que d'en venir à l'usage de ce Niveau sur le terrain, il est propos de faire les observations suivantes.

Les mots de dresser, unir, égaler & planer, s'emploïent également pour signifier l'action de passer la herse ou rateau sur la terre, afin de l'égaler & unir par tout.

On apelle plomber la terre, quand en la battant avec de gros rouleaux de bois, ou en marchant & pietinant dessus, on l'affermit de maniere, qu'elle ne puisse s'affaisser & baisser davantage.

Pour aligner, niveler ou tracer, il faut être au moins trois ou quatre personnes ensemble, les uns pour porter les jalons, les changer & remuer selon la volonté du Traceur ou Niveleur, les autres pour tendre & changer le cordeau. On observera, qu'il ne faut point parler en travaillant, sur tout dans les grandes distances, où la voix se perd facilement; & comme on ne peut s'entendre de si loin, on aura des signes, dont on conviendra ensemble, & l'on fera connoître avec la main tout ce qu'on voudra dire: Par exemple, si en alignant un jalon sur une ligne, & que ce jalon verse du côté gauche, il faut montrer avec la main en la menant du côté droit, que ce jalon doit être redressé du côté droit; comme aussi en haussant ou baissant la main, signifier qu'il faut baisser ou hausser un jalon: Ceci est un exemple qui peut servir à tout ce qui se peut faire entendre par signes.

Il faut faire choix d'un jour propre à niveler, comme un tems calme, sans trop de chaud, ni trop de froid, sans vents, sans pluïe, & sans grand Soleil: toutes ces choses nuisant fort à la vûë, par les refractions qui causent bien des differences, en abaissant ou élevant le raïon visuel. Un tems un peu sombre & couvert est le plus favorable: pour bien niveler, car les jalons en paroissent mieux, & les yeux distinguent plus facilement les objets éloignés.

On met ordinairement du linge, du papier, ou de la carte sur la tête des jalons, en les fendant un peu, & y faisant entrer ce papier ou cette carte : cela facilite la vûë, & la soulage tres-fort, surtout dans un long alignement. Quand le papier & le linge ne paroissent pas allés, on fait tenir par un homme ; un chapeau derriere le jalon ; alors le blanc du papier par l'opposition du noir du chapeau paroîtra bien plus, & par ce moïen le Bornoïeur pourra distinguer facilement toutes les têtes des jalons.

Il est de tres-grande consequence dans le nivellement, que les têtes des jalons soient bien applaties, & d'égale hauteur ; car la ligne de mire doit passer par dessus toutes les têtes, & les raser uniment, ce qui regle le niveau de la superficie des terres.

On apelle buter un jalon, quand étant fiché en terre, il se trouve être trop haut à la mesure requise, comme si un jalon avoit six pieds hors de terre, & qu'il ne dût en avoir que quatre ou cinq selon le nivellement ; alors on y fait apporter de la terre, dont on fait une bute au pied, jusqu'à ce qu'il soit à la hauteur necessaire ; de même quand un jalon est trop bas, on le fait décharger du pied, en ôtant de la terre jusqu'à ce qu'il soit de hauteur.

Il est à remarquer que quand on parlera de faire une rigole, un raïon ou repaire *, ce n'est pas d'ouvrir la terre, comme pour planter des palissades, ce qui se doit plutôt apeller une tranchée ; mais c'est de faire apporter des terres, le long d'un cordeau tendu d'un jalon à un autre, ce qui forme une rigole, qui sert à dresser un terrain inégal. Ces rigoles doivent avoir un ou deux pieds de large ; on marche sur la terre pour la plomber, & ensuite on la passe au rateau fin, jusqu'à ce que le cordeau touche & effleure la superficie de la terre également par tout, sans être forcé. Ces rigoles quelquefois se coupent en terre ferme, comme quand le terrain est trop haut, ou sur les talus & glacis ; alors on tend un cordeau, & l'on coupe les terres, jusqu'à ce qu'il touche également par tout.

* Les Ouvriers communément disent faire une besme.

On se sert de petits piquets, que l'on enfonce rez terre, & à tête perduë aux pieds des jalons, en posant dessus la mesure reglée, & les mettant justes à cette hauteur, quand on ne veut point buter ou décharger les jalons, cela est arbitraire. Ces petits piquets servent à retrouver les mesures, en cas que les grands jalons soient demarés, ou qu'on les ôte volontairement par raport à l'embarras; on pose le cordeau dessus, en le tendant d'un piquet à l'autre, pour faire des rigoles ou repaires.

Quand le terrain est trop inégal & raboteux, il faudra commencer avant toutes choses à le labourer à la charruë, pour couper les mauvaises herbes, & ensuite y passer la herse par tout, pour arraser les butes & remplir les cavités. Cela servira encore à rendre la terre plus maniable, tant pour la remuer & transporter, que pour y enfoncer les jalons & piquets necessaires.

Il ne reste plus, avant que de passer aux Pratiques du Nivellement, qu'à parler de la maniere de foüiller & de transporter les terres.

Quand on veut foüiller & couper des terres pour faire une Terrasse, un Talus, creuser un Boulingrin, un Canal, &c. on se sert de besoches, de pioches, de houës & de pelles, & on a des hommes qui ne font que charger les paniers, les hottes & les broüettes, & qui vont derriere ceux qui foüillent. Pour avancer dans ce travail, supposé qu'on ait de grandes hauteurs à couper, on sappe avec la pioche au pied de cette hauteur, & on creuse un peu avant en dessous, avec cette précaution de ne point marcher sur le haut de la terre, de crainte qu'elle ne s'éboule & ne blesse les hommes, qui travaillent au pied. Quand on a un peu avancé de creuser tout autour, on fait retirer les hommes de dessous, & l'on monte sur le haut des terres, où on enfonce quelques morceaux de bois, & se mettant quatre ou cinq hommes à peser dessus, vous faites tomber de grands quartiers de terre tout d'un coup. J'ai experimenté que cette maniere avance fort l'ouvrage. Quand on rencontre des roches, ou des carrieres, on se sert de poudre à canon pour les faire sauter en l'air, & cela en mettant au pied quelques petits barils de poudre, où l'on met le feu par des amorces & traînasses, c'est ce qu'on appelle miner.

On doit laisser des butes apellées *témoins*, en foüillant

les terres, jusqu'à ce que l'ouvrage soit entierement fini; cela sert à toiser la vuidange des terres, & à païer les Terrassiers, qui souvent trompent en relevant ces témoins, par les terres dont ils les chargent par dessus. On païe ces Terrassiers à la toise cube, qui doit avoir six pieds de tous sens, & contenir en tout 216 pieds cubes, au lieu que la toise quarrée n'a que 36 pieds en superficie.

Venons à la maniere de transporter les terres, qui est une chose des plus necessaire à sçavoir, en remarquant qu'il faut toûjours les porter le plus près qu'il se pourra, ces travaux étant tres-longs d'eux-mêmes, & d'une dépense inconcevable, pour peu que le trajet soit long.

On peut transporter les terres de quatre façons differentes, dans des tombereaux tirés par des chevaux, dans des broüettes menées par des hommes, dans des paniers mis sur des chevaux ou ânes, & dans des hottes portées par des hommes. La meilleure des quatre est sans doute celle qui va le plus vîte, & qui coûte le moins; mais c'est la difficulté de la bien connoître.

La premiere, qui est de transporter les terres dans des tombereaux, est celle qui coûte le plus, étant necessaire d'avoir un Charetier & un cheval; aussi on ne s'en sert que dans les bâtimens pour ôter les gravois, ou dans de petits Jardins de ville, où il y a peu de terre à enlever. Mais dans les grands Jardins, où il se trouve souvent une prodigieuse quantité de terre à remuer, les trois autres sont préferables. On ne peut gueres décider sur la meilleure, les uns étant pour les hotteurs & broüetteurs, & les autres pour les paniers mis sur des chevaux ou ânes. Si les hommes qui menent la broüette ou qui portent la hotte, avoient assés de conscience pour bien emploïer la journée, je les préfererois. Mais comme ce sont des gens qui vont avec une lenteur insupportable, & qui ne tâchent qu'à alonger la journée, si l'on n'a des piqueurs après eux; j'estime la maniere de se servir des ânes la meilleure de toutes, en voici la raison.

Toutes les hottes & broüettes contiennent environ un pied cube de terre, les paniers que portent les chevaux ou ânes contiennent environ la même quantité de terre; mais comme un âne a deux paniers, il porte le double de terre à la fois; ainsi un voïage d'âne en vaut deux d'un hotteur ou broüetteur, & ne coûte gueres plus, quoiqu'il faille une femme ou un petit garçon pour le conduire. Il y a encore une bonne raison pour les préferer, c'est que les ânes & bouriques ne s'amusent gueres, ils sont accoûtumés à un certain pas, qui quoique lent, ne laisse pas d'avancer l'ouvrage, parcequ'il continuë du matin au soir, sans autre interruption que celle qu'on leur donne pour manger.

Si l'on veut se servir de Broüetteurs ou de Hotteurs, il faudra absolument avoir des gens préposés pour les faire hâter, c'est ce qu'on appelle des Piqueurs; lesquels ont soin de les empêcher de se parler & de s'amuser ensemble, & surtout qu'ils ne s'embarrassent point l'un l'autre, en leur faisant faire differens chemins pour aller & venir. Les Broüetteurs se relaïent cinq ou six selon la longueur du chemin, en se donnant les broüettes pleines & reprenant les vuides, ce qui fait un assés plaisant manége.

PREMIERE PRATIQUE.

Dresser une ligne de niveau sur le Terrain.

Supposé que le terrain se trouve dans une situation plate, comme seroit une plaine, & qu'on voulut le mettre parfaitement de niveau, voici ce qu'il faut faire. Choisissés à l'une des extremités du terrain, l'endroit qui sera le plus uni comme *A*, où vous ficherés deux jalons de cinq à six pieds de haut, dont les têtes soient bien applaties, pour mettre dessus une regle de Maçon de huit à dix pieds de long, qui sera bien droite & sans cambrure. Posés sur le milieu de cette regle, vôtre niveau comme on le voit à l'extremité *A*, ensorte que le plomb qui est au bout de la petite corde, attachée au haut de ce niveau, se trouve juste & se repose dans

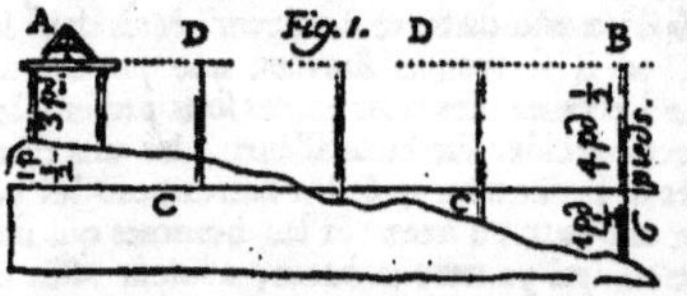

les deux entailles faites exprès dans l'angle, & dans la traverse de cet Instrument. Si vôtre niveau hausse plus d'un côté que de l'autre, du côté qu'il haussera, enfoncés le jalon jusqu'à ce qu'il soit à même hauteur que l'autre, & reglés ainsi ces deux jalons en les haussant & baissant, jusqu'à ce que le niveau soit juste. Ensuite ôtés le niveau de dessus la regle, mettés-vous à l'extremité *A*, & mirant tout du long de la regle, faites poser des jalons de distance en distance sur toute la longueur de l'enclos, comme depuis *A* jusqu'à *B*, & les faites enfoncer ou relever de maniere, que leurs têtes paroissent justes à la hauteur de la regle, & n'excedent point la ligne de mire *D D*. Mesurés ensuite le jalon de l'extremité *B*, dont la hauteur sera, par exemple, de six pieds : mesurés pareillement l'un des deux jalons, qui soûtiennent la regle à l'extremité *A*, dont la hauteur ne sera que de la moitié de l'autre, c'est à dire de trois pieds. Remarqués la difference de ces deux hauteurs, qui est de trois pieds : divisés cette difference en deux, qui sera un pied & demi : faites enlever un pied & demi de terre à l'extremité *A*, & la faites porter à l'extremité *B* ; mais prenés garde que dans ces remuëmens de terre, on ne démare vos jalons, & vôtre regle qui doivent encore vous servir. Vous serés sûr par cette operation, d'avoir la ligne *C C* bien de niveau étant parallele à la ligne de mire *D D*. La raison de cela, c'est que les jalons aïant six pieds de haut à l'extremité *B*, & n'en aïant que trois à l'extremité *A*, en baissant le terrain d'un pied & demi en *A*, & le haussant d'autant en *B*, les jalons se trouveront avoir quatre pieds & demi également par tout.

FIG. I.

SECONDE PRATIQUE.

Dresser & unir le Terrain, suivant une ligne de niveau.

Pour dresser entierement la ligne de niveau *C C*, après avoir fait porter en gros, les terres de l'extremité *A* à celle *B*, prenés un bâton bien droit, mesurés à l'extremité *A*, l'un des deux jalons qui soûtiennent la regle, dont la hauteur est supposée de quatre pieds & demi, y compris l'épaisseur de la regle : Coupés ce bâton de cette longueur juste, ce sera une

FIG. II.

une mesure portative pour tous les autres jalons, en la presentant par la tête de cette maniere. Prenés ce bâton, presentés-le le long du jalon *D* qui n'aura, supposé, que trois pieds de haut :

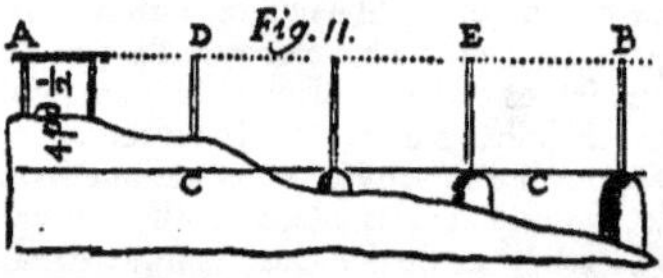

mettés ce jalon à quatre pieds & demi, en le faisant décharger du pied, jusqu'à ce qu'il soit à cette hauteur. Reportés vôtre mesure au jalon *E*, lequel étant plus haut qu'il ne faut, c'est à dire aïant plus de quatre pieds & demi, vous le ferés buter, en y faisant apporter de la terre au pied, que vous battrés & plomberés, de peur qu'elle ne s'affaisse. Aïant mis pareillement ce jalon *E* de hauteur convenable, vous passerés aux autres, & par les exemples differens de ces deux jalons, vous les reglerés tous de même, en faisant buter ceux qui auront trop de hauteur, & faisant décharger du pied, ceux qui n'en auront pas assés. Cela fait, vous prendrés un cordeau de 12 à 15 pieds de long, que vous attacherés aux pieds des jalons *B* & *E*, & que vous tendrés le plus que vous pourrés; & en cas que les jalons *B* & *E* soient trop éloignés pour vôtre cordeau de 15 pieds, vous alignerés un autre jalon entre-deux, qui sera de la même hauteur; ensuite vous ferés apporter de la terre, ou en ferés couper le long de ce cordeau, pour y faire une rigole ou repaire. Vous en ferés autant de jalon en jalon, en reportant le cordeau, & y pratiquant des rigoles de l'un à l'autre; c'est par ce moïen que vous aurés la ligne *CC* bien dressée & parfaitement de niveau.

TROISIEME PRATIQUE.

Dresser tout un Terrain entier quelque grand qu'il soit, & le mettre de niveau.

La rigole *AB* étant bien dressée, *suivant les deux Pratiques précédentes*, le jalon *A* doit être consideré comme im- FIG. III.

mobile, & doit servir à faire plusieurs fois la même operation, pour achever de dresser entierement le terrain, ce qui se pratique ainsi. On fiche sur la ligne *A E* le jalon C, à peu près à la même distance du jalon immobile *A*, qu'est posé celui *D*, dont il ne doit être éloigné que de trois ou quatre pieds tout au plus. On pose ensuite la regle & le niveau sur les jalons *A* & *C*, & pour verifier si cette operation est juste, on reporte la regle & le niveau sur les jalons *C* & *D*, ce qui forme un triangle, avec les deux lignes *A B* & *A E*, & vous doit persuader de la justesse du nivellement. Ensuite, *par la* 1e *Pratique*, vous jalonerés la ligne *AE*, & *par la* 2e, vous la dresserés bien de niveau, en y faisant une rigole. Posés un autre jalon comme en *F*, environ à la même distance du jalon immobile *A*, que sont posés les jalons *C* & *D*, & pareillement à trois pieds du jalon *D*. Posés-y le niveau pour dresser la ligne *A G*, en verifiant la justesse de l'operation, comme nous venons de dire, c'est à dire en reportant le niveau sur les jalons *D* & *F*. Dressés cette ligne *A G*, de la même maniere que vous avés fait la ligne *AE*. Continués de dresser des lignes, & de faire des rigoles de cette maniere dans toute l'étenduë du terrain, en observant que ces lignes soient à peu près à même distance les unes des autres, que celles qui sont déja faites : ce qui étant executé avec toute la précision necessaire, vous achevés de dresser entierement le terrain, en faisant tenir un cordeau par deux

Fig. III.

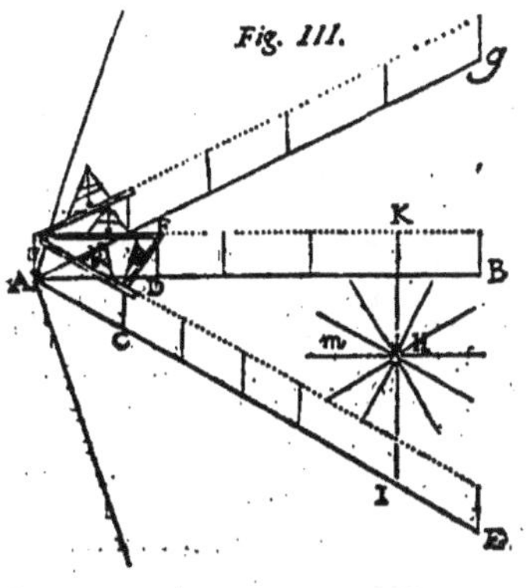

hommes, qui le traîneront bien bandé, en travers d'une rigole à une autre, ou plutôt d'un jalon à un autre, au moïen de quoi vous ferés arraser les butes & remplir les cavités entre ces rigoles, en passant le rateau par tout. Mais comme vers les extremités des lignes *B E G* les rigoles se trouveront quelquefois trop écartées, pour que le cordeau puisse se tendre commodément d'un bout à l'autre, vous remedierés à cet inconvenient, en plantant le jalon *H* entre les deux rigoles *A E* & *A B*, ensorte qu'il s'aligne par la tête sur deux jalons placés, comme sur ceux *I* & *K*. Mettés le jalon *H* à la hauteur des autres, & y attachant un cordeau au pied, vous le traînerés de tous les côtés, en raportant ou enlevant des terres selon le besoin, & vous ferés suivre le rateau, ce qui dressera l'espace compris entre les jalons *I K E B M*. Faites en de même pour dresser les places d'entre les autres rigoles, ce qui rendra vôtre terrain, quelque grand qu'il soit, uni & dressé également par tout. Fig. III.

Remarque.

Dans un grand Jardin, comme la dépense seroit fort grande de le dresser par tout suivant cette Pratique, on se contente de dresser & d'unir les places découvertes qui doivent servir aux Parterres, Sales, Galeries, &c. & pour celles qui sont destinées pour les bois, on dresse seulement les allées & routes, en laissant les quarrés & milieux des bois inégaux, & naturellement comme ils se trouvent.

QUATRIE'ME PRATIQUE.

Dresser un Terrain sur une ligne de pente.

Quand il se rencontre un terrain situé sur une pente douce naturellement, & qu'on ne veut pas faire la dépense de remuer toutes les terres, pour le mettre parfaitement de niveau; on peut dresser ce terrain sur sa pente naturelle, ensorte neanmoins que cette pente soit si douce & si imperceptible, qu'on ne s'en apperçoive pas en se promenant, comme pourroit être la pente d'un demi-pouce ou d'un pouce par toise, suivant la longueur de la côte. Voici comme il faut s'y prendre. Fichés un jalon sortant de terre de quatre Fig. IV.

pieds de haut, à l'endroit le plus élevé du terrain, comme en *A*, où vous u-nirés exprès une petite place. Fi-chés-en un autre de pareille hau-teur à l'extremi-té *B*, qui est sup-posé l'endroit le plus bas du terrain; alignés plusieurs jalons sur les deux po-sés en *A* & en *B*, & les faites planter de maniere, qu'en les bornoïant d'*A* en *B*, leurs têtes n'excedent point la ligne de mire ou raïon visuel *D D*. Prenés ensuite un bâton ou mesure portative de quatre pieds de long, presentés-la sur tous les jalons, & mettés-les tous à la hauteur requise de quatre pieds, en les faisant buter ou décharger selon le be-soin. Faites ensuite une rigole en pente d'*A* en *B*, comme il est dit *dans la 1e Pratique*, & par-là vous ôterés les serpente-mens, & corrigerés l'inégalité du terrain, qui sera bien dres-sé sur la ligne de pente *C C*.

Fig. IIII.

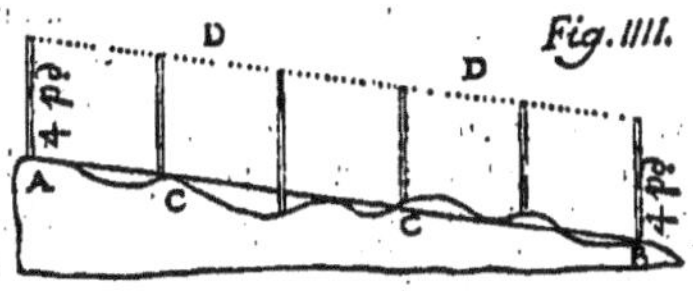

PREMIERE REMARQUE.

Si l'on veut dresser tout le terrain entier sur une pente douce, on fera la même operation plusieurs fois dans toute son étenduë, & on pratiquera par des rigoles & avec le cor-deau, ce que nous venons de dire *dans la Pratique précédente*, avec cette difference que les rigoles doivent être en pente.

SECONDE REMARQUE.

Il ne faut pas oublier de dire ici, que la place destinée pour un Parterre, après avoir été dressée suivant ce qui vient d'être dit, demande encore une façon, qui est d'é-pierrer & de passer à la claïe les terres de dessus, & de les unir ensuite au rateau fin: sans cela elle ne seroit pas propre à être maillée, & à tracer les rainceaux de bro-derie.

Voilà la meilleure maniere de niveler & de dresser les

terres, c'eſt la plus facile & la moins embarraſſante dans l'execution. On n'y voit point les mauvaiſes pratiques obſervées par ceux qui nivelent ordinairement, entr'autres celle de ſe coucher le ventre par terre, & de faire ouvrir un trou pour s'aſſeoir, ou s'agenoüiller à la hauteur de la regle.

Nous venons de donner la Pratique de dreſſer les Terrains ſitués dans une plaine, & ſur une pente douce : il ne reſte plus qu'à parler de la maniere de dreſſer un Terrain ſitué ſur une montagne ou demi-côte ; ce qui ne ſe peut faire que par le moïen des Terraſſes. C'eſt ce que l'on va voir dans le Chapitre ſuivant.

CHAPITRE III.

DES DIFFERENTES TERRASSES & Escaliers, avec leurs plus justes proportions.

C'EST ici où consiste la plus grande dépense des Jardins, & c'est à quoi on doit le plus prendre garde, quand on se trouve indispensablement obligé par la trop grande pente d'un terrain, d'en soûtenir les terres par des terrasses. On ne peut disconvenir que les transports & remuëmens de terre, ne coûtent infiniment : ce sont de ces dépenses excessives & sourdes qu'on ne connoît presque pas, & quoique tres-considerables, c'est cependant celles qui font le moins d'honneur à leur maître. On s'imagine quand on voit un terrain bien dressé, des terrasses bien de niveau & bien soûtenuës, que cela devoit être ainsi disposé naturellement; ensorte que pour sçavoir ce que c'est que ces travaux, il faut les avoir vû faire, car à peine s'en apperçoit-on quand ils sont faits. On ne peut donc avoir trop de circonspection & de ménagement dans ces sortes d'Ouvrages, pour éviter les erreurs & les tromperies qui s'y font tous les jours.

Quand il se rencontre un terrain dont la pente est fort roide, comme pourroit être celle du côteau *A*, que l'on FIG. I. veut rendre praticable pour un Jardin, on peut le disposer de trois manieres differentes.

La premiere, en faisant des terrasses les unes sur les autres, FIG. II. à differentes hauteurs, dont on soûtient les terres par de bons murs de maçonnerie.

La seconde, en pratiquant de même des terrasses, qui se FIG. III. soûtiendront d'elles-mêmes sans aucun mur, par le moïen des talus & glacis, qu'on coupera à chaque extremité des terrasses.

La troisiéme maniere, est de ne point faire des terrasses en lignes droites, ni de longs plein-pieds entre-deux; mais seulement de trouver des pailliers ou repos à differentes hauteurs, & des rampes douces & escaliers pour la communication, avec des estrades, des gradins, des volutes, vertugadins, talus, & glacis de gazon placés & disposés avec simetrie, ce qu'on appelle des amphiteâtres. Ces estrades & gradins sont soutenus par de petits murs de maçonnerie, ou par des pieux enfoncés aux encoignures. On orne ces amphiteâtres d'arbrisseaux, d'ifs & de charmilles à hauteur d'appui, avec des vases, des caisses & pots de fleurs, posés sur des dez de pierre. Les figures & les fontaines n'y doivent point être oubliées, comme faisant la perfection de ces pieces, dont la diversité, tant dans l'arrangement, que dans ce qui les compose, cause un effet tres-agréable aux yeux, ainsi qu'on le voit dans ce Dessein. Fig. IV.

De ces trois manieres celle qui coûte le moins, est celle des talus, & la plus magnifique est celle des amphiteâtres; ensorte que les murs de terrasse peuvent tenir le milieu en tout: on choisira celle qui conviendra le mieux à la situation du lieu, & à la dépense qu'on voudra y faire.

L'Architecte, ou celui qui donnera le dessein du Jardin, doit examiner avec exactitude la pente & le serpentement d'un côteau, & en lever & dessiner correctement le profil, afin que profitant des avantages de la situation, & distribuant ses terrasses avec œconomie & discernement, il ne faille pas beaucoup remuer de terre, de maniere que ce qui sortira des endroits trop élevés, puisse servir à raporter & rehausser les endroits trop bas; ce qui se doit faire avec un tel ménagement, que les terrasses étant achevées, on ne soit point obligé de raporter ni d'enlever des terres.

Je suivrai ici le même ordre que dans les Chapitres précédens, en expliquant quelques termes, & faisant des observations necessaires, avant que d'entrer dans les Pratiques de la construction des terrasses. Les observations qui sont dans ces trois Chapitres, quoique separées, ont tant de raport entr'elles, qu'elles peuvent également servir par tout; mais comme elles auroient été trop longues tout de suite, j'ai tâché de les mettre dans leur vraie place, & de choisir celles qui convenoient le mieux à la matiere de chaque Chapitre.

On ne doit point faire les terrasses trop frequentes, ni si

proches l'une de l'autre, c'est à dire qu'il en faut faire le moins qu'on pourra; c'est par le moïen des plein-pieds qu'on pratiquera les plus longs que le terrain le peut permettre, qu'on pourra éviter le défaut d'entasser terrasse sur terrasse; étant tres-desagréable dans un Jardin, de descendre ou de monter continuellement, sans trouver presque aucun repos.

Meudon qui est un beau lieu, est un des plus lassants Jardins, qu'il y ait.

On apelle plein-pied, l'espace de terre compris entre-deux terrasses, c'est à dire la plate-forme soûtenuë par les murs ou talus des terrasses, ce qui s'appelle Terre-plein en terme de Fortification.

Quand on dit prendre le profil d'une montagne, c'est en niveler exactement la pente, & en chiffrer toutes les stations sur le plan, pour en avoir fidélement le serpentement & les courbures, & ensuite s'y ajuster dans la disposition generale d'un Jardin.

On apelle marquer en contre-bas, qui est un terme fort usité parmi les Ouvriers, quand on commence à compter du haut d'une perche en tirant vers le bas, pour marquer quelque mesure: comme l'on dit au contraire marquer en contre-haut, quand on commence du bas vers le haut.

On se servira dans les operations suivantes du même niveau, & on le posera de la même maniere qu'il vient d'être enseigné dans le Chapitre précédent: il en est de même du cordeau & du rateau, pour unir & égaler les terres, en faisant des rigoles ou repaires.

Il faut ajoûter à l'usage des jalons & piquets, celui des grandes perches de quinze à vingt pieds de haut, parceque les jalons seroient trop courts, pour niveler par stations, la pente d'une montagne. On dressera ces perches de bout avec un plomb.

On apelle station, l'endroit où l'on pose le niveau pour faire l'operation du nivellement, de sorte qu'un coup de niveau est compris entre-deux stations.

Une ligne d'arrêt, en fait de terrasses, est l'endroit où se vient terminer la carne du mur, ou le talus d'une terrasse.

Il y a encore bien d'autres termes que je n'expliquerai point, comme Deblai, Remblai, Fondis, &c. cela me meneroit trop loin.

Il

Il faut obſerver de laiſſer toûjours une petite pente imperceptible ſur les terraſſes, pour l'écoulement des eaux, comme d'un pouce ou demi pouce par toiſe ſelon la longueur de la terraſſe. Cette pente ſe prend toûjours ſur la longueur, & jamais ſur la largeur.

Il vaut beaucoup mieux couper les talus en pleine terre, c'eſt à dire en terre ferme, que de les conſtruire de terre raportée avec du claïonage, ils s'en conſervent beaucoup mieux étant ainſi naturels, & coûtent moins à faire : cependant quand on ne peut faire autrement, on ſe ſert de claïonage & de faſcines, & l'on aſſure les terres par lits, ce que l'on verra à la fin de ce Chapitre.

PREMIERE PRATIQUE.

Couper un Côteau ſur ſa longueur, en terraſſes ſoûtenuës par des murs de maçonnerie.

Soit le perron du bâtiment *A*, ſitué ſur le haut du côteau, d'où l'on veut faire commencer la premiere terraſſe : meſurés ſur le profil, *Fig.* 2e, la longueur de cette terraſſe, qui eſt chifrée de 30 toiſes : faites tenir par un homme au bout de 30 toiſes comme en *B*, *Fig.* 5e, une perche un peu longue, où vous mettrés du papier ou du linge à l'extremité d'en-haut. Uniſſés une petite place au pied du bâtiment comme en *A*, & poſés-y le niveau pour dreſſer une rigole, comme il a été enſeigné ci-deſſus *dans la* 1e *Pratique du Chap. précédent* : avec cette remarque de faire deſcendre ou hauſſer la perche qui eſt en *B*, juſqu'à ce que la tête ou bout d'en-haut ſe trouve à l'alignement des autres têtes des jalons, c'eſt à dire n'excede point la ligne de mire *E*. Vous dreſſerés cette perche bien d'a-plomb, & la ferés ſéller en plâtre, avec des moîlons au pied, de crainte que ſa peſanteur ou les vents ne la faſſent tomber, ne ſuffiſant pas de l'enfoncer en terre, comme on feroit des jalons. Enſuite prenés la hauteur d'un des jalons qui ſoûtiennent la regle ſur laquelle on a poſé le niveau, en y comprenant auſſi l'épaiſſeur de ladite regle, laquelle hauteur eſt ſuppoſée de quatre pieds : meſurés en contre-bas quatre pieds ſur la perche *B*, & y ajoûtés ce qui ſera neceſſaire pour la pente qui eſt ſuffiſante ici de 15 pouces : ce qui

FIG. V.

fait en tout cinq pieds trois pouces. Ce point marqué avec du charbon sur la perche, determinera la ligne de niveau & de pente de la terrasse. Cela fait, mesurés la hauteur que doit avoir la terrasse suivant le profil, *Fig.* 2e, qui est chifrée à 15 pieds de haut. Marqués encore en contre-bas sur la perche *B*, depuis le point noir, 15 pieds, & faites décharger ou buter le pied de la perche juste à cette hauteur. Unissés pareillement une petite place au pied de la perche *B*, comme vous avés fait en *A* pour y poser le niveau ; faites dresser une autre perche en *C* à la distance qui sera marquée sur le profil, & par cette pratique reïterée à chaque station jusqu'au bas *D*, vous dresserés toutes les lignes de vos differens niveaux.

REMARQUE.

Cette operation étant faite, ne vous donnera qu'une seule ligne sur la longueur de la côte, & à l'une de ses extremités ; ainsi pour achever de la dresser entierement, il faut y joindre la Pratique suivante.

SECONDE PRATIQUE.

Dresser entierement un Côteau sur sa Largeur, en le coupant en terrasses soûtenuës par des murs de maçonnerie.

FIG. VI. Supposé l'operation précédente faite depuis le haut de la coline *A* où est le bâtiment, jusqu'au bas *D*, en autant de stations qu'il y aura de terrasses ; il faut en faire autant à l'autre extremité *F*, en dressant une ligne de niveau d'*A* en *F*, qui sera à peu près parallele au bâtiment. On posera le niveau sur la ligne *AF*, en fichant un nouveau jalon pour supporter la regle, & se servant de celui de l'encoignure *A*, *suivant la 3e Pratique du Chap. précédent :* on dressera ensuite une rigole d'*A* en *F*, & on plantera en *F* un jalon, qui sera bien bornoïé sur la hauteur de celui qui est à l'extremité *A*, pour poser la regle & le niveau, comme on le voit en *F*, & ensuite on fera en descendant la côte depuis *F* jusqu'à *I*, autant de stations qu'on en a déja fait depuis l'autre extremité *A* jusqu'à *D*, en observant toûjours de faire les terrasses des mêmes longueurs & largeurs, autant que faire se pourra, & en dressant toûjours à chaque station, une ligne de niveau de travers en travers d'une perche à l'autre, comme de *B* en *G*, de *C* en *H*, de *D* en *I*; ce qui reglera le niveau de chaque plein-pied. Cela fait, on unira ces terrasses dans toute leur étenduë, par le moïen des rigoles & repaires qu'on fera dans le milieu & de travers en travers, & qui se raporteront au niveau des deux lignes des extremités *A* & *F*, *suivant la 3e Pratique du Chap. precédent.*

REMARQUE.

On ne pourra terminer la ligne d'arrêt des terrasses, qu'après que les murs seront bâtis : alors on comblera la tranchée jusqu'à l'uni de la terre. On gardera ces vuides pour le dernier ouvrage, afin d'y emploïer les terres qu'on pourra avoir de reste.

TROISIE'ME PRATIQUE.

Couper un Côteau sur sa longueur, en terrasses soûtenuës par des talus & glacis de gazon.

Si l'on ne veut pas soûtenir les terrasses par des murs, à cause de la dépense, & qu'on se contente de couper les terres en talus, qui est la seconde maniere de rendre praticable le côteau *A*, *Fig.* 1e; posés vôtre niveau au pied du bâtiment *A*, *suivant la 1e Pratiq. de ce Chapitre Fig.* 5e : mesurés sur le profil, *Fig.* 3e, la longueur de la premiere terrasse, qui est chifrée de 30 toises; portés cette mesure, du pied du bâtiment *A*, & plantés un jalon à l'extremité comme en *B*, c'est où se terminera l'arrête du premier talus. Faites tenir une perche à six pieds delà, qui est la pente du talus, suivant le profil comme en *C*; bornoïés-la juste sur les autres jalons, mettés-la bien d'a-plomb & la faites séller, ainsi que nous avons déja dit. Marqués en contre-bas sur cette perche, la hauteur des jalons, l'épaisseur de la regle, & la petite pente pour l'écoulement des eaux; & diminuant le tout sur la hauteur de la perche, faites-y une marque noire : ce point déterminera la ligne de niveau de la terrasse, après quoi vous dresserés une rigole d'*A* en *B*. Reportés en contre-bas sur la perche depuis cette marque, la hauteur que doit avoir la terrasse, que l'on suppose être de 10 pieds; butés ou déchar- FIG. VII.

gés le pied de la perche, jusqu'à ce qu'elle se trouve juste à cette hauteur, & tendant un cordeau du pied de la perche *C*, qui détermine le bas du talus, au pied du jalon d'en-haut *B* qui en détermine l'arrête, vous ferés couper à la bêche ce talus, en faisant une rigole ou repaire suivant le cordeau; après quoi vous reporterés le niveau en *C*, en *D*, &c. où vous ferés toûjours la même operation jusqu'au bas de la montagne *E*.

QUATRIE'ME PRATIQUE.

Dresser entierement un Côteau sur sa Largeur, en le coupant en terrasses soûtenuës par des talus & glacis de gazon.

Pour couper tout le côteau *A* en talus, & le dresser entierement, je suppose l'operation ci-dessus faite par profil depuis le bâtiment *A* jusqu'au bas du côteau *E*. Il la faut recommencer pareillement à l'autre extremité *F*, en dressant une rigole de niveau d'*A* en *F*, *comme on a fait dans la 2e Pratique de ce Chapitre*. On posera le niveau en *F*, & on fera les mêmes stations d'*F* en *G*, de *G* en *H*, d'*H* en *I* jusqu'au bas, comme on a déja fait de l'autre côté depuis *A* jusqu'en *E*, en observant toûjours les mêmes longueurs & largeurs de plein-pieds, & de dresser à chaque station une rigole bien de niveau de travers en travers. Cela fait, avant que de couper les talus, dressés entierement toute l'étenduë de vos plein-pieds, *suivant la 3e Pratique du Chap. précédent*.

FIG. VIII.

A l'égard des talus, pour les bien couper & dresser sur leur ligne de pente, il faut sur la ligne *K L* qui détermine la ligne d'arrêt du premier talus, aligner des piquets de deux toises en deux toises, & en mettre en pareil nombre & à même distance sur la ligne *M N*, qui termine le pied du talus: tendés un cordeau de haut en bas, d'un jalon à son opposé, & faites une rigole ou repaire d'un pied de large suivant le cordeau. Coupés la terre ainsi par rigoles, en tendant le cordeau de piquet en piquet. Pour dresser ce talus qui est entre-coupé par des rigoles, faites ce qui est marqué à la seconde terrasse comme en *O*; passés la boucle du cordeau dans un jalon, il n'importe lequel, traînés & promenés ce cordeau de tous sens, & d'une rigole à une autre, en faisant

FIG. VIII.

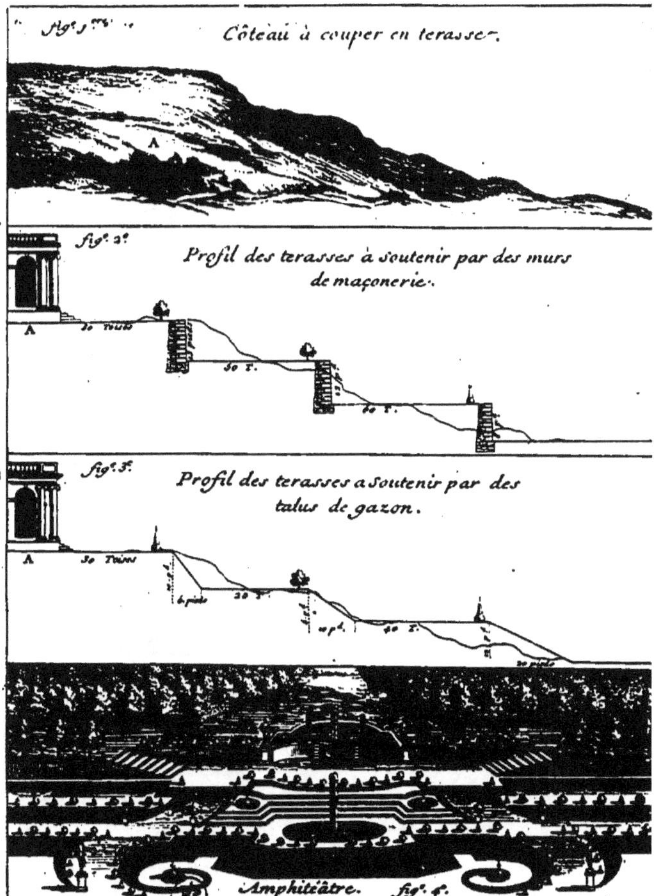

Planche G. Page 116.

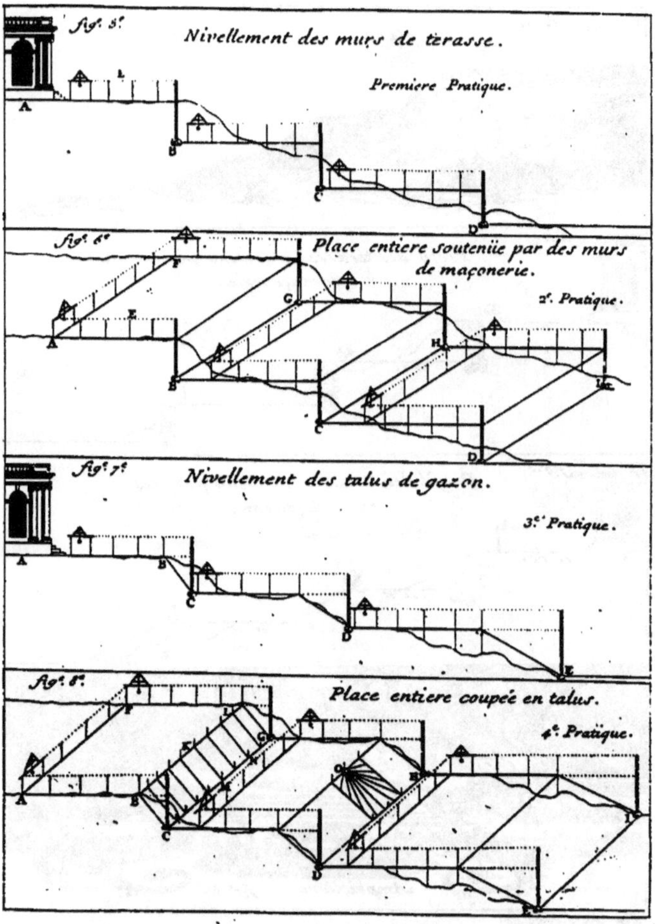
fig. 5e
Nivellement des murs de terasse.
Premiere Pratique.
fig. 6e
Place entiere soutenüe par des murs de maçonerie.
2e. Pratique.
fig. 7e
Nivellement des talus de gazon.
3e. Pratique.
fig. 8e
Place entiere coupée en talus.
4e. Pratique.

ſuivre un hõmme qui coupera & arraſera à la bêche, les endroits où il y aura trop de terre, en ſuivant exactement le cordeau ſans le forcer, & ainſi donnant communication d'une rigole à une autre, on unira & applanira tout le talus avec le rateau.

PREMIERE REMARQUE.

Si l'on ne pouvoit pas couper le talus en terre ferme, la ſituation du terrain ne le permettant point, on fera aporter des terres pour dreſſer des rigoles environ de 12 pieds en 12 pieds. On plombera ces terres, & on les dreſſera ſuivant le cordeau, juſqu'à ce qu'il ſoit bien garni de tous côtés ſans être forcé ; enſuite on fera remplir de terre les vuides d'entre les rigoles, & on dreſſera ce talus ſur toute ſa longueur, de la même maniere que nous venons de dire.

SECONDE REMARQUE.

Quand le talus n'excede point ſept à huit pieds de long, on pourra au lieu de cordeau, ſe ſervir d'une grande regle de maçon bien épaiſſe, & qui ne puiſſe point ſe cambrer, on couchera & on promenera cette regle ſur le talus, qui ſera dreſſé dans toute ſon étenduë ſuivant cette regle, pourvû que les bords de la terre d'en-haut & d'en-bas, ſoient bien dreſſés de niveau. Cette Pratique eſt fort bonne pour les petits talus des terraſſes & des boulingrins.

On ne donnera point ici de Pratique particuliere pour dreſſer un côteau en amphitéâtre, ce qui ſeroit aſſés inutile, parceque ces morceaux étant compoſés de terraſſes, de talus & glacis de gazon, on n'aura qu'à ſuivre ce qui vient d'être dit dans les Pratiques précédentes.

Si les talus ne ſont point coupés en terre ferme, & que les terres raportées dont on les veut former ne puiſſent ſe ſoûtenir d'elles-mêmes, ils demanderont alors beaucoup plus de travail dans leur conſtruction, car on ſera obligé de ſe ſervir de claïonage & de faſcines en la maniere ſuivante.

Après avoir mis de la terre un pied de haut, en commençant par le bas, il faut mettre deſſus un lit de faſcines, ou claïonage de ſix pieds de large, rangés l'un contre l'autre, & faire enſorte que le gros bout ou racines regarde la face du talus, & vienne aboutir à un pied près du revêtissement; on mettra ensuite un lit de terre par dessus, & on continuëra de même jusqu'en haut.

Les meilleures fascines & claïes sont faites de bois verd, comme de branches & perches de saule, à cause que prenant racines facilement, elles se lient mieux à la terre. Il est bon de leur laisser les racines, quand elles ne sont point incommodes, parcequ'elles peuvent servir à entretenir cette liaison. On assit le gazon dessus ce claïonage, en le couvrant auparavant d'un peu de terre.

Pour la proportion des talus, on leur donne ordinairement les deux tiers de leur hauteur, pour n'être point trop roides; quelquefois on ne leur donne que la moitié, ou le tiers de leur hauteur, surtout aux petits talus. Il y a des gens qui les font d'une pente égale à leur hauteur, d'autres qui leur donnent celle d'une ligne au-dessous de la diagonale de leur quarré, parceque l'humidité tombe toujours en bas, & que le haut devient aride pendant l'Esté, ce qui fait secher & mourir le gazon.

On doit examiner la qualité de la terre, sur laquelle on éleve des talus de gazon; car si les terres sont fortes & ont du corps & de la liaison, elles se soûtiendront presque d'elles-mêmes, & en donnant six pouces par pied de haut, cela suffit pour bien entretenir le talus; au lieu que si ces terres sont mouvantes & sabloneuses, on donnera au talus neuf pouces par pied.

A l'égard des murs de terrasse, on doit aussi avant que de les bâtir, consulter le fond naturel de la terre; car on doit assurer la maçonerie sur la terre ferme & sur le bon fonds. Dans les terres sabloneuses, mouvantes & marescageuses, on fait des grils de charpente, des plates-formes, racinaux, pilotis, sur lesquels on assure la fondation des murs.

La proportion du fruit & empatement des murs doit être suivant leur hauteur, à cause de la poussée des terres. Pour les grands murs, on leur donne de talus, le cinquiéme ou sixiéme de leur hauteur, c'est à dire deux pouces par pied; pour les murs de 12 à 15 pieds, un neuviéme; & depuis 15 jusqu'à 20, un huitiéme; pour les petits murs de six à sept pieds de haut, un douziéme, & ainsi des autres: leur épaisseur se donne auſſi à proportion de leur hauteur & de la qualité des terres.

Pour en venir aux eſcaliers, on les doit placer avantageuſement, comme au bas d'une allée de parterre, ou en face des principaux alignemens, & jamais dans des endroits perdus. On les conſtruit ordinairement de marches de pierre de taille; cependant on en fait de gazon, qui étant bien entretenus, ſont fort agréables à la vüë : on les apelle Eſtrades.

On doit obſerver que les eſcaliers & perrons ſoient tres-doux, & peu nombreux en marches : leur nombre doit être impair, & ne pas paſſer dans une rampe 11 à 13 marches, ſans un paillier ou repos de deux pas de largeur, & auſſi long que le perron. Chaque marche peut avoir 15 à 16 pouces de giron, ſur cinq à ſix de haut, compris trois lignes de pente, que doit avoir ch que marche pour l'écoulement des eaux, qui ſans cela pourriroient les joints de recouvrement.

Les rampes douces ſans marches doivent être priſes de loin, afin d'éviter une trop grande roideur; elles ſont ſoûtenuës par des murs de terraſſe ou glacis de gazon, & pour empêcher que les ravines ne les gâtent, on y met d'eſpace en eſpace des arrêts de gazon ou de bois, pour rejetter les eaux des deux côtés.

Les deux Planches ſuivantes donnent des exemples de toutes ſortes d'eſcaliers propres pour les Jardins : la premiere de ces Planches contient quatre eſcaliers executés dans les Maiſons Roïales, dont la décoration & la beauté ſe peuvent conſulter ſur le lieu, on en a donné l'élevation & le p n avec l'Echelle, pour pouvoir juger de leur proportion.

La 1e Figure eſt un grand Eſcalier des Jardins de M^r^ le Duc d'Orleans à S. Cloud, qui deſcend du Château aux Caſcades.

La 2e Figure eſt un petit Eſcalier du Jardin de Luxembourg à Paris, dont le plan eſt fort ingenieux; il eſt ſitué dans le milieu des terraſſes, vis à vis le baſſin.

La 3e & 4e Figure repreſente deux Eſcaliers du Jardin des Tuileries à Paris. Le grand eſt ſitué au bout du Jardin, en deſcendant de la grande terraſſ du côté de la riviere, vers le grand bassin octogone; & le petit est sur la terrasse du côté du Manége.

La 2e. Planche contient sept differens Escaliers. Le grand differe des autres en ce que l'on y monte par les deux bouts, comme on le voit par son plan & son élevation, *Fig.* 1re. Au-dessus des perrons vous trouvés des pailliers, & une rampe qui vous conduit sur la terrasse d'en-haut. La composition en est assés particuliere, & quoiqu'ornée de simples paneaux, elle ne laisse pas d'être enrichie dans le milieu, d'un beau bas-relief & de corps de refend. Cet Escalier ne convient qu'à une place, dont le milieu sera occupé par un parterre ou autre piece, avec des allées aux deux côtés, qui viendront aboutir aux deux perrons.

Dans la 2e & la 3e Figure, sont deux Escaliers à l'angle d'une terrasse; l'un est de figure octogone, & l'autre forme un quarré parfait. On les suppose à la pointe d'un bois avec un banc dans l'échancrure, & deux allées en terrasse qui viennent former cet angle. Ces escaliers ont une descente en face de chaque allée, & vous y trouvés un grand paillier & des perrons, qui vous menent dans le bas.

Dans la 4e Figure on voit un Escalier d'un goût fort nouveau, il est propre au bout d'une pate-d'oye percée dans un bois, sa forme est ovale, & en face de chaque allée il y a des descentes, avec de petits talus de gazon, bordés d'une tablette de pierre, qui en interrompent la rampe. On a placé par simetrie des ifs dans le haut. Ces trois descentes vous menent sur un grand paillier ovale, d'où par d'autres marches circulaires, vous descendés dans les autres jardins.

Dans les trois Figures suivantes ce sont de petits Escaliers fort simples, dont l'un est pratiqué au milieu d'un talus de gazon, *Fig.* 5. l'autre est un Escalier en fer à cheval, *Fig.* 6. avec une fontaine dans l'entre-deux des rampes, le tout accompagné, & à la descente d'un bois, aussi bien que le petit Escalier qui est représenté dans la *Fig.* 7.

CHAP.

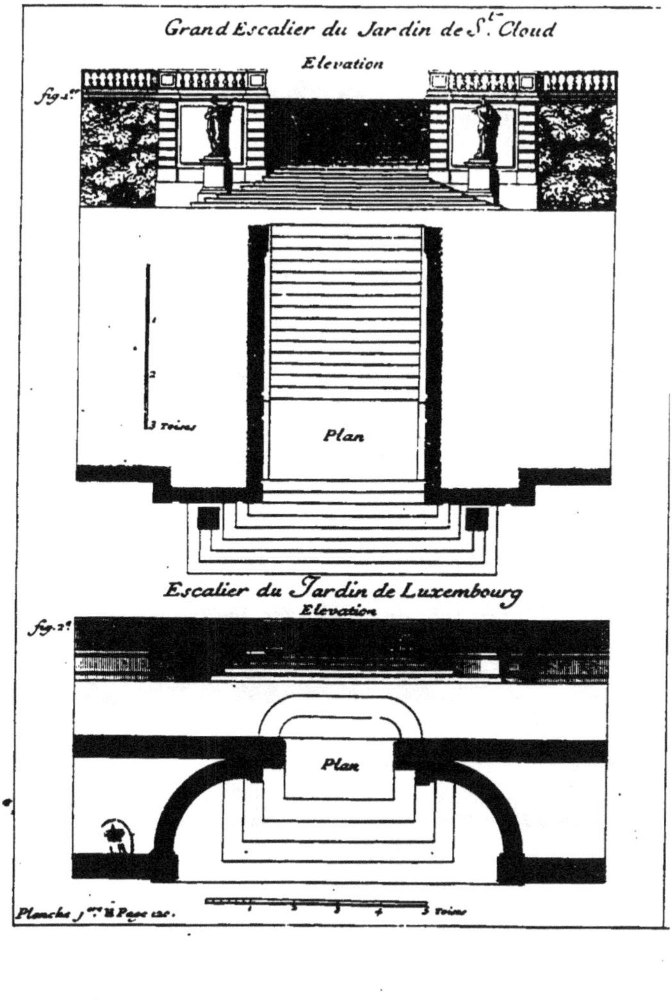

Planche 1ere. Page 120.

Grand Escalier du Jardin des Tuilleries

Elevation

fig. 5.

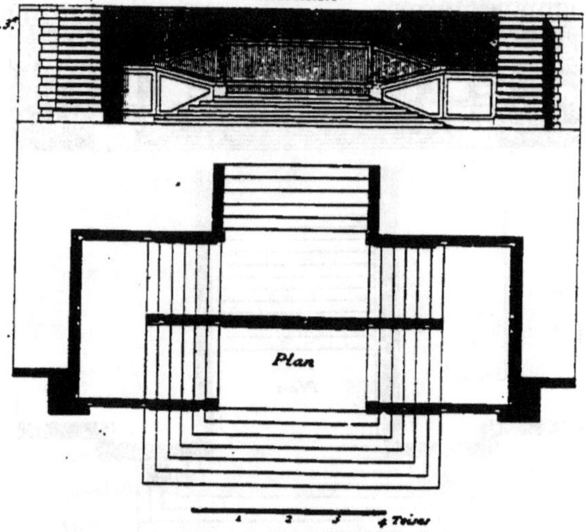

Petit Escalier du Jardin des Tuilleries

Elevation

fig. 6.

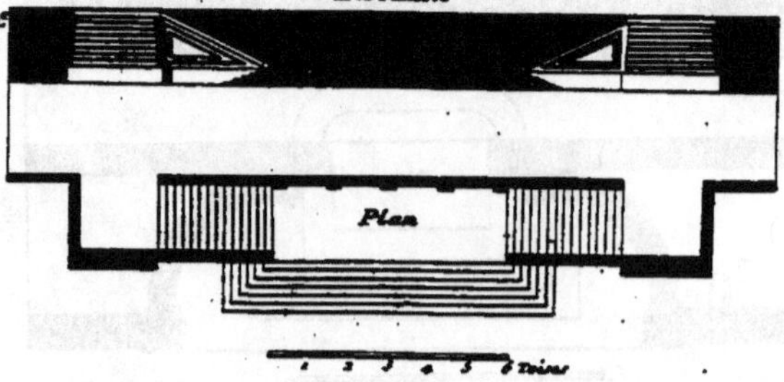

Mariette excud.

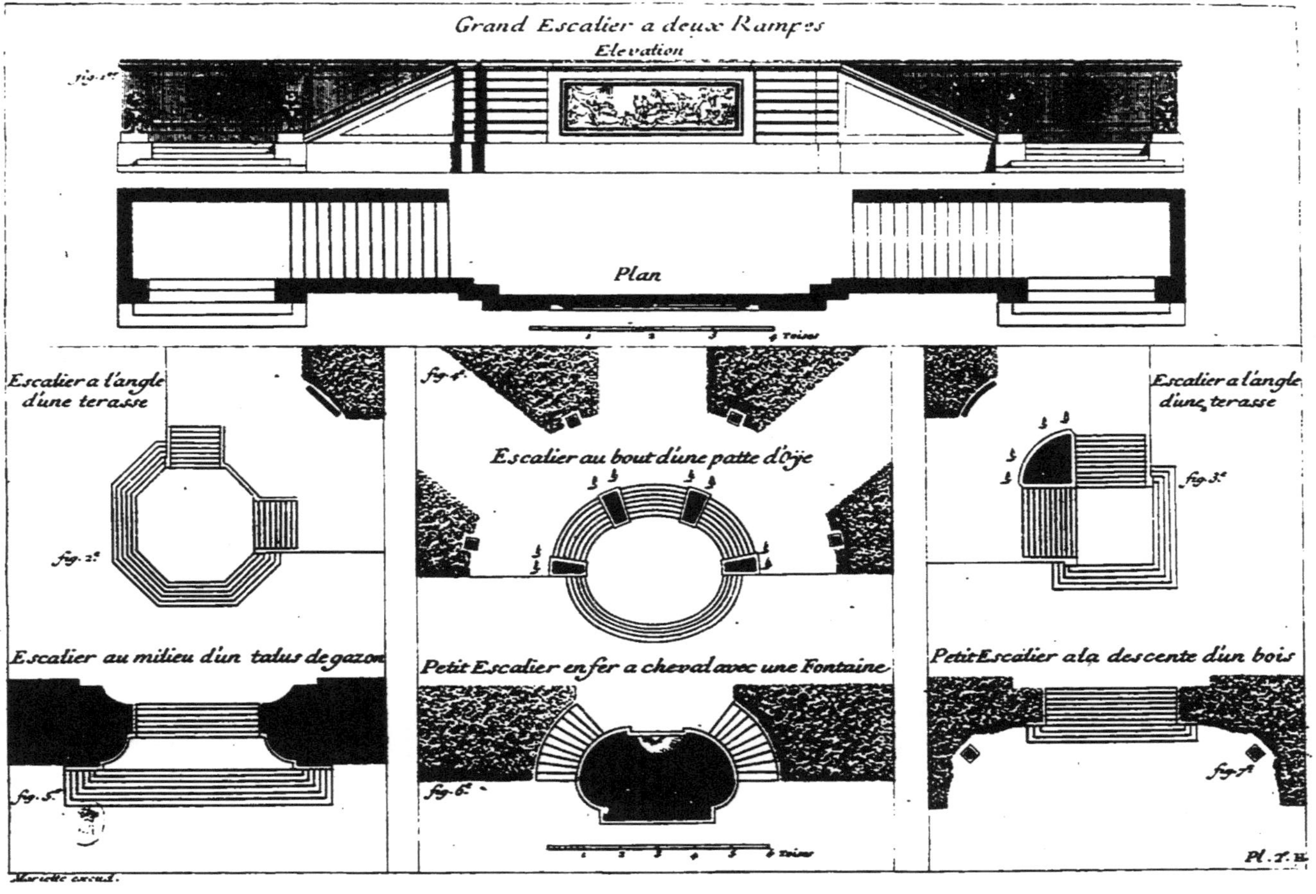
Grand Escalier a deux Rampes
Elevation
fig. 1re
Plan
1 2 3 4 Toises
Escalier a l'angle d'une terasse
fig. 2e
fig. 4e
Escalier au bout d'une patte d'oye
Escalier a l'angle d'une terasse
fig. 3e
Escalier au milieu d'un talus de gazon
fig. 5e
Petit Escalier en fer a cheval avec une Fontaine
fig. 6e
1 2 3 4 5 6 Toises
Petit Escalier a la descente d'un bois
fig. 7e
Pl. T. II
Mariette excud.

CHAPITRE IV.

DE LA MANIERE DE TRACER

sur le Terrain, toutes sortes de Desseins.

IL ne suffit pas d'avoir donné toutes les Pratiques précédentes, pour l'instruction des Jardiniers ; car quoiqu'elles soient bonnes en elles-mêmes, & tres-faciles dans l'execution, néanmoins comme ce ne sont que des choses détachées, on pourroit m'objecter que c'est encore une nouvelle difficulté de les sçavoir coudre ensemble, pour composer un tout ; je veux dire que ce seroit un nouvel embarras, quand on auroit à tracer une disposition generale de Jardin. C'est ce qui m'a déterminé à donner ici la maniere de tracer un plan general, où il se rencontre toutes les differentes parties qui composent un beau Jardin : C'est par-là que j'espere donner la perfection à cet Ouvrage, en rendant un homme capable de tracer, & d'executer sur le terrain les desseins les plus difficiles.

Je supose que cet homme aura bien examiné & conçû toutes les petites Pratiques, qui sont dans le Chap. 1e de cette 2e Partie, & les aura éprouvé & tracé sur le terrain l'une après l'autre, ce que j'ai déja nommé les Elemens de la maniere de tracer. Je vais maintenant lui donner les moïens d'apliquer en general toutes ces parties détachées, & les mettre en usage, dans une disposition generale de Jardin, comme il se voit dans la Planche suivante.

Le terrain étant dressé & tout préparé à tracer, suivant ce qui vient d'être enseigné dans les premiers Chapitres de cette 2e Partie, & le dessein de la disposition generale du Jardin étant aussi arrêté, nous suposerons le bâtiment fini & achevé, aussi-bien que les murs de l'enclos, n'étant point de nôtre sujet de traiter de l'Architecture.

On propose ici pour exemple une disposition generale de

Jardin, où il se rencontre des Parterres, des Bosquets, des Boulingrins, &c. en un mot tout ce qui peut former un beau Jardin, comme il se voit ici dans cette Planche, où ce plan est suposé dessiné sur un rouleau de papier, Fig. 1e.

La 2e Figure à côté, où sont marqués de simples traits, est pour representer le terrain, & ce qu'on doit faire pour y tracer, & raporter fidelement toutes les parties du petit plan, c'est à dire les placer & mettre en masse.

On observera que pour raporter fidelement sur le terrain, toutes les parties & mesures de ce plan, il faut suivre exactement celles qu'on trouvera avec le compas, sur l'Echelle qui est au bas de ce rouleau de papier; ce que nous avons déja dit dans le Chapitre 1^r^ de cette Partie.

Quand on lira dans les Pratiques ci-après, *suivant la 4e, 5e ou 6e Pratique;* cela s'entend des Pratiques qui sont dans le Chap. 1er de cette Partie, & non-pas de celles qui sont dans le 2e & 3e Chapitres précédens.

Pour en venir à la Pratique de tracer sur le terrain ce plan general, on commencera à prolonger la façade du bâtiment *A*, *Fig.* 2e, par des jalons, qu'on posera de distance en distance des deux côtés, d'alignement au bâtiment, comme est la ligne *BB*, *suivant la 3e Pratique* : mesurés avec le compas sur l'Echelle du plan, combien il y a de toises depuis le bâtiment *A* jusqu'au parterre *C*, vous trouverés que cette allée de traverse a cinq toises de large; portés cette mesure à la toise sur le terrain, du pied du bâtiment; & mettés un piquet au bout comme en *D*. Prenés le milieu de la façade du bâtiment *A*, fichés-y au devant la perche *E*, & mesurant pareillement le milieu de l'autre façade dans la cour, fichés-y une autre perche comme *E*, en les alignant l'une sur l'autre à travers le Vestibule : posés ensuite le demi-cercle, suivant ce que l'on a dit ci-dessus, à la place du piquet *D*, de maniere que les pinules de sa base s'alignent sur les deux perches *E E*. Prolongés par des jalons la ligne milieu G G, & vous retournant d'équerre en mettant l'alhidade sur 90 degrés, *suivant la 5e Pratique*, alignés plusieurs jalons d'un bout à l'autre, ce qui vous donnera la ligne *F F*. Mesurés sur le plan la longueur que doit avoir le parterre *C*, qui est de 18 toises; prenés encore la moitié de la largeur de la grande allée de traverse *H H*, qui a cinq toises de large, ce sera deux toises & demi, qui jointes à 18 que le parterre *C* a de long, font en tout 20 toises & demi. Portés cette longueur à la toise sur la ligne milieu *G G*, en commençant à l'endroit *D*, où vous avés posé l'instrument, & aïant fixé un point à 20 toises & demi en delà comme en *I*, plantés-y un piquet; ce sera de ce point apellé centre, que vous tracerés tous vos principaux alignemens, vos maîtresses allées, & les cercles du bassin & de son pourtour. Reportés l'instrument qui est en *D* à ce centre *I*, sur lequel vous le poserés bien d'à-plomb, mettés sa base d'alignement aux deux perches *E E* qui sont près du bâtiment, & aux piquets de la ligne milieu *G G*; Alignés dessus plusieurs jalons d'un bout du Jardin à l'autre, environ jusqu'au point *K*, & mettant l'alhidade du demi-cercle sur 90 degrés, retournés-vous d'équerre pour l'allée de traverse *H H*, où vous alignerés pareillement des jalons d'un bout à l'autre. Ces alignemens vous donneront les lignes milieu de vos grandes allées, & portant par les deux bouts deux toises & demi de chaque côté de ces lignes milieu, fichés-y des jalons, & sur ceux-là alignés-en d'autres, de cette maniere vos allées auront cinq toises de large suivant le plan.

Otés ensuite l'instrument, & au centre *I* plantés une perche, que vous enfoncerés un peu avant à la place du piquet; mesurés au compas sur le plan, le diametre du bassin, qui est de six toises; prenés un cordeau de trois toises de long, qui est le demi-diametre, passés-en la boucle dans cette perche *I*, & tracés ce cercle, *suivant la 17e Pratique*. Tracés ensuite du même centre *I* l'allée d'en-bas *L* du tour du bassin, qui est la portion circulaire du parterre *C*, & ralongeant le cordeau, tracés l'allée du pourtour d'en-haut qui forme la demi-lune *M M*. Terminés cette demi-lune *M M* aux rencontres des allées, par des jalons que vous mettrés d'alignement aux autres, & dans la trace de la demi-lune, ce qui marquera les quatre encoignures *O O O O*. Prenés ensuite sur le plan, la largeur de la piece du parterre *C*, qui est de 10 toises : portés de chaque côté de la ligne milieu *G G* cinq toises, & tracés ces deux lignes, *par la 1e Pratique*, qui avec celle d'en-bas *F D F*, & la portion circulaire *L*, vous enclaveront & borderont la place destinée pour le parterre *C*. Il faudra ensuite porter depuis cette trace, la largeur des allées *P P*, qui est de trois toises & demi, & aligner les jalons de ces allées, sur ceux des encoignures *O O* de la demi-lune, & à la rencontre des deux allées de traverse *H H* & *F F*, plantés des jalons aux encoignures, ce qui bordera les bosquets *Q Q*.

Pour terminer vos grandes allées, mesurés sur le plan combien de longueur l'allée en face du bâtiment doit avoir depuis la demi-lune *M M*, suposé de 30 toises de long : portés à la toise cette longueur, depuis les encoignures *O O* de la demi-lune, & terminés-la par le piquet *K* où vous poserés le demi-cercle, en alignant sa base sur la ligne milieu, & sur les jalons & perches *I G G E E*, & vous retournant d'équerre, vous alignerés des jalons des deux côtés sur toute la largeur, ce qui vous donnera la ligne d'équerre *R R*; mesurés ensuite proche du bâtiment *A*, la longueur de l'allée de traverse *F F*, depuis la ligne milieu tirée sur le plan, laquelle longueur sera trouvée de 26 toises pour chaque côté; portés sur le terrain, depuis la ligne milieu ou perche *E* 26 toises de chaque côté. Allés-vous-en à l'autre bout, & du piquet *K* portés pareillement sur la ligne *R R* 26 toises de chaque côté : terminés ces longueurs par des jalons, & alignés en plusieurs autres desseins sur toute la longueur de ces deux côtés; ce qui vous donnera les lignes *S S* & *T T*, & vous terminera & enclavera les places & quarrés destinés aux bosquets *Q Q*, au bois *Y*, & au boulingrin *X*, dont vous marquerés les encoignures par des jalons. Les allées du pourtour des murs se traceront après cela fort aisément, en portant à la toise dans les deux bouts depuis les alignemens *R R*, *S S* & *T T*, la largeur dont elles seront trouvées sur le plan, étant paralleles aux lignes tracées. A l'égard des deux quarrés de potagers *Z Z*, qui sont aux côtés de la cour, il est inutile de dire, que pour les tracer, on n'a qu'à prolonger les alignemens *S S* & *T T*, [illegible] pour la longueur, & pour la largeur, porter depuis la trace de la ligne d'équerre *B B*, la quantité de toises dont ces potagers seront trouvés sur le plan, ce qui en donnera les quarrés [illegible] [illegible].

Plan general de Jardin dessiné sur le papier

Fig. 1re

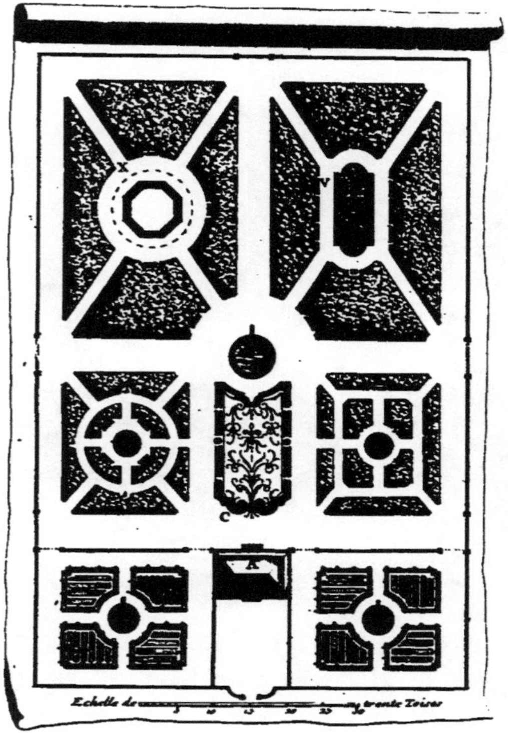

Le meme Plan de Jardin tracé sur le terrain.

Fig. 2e

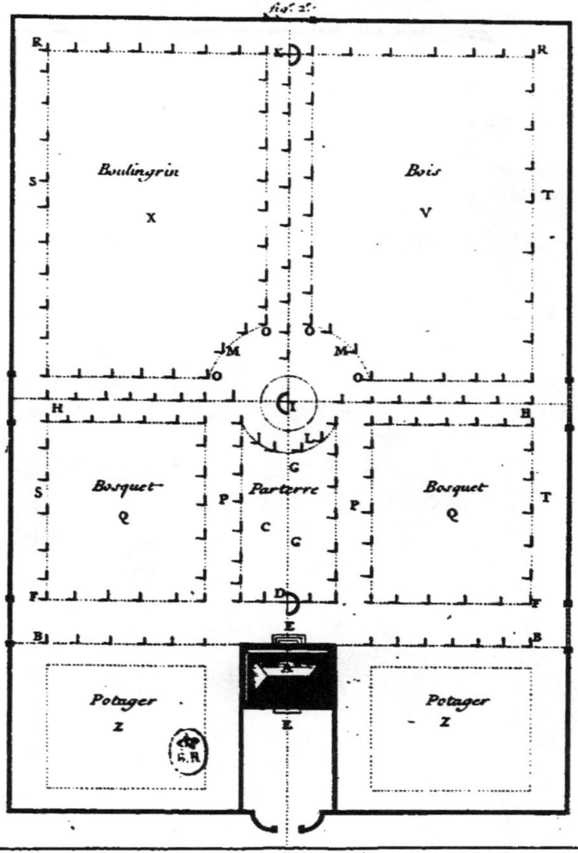

Planche I. Page 124

PREMIERE REMARQUE.

Quoique l'on donne ici pour exemple un plan d'une forme bien quarrée, néanmoins si l'on avoit un Jardin à tracer où il se trouvât des biais, on n'y auroit aucune nouvelle difficulté, sinon d'ouvrir le demi-cercle, & le mettre sur le même degré, que le Raporteur auroit fait connoître, en prenant sur le papier les ouvertures d'angles.

SECONDE REMARQUE.

Après avoir tracé entierement un Jardin, il faut ôter tous les jalons & piquets inutiles, comme ne faisant qu'embroüiller, & ne laisser que ceux qui sont necessaires; par exemple dans les bosquets *Q Q*, *Fig.* 2e, il n'en faut laisser que quatre aux encoignures.

Voilà la meilleure maniere & la plus expeditive de tracer un grand Jardin, en trouvant d'abord les principaux alignemens, toutes les lignes milieu, & mettant en masse toutes les parties differentes marquées sur le plan. Il ne reste plus qu'à donner la maniere de tracer le dedans de ces pieces; ce que l'on va voir dans les trois Pratiques suivantes; la premiere pour tracer un Parterre, la seconde un Bosquet, & la troisiéme un Boulingrin, qui sont les trois principales parties d'un Jardin, & les plus difficiles à tracer. J'ai pris pour desseins ceux qui sont marqués dans le plan general, dessiné sur le papier, *Fig.* 1e, comme le Parterre *C*, le grand Bosquet *V*, & le Boulingrin *X*, & je les ai raportés en grand dans cette Planche, où je les represente toûjours dessinés sur des rouleaux de papier, avec la pratique de les tracer sur le terrain qui est à côté.

PREMIERE PRATIQUE.

Tracer un Parterre sur le Terrain.

La place étant bien unie & bien préparée, suivant ce que nous avons dit ci-dessus dans le Chap. 2e de cette Partie, il faut mailler sur le papier, le dessein du Parterre *C*, *Fig.* 1e, en le separant par des lignes tirées au craïon, qui formeront en se croisant de petits quarreaux d'environ trois pieds sur tous sens, selon l'Echelle du plan. Ne vous embarrassés pas s'il reste au bout de la division une demi-maille ou quart de maille, parcequ'il en restera autant sur le terrain. Pour bien faire il faudroit que le Parterre fût dessiné, ainsi que dans la *Fig.* 1e, c'est à dire que les feüilles & rainceaux fussent marqués d'un simple trait d'un côté comme en *A*, & de l'autre côté fussent doublés comme en *B*, ce qui facilite à mieux connoître le contour & la naissance d'une feüille, parceque n'étant pas doublée, son principal trait est plus distingué, ce qui la fait tracer plus juste sur le terrain. Transportés-vous ensuite sur le lieu, *Fig.* 2e, prenés une mesure de trois pieds de long, divisés les lignes du pourtour de la place destinée au Parterre *C*, en parties égales de trois pieds chacune, tant sur la longueur que sur la largeur, & observés de faire autant de divisions qu'il en est marqué sur le plan, *Fig.* 1e. Mettés des piquets à chaque maille, comme on le voit dans la *Fig.* 2e, & tendant un cordeau de piquet en piquet sur toute la longueur & largeur, tracés des lignes par tout, ce qui separera vôtre place en quarreaux, & vous donnera sur le terrain des mailles en même quantité que sur le papier. Prenés ensuite le dessein du Parterre *C*, *Fig.* 1e, qu'il faut toûjours avoir près de soi pour compter les mailles, & regarder le contour & la grace des feüilles. Commencés par un des bouts, il n'importe; suposons par le bout *A*, & comptés en quel quarré ou maille est un tel trait, une telle feüille, par exemple la feüille *D*, est dans la troisiéme maille sur la longueur, & la premiere de la rangée: comptés sur le terrain en commençant en *A*, *Fig.* 2e, la troisiéme maille sur la longueur, & la premiere sur la largeur, ainsi qu'il se voit en *D*. Tracés d'abord cette feüille avec le traçoir au simple trait, & placés-la ainsi à vûë, en prenant garde où elle prend naissance & où elle se termine, si c'est dans le milieu ou aux deux tiers de la maille, & ainsi des autres feüilles & rainceaux de tout le parterre. On peut effacer avec le rateau les fautes que l'on fait d'abord, en plaçant mal une feüille, c'est à dire hors de sa maille, ou en ne lui donnant pas la grace & le contour qu'elle demande suivant le dessein. Après avoir ainsi tracé les deux côtés du parterre au simple trait, & avoir mis toutes les feüilles & ornemens dans leur place, il faut les doubler & refendre, comme on le voit dans l'autre moitié *B* du parterre, qui est dessiné entierement, *Fig.* 1e. On comptera de même en quelle maille sont ces doubles traits, & on prendra ces petites mesures à la toise & au pied, afin qu'elles se trouvent plus justes, que si on les faisoit à vûë. On enfoncera un peu la trace de crainte qu'elle ne s'efface, & on arrêtera par des trous faits avec la pointe du traçoir, la fin & la sortie des feüilles & rainceaux pour la facilité des Planteurs.

REMARQUE.

Plus les mailles sont petites, plus le dessein se conserve dans sa beauté, & se raporte juste sur le terrain. On regle ordinairement ces mailles à trois pieds en quarré dans les petits parterres, & dans les grands on leur en donne quatre. On ne doit renfermer dans ces mailles, que les volutes & les plates-bandes tournantes des bouts, car pour celles des côtés, on les aligne, on les mesure à la toise, & on les trace au cordeau.

SECONDE PRATIQUE.

Tracer un Bosquet sur le Terrain.

Les lignes du pourtour du Bosquet *V*, *Fig.* 3e, étant tracées sur le terrain, & les encoignures *ABCD* terminées par des piquets. Pour tracer les deux allées apellées diagonales *AD* & *CB*, des jalons des angles *ABCD*, *Fig.* 4e, alignés en d'autres sur toute la longueur, ce qui vous donnera les lignes milieu de vos allées; & à l'endroit où elles se croiseront comme en *G*, fichés-y une perche qui sera le point milieu; mesurés ensuite la largeur de ces allées sur le plan suposé de deux toises; portés aux deux bouts une toise de chaque côté de la ligne milieu, & mettés-y des jalons sur lesquels vous alignerés le bord de vos allées. Après cela mesurés à la toise les deux largeurs du bois *AB* & *CD*, & les deux longueurs *AC* & *BD*, en commençant des piquets des angles, & marqués en juste les milieux haut & bas, par les jalons *EE* & *FF*; prolongés ces alignemens par d'autres jalons sur toute la longueur & largeur. A l'égard de la Sale du milieu, qui est un quarré long ou parallelograme, mesurés sur le plan, *Fig. 3e*, combien il y a de toises depuis le point milieu de la piece d'eau, jusqu'au centre des portions circulaires, laquelle longueur sera trouvée de cinq toises suivant l'Echelle: portés sur le terrain, *Fig. 4e*, sur l'alignement *E E* & depuis le point milieu *G*, cinq toises de chaque coté, & fichés-y des piquets comme *H* & *I*, qui seront les deux centres d'où vous tracerés toutes vos portions circulaires. Posés le demi-cercle juste sur ces piquets comme en *H*, en mettant sa base sur l'alignement du milieu *E G E*, & son alhidade sur 90 degrés pour vous retourner d'équerre, & pour tracer la ligne *K K*, sur laquelle vous porterés de chaque côté, depuis le piquet *H*, la moitié de la largeur de la piece d'eau, qui est de deux toises & demi, où vous mettrés des piquets, depuis lesquels vous porterés encore la largeur des allées du pourtour de la piece d'eau, qui est de deux toises & demi suivant le plan. Vous poserés ensuite le demi-cercle à l'autre bout, comme au centre *I*, pour tracer la ligne d'équerre *L L*, sur laquelle vous prendrés les mêmes mesures, que vous avés déja prises sur la ligne *K K*, & vous porterés en delà depuis cette ligne *L L*, aux deux extremités, la largeur des allées du pourtour, qui est de deux toises & demi, pour tracer la ligne *M M*, & vous en ferés autant depuis la ligne *K K* pour tracer en delà celle *N N*. Alignés toutes ces lignes d'un bout à l'autre, & tracés-les en tendant le cordeau de piquet en piquet, & les terminant par des jalons d'alignement aux bords des deux allées diagonales *A D* & *C B*. Cela fait, prenés un cordeau, passés-en la boucle dans le piquet *H*, & tracés la portion circulaire *O* suivant le diametre trouvé sur le plan, & arrêtés vôtre trace à la rencontre de la ligne *K K*, en y mettant des piquets, ce qui formera les oreillons de la piece d'eau: portés ensuite sur la ligne milieu *E E*, depuis la trace de la portion circulaire *O*, la largeur des allées du pourtour qui est de deux toises & demi, mettrés-y un piquet, & ralongeant le cordeau à cette longueur, tracés du même centre *H*, la portion circulaire *P* de la Sale, jusqu'à ce que vous rencontriés la trace de la ligne *N N*, où vous mettrés des piquets qui vous marqueront les oreillons de la Sale. Faites-en autant à l'autre bout, en reportant le cordeau

deau au centre *I* pour tracer les portions circulaires *Q* & *R* des mêmes longueurs, ce qui formera les autres oreillons de la Sale. Pour achever de tracer les renfoncemens & les niches pour les bancs & figures, on se servira de l'équerre de bois pour en tracer les retours, & on suivra les mesures marquées sur le plan, *Fig.* 3ᵉ.

REMARQUE.

On doit en traçant une piece d'eau, ou de gazon cintrée par les bouts, remonter un peu le centre de quelque pouce, cela fait toûjours mieux en ouvrage, aussi-bien que de faire les oreillons de ces pieces fort petits, étant tres-desagréables à la vûë, quand ils sont trop grands.

TROISIEME PRATIQUE.

Tracer un Boulingrin sur le Terrain.

Le Boulingrin marqué *X* sur le plan, *Fig.* 5ᵉ, étant tracé en octogone sur la superficie de la terre, *suivant la* 16ᵉ *Pratique*, je ne m'arrêterai ici qu'à donner la maniere de le renfoncer. Plantés des piquets aux huit angles de l'octogone, *Fig.* 6ᵉ, ensorte qu'ils excedent tous également la superficie de la terre, comme d'un pied de haut, en suposant que cette superficie sera bien dressée de niveau. Remarqués combien les talus doivent avoir de longueur, par exemple de six pieds, mettés plusieurs piquets à l'avanture à sept à huit pieds en dedans des jalons des angles, cela servira à faire creuser la terre tout autour, sans en enlever vers les bords, que l'on doit conserver pour couper les talus en terre ferme ; c'est ce qui est exprimé par le serpentement a a a a. Vôtre terre étant enlevée du milieu, *selon ce qu'on a dit dans le Chap.* 2ᵉ, pour unir & égaler parfaitement le fonds du Boulingrin ; alignés des jalons en dedans, dont les têtes s'ajustent & se trouvent égales à la hauteur des huit piquets des angles, comme on le voit par les jalons *B C D E F G* ; mesurés ensuite sur ces jalons du dedans en contre-bas, un pied qu'ont de hauteur les piquets des angles, & augmentés encore ce que vous voulés donner de renfoncement au Boulingrin, supofé de deux pieds, cela fait en tout trois pieds, qu'il faut compter en contre-bas sur ces jalons, & les mettre tous à cette hauteur, en les faisant buter ou décharger du pied. Vous tendrés ensuite un cordeau de l'un à l'autre, & par des rigoles vous unirés tout le fonds du Boulingrin, *suivant la 2ᵉ Pratique du Chapitre 2ᵉ.* Cela fait, ôtés tous les jalons, & enfoncés-en d'autres dans le fonds vis à vis des angles, & à huit à dix pieds de distance, qui s'alignent sur les piquets de ces angles, & qui se trouvent d'égale hauteur: ensuite vous attacherés un cordeau à fleur de terre sur un des piquets des angles comme en *H*, & aïant diminué un pied en contre-bas sur le jalon *K* vis à vis, vous y attacherés l'autre bout du cordeau, lequel étant bien tendu, vous mesurerés dessus six pieds que doit avoir le talus, & vous ferés tomber vôtre à-plomb jusques dans le fonds, où vous planterés juste un piquet. Faites la même operation aux sept autres angles du Boulingrin, & aïant ainsi trouvé & arrêté par des piquets, les huit angles du fonds, vous tendrés le cordeau d'angles en angles, & tracerés ainsi le second octogone du fonds. A l'égard de la maniere de couper & de dresser les talus de ce Boulingrin, on aura recours à ce qui a été déja dit *dans la 4ᵉ Pratique & dans les Remarques du Chapitre précédent.*

Quand on entendra bien ces trois Pratiques, & qu'on aura tracé sur le terrain ce Parterre, ce Bosquet, & ce Boulingrin; on en tracera après fort aisément une grande quantité; car quoique les desseins soient differens, cela se raporte toûjours à la même methode. Ainsi un Jardinier qui aura un Parterre ou un Bosquet à tracer, n'a qu'à consulter la Pratique de tracer un Parterre, un Bosquet, &c. en suivant exactement ce qui y est enseigné, il en viendra facilement à bout.

On ne parle point ici de tracer un Potager, un Bosquet en Quinconce, un Parterre à l'Angloise, &c. ces sortes de desseins étant fort aisés à tracer, quand on aura bien pratiqué ce que l'on vient de dire, au sujet de desseins bien plus composés, & par consequent plus difficiles à raporter sur le terrain.

[illegible]

[illegible] qu'il faut [illegible] des points, [illegible]

[illegible] de la [illegible] des points dans le [illegible]

[illegible]

[illegible]

Le Parterre C dessiné et maillé sur le papier

fig. 1ere.

Le même Parterre C maillé et tracé sur le terrain

fig. 2e.

Le Bosquet V et le Boulingrin X dessinés sur le papier

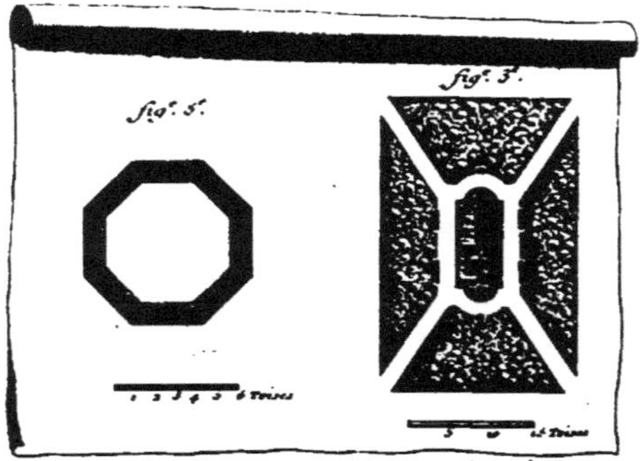

Le même Bosquet V et le même Boulingrin X tracés sur le terrain

fig. 6e.

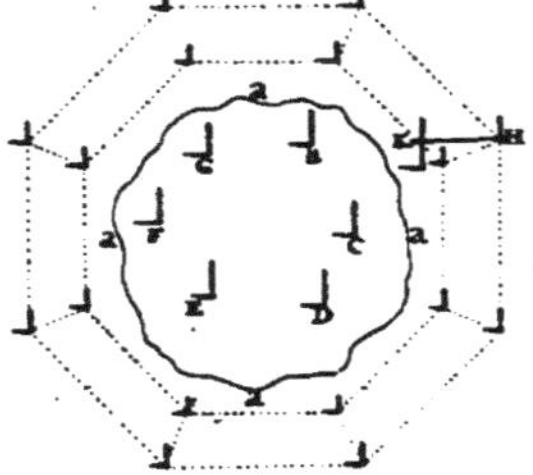

fig. 4e.

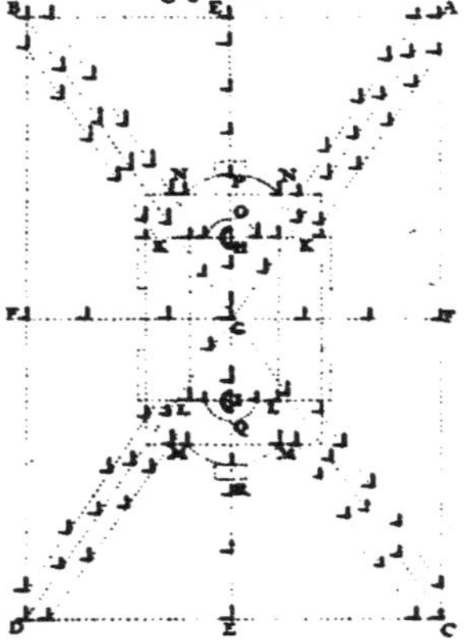

Planche K. Page 130.

Il faut remarquer que dans les grandes mesures & alignemens, on doit mesurer par les deux bouts, & jamais dans le milieu, cela est plus juste.

Quand vous rencontrerés sur le Terrain, de l'erreur avec le plan du papier, ce qui arrive assés souvent, il faut verifier & examiner toutes les mesures l'une après l'autre, pour sçavoir où l'on aura manqué, & si on ne peut le trouver & que l'erreur soit peu considerable, on la partagera en deux; on ne s'aperçoit jamais de cela sur le Terrain, & l'on ne peut être assés circonspect pour éviter ces petites erreurs.

S'il naît quelque difficulté dans les Pratiques, pour l'usage du demi-cercle, de la toise, du cordeau, ou de quelque terme, on aura recours aux trois Chapitres précédens.

CHAPITRE V.

DU CHOIX QUE L'ON DOIT FAIRE des Arbres convenables aux Jardins de Propreté, & de leurs bonnes & mauvaises qualités.

CE n'est pas peu de chose, que de sçavoir bien choisir les Arbres, & les Plants dont on doit se servir dans les Jardins. Les plus habiles connoisseurs s'y trouvent souvent trompés malgré leur experience : cependant il y a des marques assés certaines, pour sçavoir distinguer les bons Plants d'avec les mauvais ; c'est ce que l'on verra à la fin de ce Chapitre, où je me réserve à en dire tout ce que l'on peut souhaiter, pour pouvoir faire un juste discernement de leur bonté.

On apelle tous les Arbres, dont on se sert communément dans les Jardins de propreté, de deux sortes de noms, les Sauvages & les Aquatiques.

Les Arbres Sauvages sont ainsi apellés, à cause que de leur nature ils croissent dans les bois & forêts, comme le Chesne, l'Orme, le Chataignier, le Charme, &c.

Les Arbres Aquatiques, qui sont en bien plus petit nombre, se nomment ainsi parcequ'ils se plaisent dans l'eau, & qu'ils y croissent mieux qu'autre part ; tels sont le Tremble, le Peuplier, l'Aulne, &c.

Il ne sera pas hors de propos, avant que d'entrer dans le détail de tous les Arbres suivans, d'expliquer ce que c'est que Bouture & Marcote.

Quand on dit qu'un Arbre vient de Bouture, c'est à dire qu'on n'a qu'à en couper une branche, en aiguiser le bout, & la ficher en terre, elle prendra racines, & produira un arbre de la même espece. Au lieu que marcoter est toute autre chose, c'est choisir au pied d'un arbrisseau, des rejettons & branches pendantes, & sans les couper, on les couche cinq ou six pouces avant dans la terre, pour leur faire prendre racines, & la seconde année on les separe du corps de l'arbre, pour les replanter ailleurs.

Venons maintenant à la description de tous ces differens Arbres, en les specifiant l'un aprés l'autre, & en parlant de leur bonne & mauvaise qualité, ce qu'il est essentiel de bien connoître, pour en faire un bon choix ; commençons par le Chesne.

LE CHESNE est, pour ainsi dire, le Roi des Arbres. C'est un des plus beaux que la terre produise : il est fort long à croître ; mais aussi c'est celui qui dure le plus. Il jette un pivot en terre presque aussi long que le brin qu'il pousse dans l'air, ce qui le garentit contre les grands vents. Il vient droit & haut. Son bois est fort dur, & tres-recherché pour les bâtimens. Sa feüille est belle, & donne beaucoup de couvert. Le Chesne est plus propre dans les forêts & dans les bois, qu'à former des allées bien droites : il est un peu sujet aux hanetons & autres vermines : il produit un fruit que l'on apelle du gland, que l'on seme, ou que l'on pique en terre. C'est par-là qu'il se perpetuë. Ce fruit sert encore à nourrir & engraisser des Porcs. LE CHESNE.

L'ORME est encore un des plus beaux Arbres qu'il y ait. On dit de lui & du Chesne, qu'ils sont cent ans à croître, cent ans en état, & cent ans à déperir : on peut juger par-là qu'il dure tres-long-tems. Il vient droit & tres-haut ; son feüillage est petit, mais fort touffu ; son bois est fort dur, & tres-propre pour le Charonnage, son écorce est un peu raboteuse. L'Orme croît bien plus vîte que le Chesne, & il est plus estimé pour planter des allées & des bosquets. Il est presentement fort à la mode, quoique bien des gens n'en veulent point planter, parcequ'ils disent que l'Orme est trop gourmand, étendant ses racines tres-loin, en quantité, & presque à fleur de terre, ce qui peut user le terrain d'alentour : il est fort sujet à la chenille & aux vers ; il produit de la graine, & il vient de bouture au pied des grands arbres. L'ORME.

L'YPREAU, qui n'est autre chose que l'Orme à larges feüilles, apellé communément l'Orme * fémelle, est fort recherché pour les belles allées ; on le nomme Ypreau, à L'YPREAU.

* Opinion fort incertaine, de croire

que les arbres ont leur mâle & fémelle ; cependant les Auteurs sont fort partagés là-dessus, ce qui a rendu cette question indécise jusqu'à present.

cause qu'il vient originairement des environs de la ville d'Ypres en Flandre. Sa feüille est tres-large, & bien plus belle que celle de l'Orme ordinaire ; son bois vient droit, son écorce est fort claire & fort unie : il croît tres-vîte ; aussi ne dure-t-il pas tant que l'autre Orme. Il donne de la graine, & pousse des boutures ; mais il est fort sujet aux hanetons, chenilles, & autres vermines.

Le Chataignier.

Le Chataignier est un Arbre des plus considerables par raport à son revenu : il vient droit, haut, mais il ne se plaît pas partout. Son écorce est belle & claire ; il forme un bel ombrage par ses larges feüilles : il est plus propre à planter des bois, que des allées, à moins que ce ne soit dans la Campagne, ou dans quelque Parc, que l'on en plante aux endroits écartés : son bois est blanc & se plie facilement. On s'en sert à faire des cerceaux : son fruit qui est la Chataigne est estimé, & d'un gros profit ; on en mange quantité, & il y a des païs où l'on en fait du pain. Cet Arbre dure assés long-tems, & n'est sujet à aucune vermine. On prétend même que la charpente faite de bois de Chataignier, ne se pourrit & ne se gâte jamais. On seme la Chataigne comme le Gland.

Le Tilleul ou Tillot.

Le Tilleul ou Tillot est un des Arbres des plus recherchés pour planter des allées & des bosquets : il vient droit & assés haut : il forme une belle tête, & a l'écorce unie & fort claire : il jette dans l'Esté des fleurs dont l'odeur est fort agréable ; son bois n'est pas des plus estimés, étant du bois blanc, aussi s'en sert-on peu dans les ouvrages, cependant on fait des cordes à puits avec son écorce. Cet Arbre n'est sujet à aucune vermine ; mais il se verse & se creuse aisément, ce qui fait qu'il n'a pas une longue durée. Il y en a une espece apellée Tillot d'Hollande, qui est la plus estimée, à cause de son large feüillage : il produit de la graine, & vient aisément de marcotes.

Le Maronier d'Inde.

Le Maronier d'Inde, apellé ainsi, parcequ'on a aporté des Indes des Marons, qui en ont multiplié l'espece en France, est un des plus agréables Arbres à la vûë. Sa tige droite, son écorce unie, sa tête reguliere, son beau feüillage, ses fleurs en piramides le font rechercher plus qu'aucun autre. Il n'est bon qu'à former des allées, étant un tresmauvais arbre pour planter des quarrés de bois. Il ne s'éleve pas bien haut, mais il vient fort droit; son bois est tendre, casse aisément, & n'est propre à aucun usage, pas même à brûler, noircissant dans le feu; ainsi cet Arbre n'est d'aucun raport. Son fruit n'est bon qu'à planter, on dit cependant qu'on a trouvé le secret depuis peu d'en faire de la poudre pour les cheveux. Tout le merite qu'a le Maronier d'Inde, c'est de croître fort vîte; aussi est-il de peu de durée, & tres-sujet aux hanetons & aux chenilles, qui le dépouillent entierement de ses feüilles, jusqu'à laisser sa tête toute nuë.

Le Hestre ou Fouteau est un Arbre qui vient tres-beau & des plus droits, son écorce est unie & luisante, sa feüille quoique petite, est tres-belle; son bois est dur & s'emploïe à quantité d'ouvrages. Cet Arbre est tres-propre à former des allées, des palissades & des bois: mais il est tres-sujet aux hanetons & aux chenilles. Il produit un fruit apellé Faine, que l'on mange, & qui a le goût de noisette; on en fait de l'huile, & quelquefois du pain dans les tems de famine; on seme de ce fruit pour avoir de son espece. Le Hestre ou Fouteau.

Le Charme a beaucoup de conformité avec le Hestre, son bois, son écorce, sa feüille étant fort semblables: il est propre comme le Hestre, à former des allées, des palissades & des bois; mais surtout des palissades où il est emploïé plus qu'aucun autre plant. Alors il change de nom, & on l'apelle Charmille, qui n'est autre chose que de petits Charmes d'environ deux pieds de haut, & gros comme des brins de paille; il ne raporte point de fruit, mais quantité de graine, qui est tres-longue à lever; son bois est bon à brûler. Cet Arbre est difficile à la reprise, excepté dans les païs frais, & est fort sujet aux chenilles & aux hanetons. Le Charme.

L'Erable a un merite particulier, c'est qu'il vient à l'ombre, & au pied des grands arbres. Il croît assés haut, mais un peu tortu; son bois est fort dur & veineux, & l'on s'en sert pour faire des meubles, & des Instrumens de musique; son écorce est fort raboteuse, sa feüille est d'un verd pâle, & n'est pas si belle que celle du Hestre & de la Charmille. On l'emploïe à garnir des bois, & à planter des palissades, il est presentement fort à la mode; il produit de L'Erable.

la graine qui leve tres-vîte. Cet Arbre est un peu sujet aux hanetons.

LE FRESNE.

LE FRESNE est le moindre de tous ces Arbres; ce n'est pas qu'il ne vienne beau & droit, mais son peu de verdure & son ombre mal saine le font emploïer rarement dans les Jardins, à moins que ce ne soit dans les bois; sa feüille est extrêmement petite & d'un verd pâle, son bois est fort uni & sans nœuds, ce qui le fait emploïer à quelques ouvrages. Cet Arbre est fort sujet aux mouches cantarides, & donne de la graine.

LE SYCOMORE.

LE SYCOMORE s'éleve assés haut, son bois est fort tendre, & étant rompu, il jette du lait comme le Figuier; il est propre à fort peu de chose; son écorce est assés belle, & sa feüille qui ressemble à celles des vignes est fort large: il dure tres-peu, & meurt facilement: toute la meilleure qualité qu'il ait, c'est de croître fort vîte, & partout. Cet Arbre est si sujet à toutes sortes de vermines, qu'il n'est pas de grande recherche dans les Jardins; il produit beaucoup de graine, qui tombant d'elle-même, croît aussi facilement que les méchantes herbes.

LE BOULEAU.

LE BOULEAU est un des moindres Arbres, quoiqu'il s'éleve assés haut. Son bois est blanc, & n'est propre qu'à faire des balais & autres bagatelles; son écorce est blanchâtre & raboteuse. Il donne peu d'ombrage, ses feüilles étant extrêmement petites, & semblables à celles du Peuplier. Cet Arbre sert de premiere verdure au Printemps, & n'est sujet à aucune vermine, c'est ce qu'il a de meilleur, mais il est fort sujet à se verser. On est en quelque contestation pour sçavoir, si c'est un Arbre aquatique ou sauvage, parcequ'il vient également bien dans les païs secs & humides; il graine beaucoup.

L'ACACIA.

L'ACACIA, apellé l'Acacia commun de l'Amerique, a été autrefois fort en vogue. Cet Arbre ne s'éleve pas bien haut, son bois est dur & raboteux, son feüillage petit, donnant peu d'ombrage, & ses branches pleines de piquants. Tout le merite que peut avoir cet Arbre, dont on plantoit autrefois quantité d'allées & de berceaux, c'est qu'il croît fort vîte, & produit dans le Printemps des fleurs, dont l'odeur est fort agréable. Mais comme il est fort sujet à se verser,

ser, que son écorce est raboteuse, & son feüillage tres-petit, on n'en fait presentement nul cas. On a coûtume de l'étêter de tems en tems, ce qui lui cause encore une grande difformité. Cet Arbre graine, ainsi que tous les autres.

Le Platane ou Plane.

Le Platane ou Plane est un Arbre des plus curieux; il n'est pas si commun en France, qu'en Italie & en Espagne, la raison est, que de sa nature, il aime les païs chauds. Cet Arbre devient tres-beau, fort droit, & donne beaucoup d'ombrage; son bois est dur & blanchâtre, aussi-bien que son écorce qui est fort unie: sa feüille ressemble à celles du Sycomore; il vient de graine en France, mais assés difficilement.

Le Tremble.

Le Tremble, aussi-bien que les trois Arbres suivans, est de la nature de ceux qui se plaisent dans l'eau, ce qui les fait nommer Arbres aquatiques; il vient haut & droit; son bois blanc & leger, sert à plusieurs ouvrages: son écorce est unie & blanchâtre: ses feüilles sont rondes, d'un verd pâle, & tremblent toûjours au moindre vent, d'où il a pris le nom de Tremble. On en plante de belles allées autour des étangs & canaux; il croît fort vîte, & vient de boutures & de marcotes.

L'Aulne ou le Verne.

L'Aulne ou le Verne s'éleve tres-haut, & tres-droit; son bois est à peu près semblable à celui du Tremble, & sa feüille à celle du Coudrier, son écorce est fort unie, & de couleur noirâtre. On s'en sert dans plusieurs ouvrages, mais particulierement à conduire des eaux, en le creusant en forme de tuïaux; il vient pareillement de bouture & de marcote.

Le Peuplier.

Le Peuplier differe peu de ces Arbres, il s'éleve haut, & croît fort vîte. Son bois est blanc, facile à fendre, & n'est propre qu'à tres-peu d'ouvrages; son écorce est unie & blanchâtre ainsi que ses feüilles, qui sont larges, gluantes & d'un verd poli; il croît aussi de bouture.

Le Saule.

Le Saule ne vient pas bien haut, & c'est le moindre de tous les Arbres; son bois est blanc, & propre à faire des paniers & des perches: son écorce est fort vilaine, ses feüilles tres-petites, longuettes, & d'un verd alteré. Le Saule est fort sujet à se creuser & à verser, ainsi il ne dure guere; on l'étête tous les trois ou quatre ans. Il croît de boutures, apellées Plançons, qu'on plante au bord des ruisseaux, & dans les lieux marescageux.

Les Arbres aquatiques ont un merite qui les distingue fort des sauvages, c'est de n'être sujets à aucune vermine, par une raison physique & naturelle, qui est, qu'ils sont d'une nature si froide, que les insectes n'y peuvent faire leurs œufs.

On nomme en general tous les Arbres dont on vient de parler, bois de haute-futaïe, les suivans n'étant que des arbrisseaux, dont on se sert dans un bois, pour faire du garni & de la broussaille au pied des grands arbres.

L'EPINE BLANCHE, apellée vulgairement NOBLE EPINE.

L'EPINE BLANCHE, autrement dite L'AUBEPINE ou L'AUBEPIN, est un arbrisseau des plus considerables, tant à cause de ses fleurs qui rendent une odeur tres-suave, que parcequ'il attire le Rossignol qui est le musicien le plus agréable des bois. Cet arbrisseau croît facilement : il est armé de piquants fort aigus, ce qui fait qu'on l'emploïe à planter des haïes vives, dont il défend l'aproche par ses pointes; ses feüilles sont dentelées, & d'un fort beau verd. L'Epine blanche est tres-sujette aux chenilles, elle vient de graine & de marcote.

LE COUDRIER OU NOISETIER.

LE COUDRIER OU NOISETIER est encore un des plus beaux arbrisseaux pour garnir des Bosquets; son bois est fort clair, & jette quantité de branchages; sa feüille est belle & tres-large, surtout celle du Noisetier franc, dont le fruit est le plus estimé : on seme ce fruit apellé Noisette, ce qui en perpetuë l'espece, ou bien on en fait des marcotes. On attribuë à cet arbrisseau des proprietés admirables pour plusieurs secrets, comme pour découvrir les eaux, les vols & assassinats, les trésors cachés, mais cela n'est pas fort sûr.

L'ARBRE DE JUDAS.

L'ARBRE DE JUDAS OU DE JUDÉE, est fort recherché par raport à ses belles fleurs rouges; il vient assés haut & tres-gros : son bois est noirâtre, & sa feüille ressemble à celle de l'Abricotier. Il se multiplie de graine, & de marcotes.

L'OSIER.

L'OSIER est un arbrisseau aquatique, qui ne s'éleve pas bien haut. Son bois est menu & fort pliant. Il est propre à faire des paniers, des hottes, & quantité d'autres ouvrages, ce qui le rend d'un bon revenu, parcequ'on le coupe souvent : ses feüilles ressemblent à celles du Saule ; il vient de boutures & de marcotes.

Il y a encore des arbrisseaux de plusieurs especes, dont la description particuliere me meneroit trop loin ; c'est-pourquoi je me contenterai de les nommer en general, tels sont l'Alisier, Baguenaudier, Cormier, Cornouiller, Marsault, Merisier, Azerolier, &c. dont la plûpart se perpetuënt de leurs fruits.

On se sert aussi pour garnir les bois, des plants de Charmille, d'Erable, d'Ormeaux, Chesneaux, Chataigners, que l'on resepe par la tête, afin d'en faire de belles touffes & sepées de broussailles.

Les arbrisseaux dont on se sert dans les plates-bandes des Parterres, sont encore fort differens de ceux dont on vient de parler, étant d'une nature bien plus petite, ce qui les fait nommer Arbustes : tels sont les Lilas communs & de Perse, les Rosiers de Gueldres & de tous les mois, les Chevrefeüilles, Seringals, Jasmins communs & Jonquilles, Altea, Troësnes, Trefolium, Romarins, Genets d'Espagne, &c. lesquels arbrisseaux sont si connus de tout le monde, que je n'en ferai point ici de description. Leur choix dépendra de la fantaisie d'un chacun, aïant tous leur merite particulier.

Il ne reste plus qu'à parler des arbres & arbrisseaux qui ne se dépoüillent point de leurs feüilles en Automne, conservant leur verdure dans les plus grands froids de l'Hiver, ce qui leur donne le nom de bois ou arbres verds. Voici ceux que l'on emploïe ordinairement dans les Jardins.

L'If est un des plus beaux arbrisseaux verds : il devient si grand & si petit qu'on veut, en un mot de toute sorte de formes, étant sujet à la tonture. Son bois est fort dur, son feüillage tres-garni, & d'un verd foncé des plus agréables à la vûë. Il est propre aux palissades, comme aussi à garnir les plates-bandes des Parterres. On prétend que son ombre est fort dangereuse * & mal saine. Il donne de la graine qui est tres-long-tems à lever, & vient aussi de marcote. L'If.

* *Fatale est dormire sub Ifum.*

Le Picea, apellé vulgairement Epicia, ressemble assés à l'If pour le bois & la feüille, mais il s'éleve bien plus haut, & ne devient pas si beau & si garni que l'If. Il ne con- Le Picea.

vient que dans les bois & dans les grandes allées doubles, où l'on le place entre les arbres isolés. On ne met plus de Picea presentement dans les Parterres, parcequ'ils s'élevent trop haut, & qu'ils sont sujets à se dégarnir du pied. Le Picea produit de la graine, qui n'est pas si longue à sortir de terre que celle de l'If.

Le Sapin. Le Sapin est un des arbres qui s'éleve le plus haut & le plus droit : son bois est blanc & leger, mais il est tres-roide ; c'est ce qui le fait emploïer pour les mâts de vaisseau : on en fait aussi des planches qui servent à quantité d'ouvrages : ses feüilles ressemblent à celles de l'If, il n'est propre que dans les bois & forêts, surtout dans les lieux élevés. Il donne un fruit écaillé de figure piramidale, apellé Pomme de Sapin, qui en renferme la graine.

Le Pin. Le Pin est un arbre tres-different du Sapin, quoique bien des gens les confondent. Il s'éleve tres-haut & assés droit. Il est tres-rameux, fort garni de feüillages par en haut, & tout nud par le bas. Son bois est rougeâtre & pesant, ses feüilles sont étroites, longues & piquantes, son écorce est noirâtre & fort raboteuse. On en tire une resine propre à faire du goudron pour les vaisseaux. Cet arbre aime les lieux élevés, aussi-bien que le Sapin. Son fruit est apellé Pomme de Pin, où se trouve la graine.

Le Cyprès. Le Cyprès est un tres-bel arbre, & qui s'éleve fort haut. Il est touffu depuis son pied, jusqu'à sa cime qui se termine en pointe. Son bois est fort dur, & de bonne odeur : son feüillage qui est d'un verd blanchâtre, est fort épais ; il est propre à former des allées & des palissades. Ses fruits s'apellent Pommes de Cyprès, & renferment sa graine. Il est un peu long à élever.

Le Chesne-verd. Le Chesne-verd ou Yeuse ressemble assés à un Pommier ou Poirier ; il ne s'éleve pas si haut que le Chesne ordinaire, & son bois est different ; mais ses feüilles & son gland sont semblables, à l'exception qu'elles sont plus petites, & d'un verd blanchâtre. Cet arbre est bon à former des allées : le gland qu'il raporte en perpetue l'espece.

Les suivans ne sont que des arbrisseaux & arbustes, dont on se sert pour former des palissades, & du garni dans les bois verds, & pour orner les plates-bandes des Parterres.

Le Houx passe pour un des plus beaux arbrisseaux verds qu'on puisse voir ; il ne vient pas bien haut, mais il est d'un verd luisant & tres-agréable : son bois est fort dur, & l'on en fait des baguettes & houssines. Ses feüilles sont dentelées & garnies de piquants, il vient de graine. Le Houx.

Le Genevrier ou Genievre devient assés haut : il sent tres-bon : son bois est fort dur, ses feüilles sont petites & piquantes, il produit de la graine. Le Genevrier.

Le Phileria ou Phillyrea, apellé communément Filaria, est un arbrisseau qui ne s'éleve pas bien haut : son bois est noirâtre, ses feüilles ressemblent à celles de l'Olivier, mais sont plus courtes, & d'un assés beau verd. Cet arbrisseau vient tres-garni, ce qui le fait rechercher pour les palissades ; il croît facilement, même à l'ombre, il graine & se marcote aussi. Le Phileria.

La Sabine ou Savinier vient tres-haut pour un arbrisseau ; son tronc est gros, & son bois fort dur ; ses feüilles ressemblent à celles du Cyprès. Elle se multiplie de semence & de marcote. La Sabine.

Le Buisson ardent est un arbrisseau, qu'on prétend être le même, que celui où l'Ecriture raporte que Dieu apparut à Moïse. Il ne s'éleve pas bien haut, & sa feüille est à peu près comme celle du Prunier. Ses fruits rouges qui subsistent en Hiver, & qui le font paroître de loin comme plein de feu, l'ont fait nommer Buisson ardent ; c'est dans ses fruits que l'on trouve sa graine. Le Buisson ardent.

L'Alaterne ressemble pour ses feüilles à l'Olivier, elles sont d'un verd noirâtre, & assés épaisses : il est fort propre à faire des palissades, & vient de marcote. L'Alaterne.

Le Laurier dont je veux parler ici, est le plus commun de toutes les especes que nous en avons ; on le nomme Laurier Cerise. Cet arbrisseau ne s'éleve pas bien haut ; mais il est des plus agréables par raport à son beau feüillage, qui est d'un verd luisant ; on en fait des palissades, il donne des fleurs qui sentent un goût aromatique ; il se plaît à l'ombre, & vient de marcote. Le Laurier.

Le Buis ou Bouis est l'arbrisseau verd le plus en usage, & le plus necessaire dans les Jardins. Il y en a de deux sortes : le Buis nain apellé Buis d'Artois, dont les feüilles Le Buis.

sont semblables à celles du Myrthe, mais plus vertes & plus dures. On s'en sert pour planter la broderie des Parterres, & les bordures des plates-bandes. Il ne croît pas beaucoup de sa nature, ce qui le fait nommer Buis nain. La seconde espece est le Buis de bois, qui s'éleve bien plus haut & a les feüilles plus grandes que l'autre, ce qui le rend propre à former des palissades, & des touffes vertes pour le garni des bois; il vient à l'ombre, mais il lui faut beaucoup de tems pour acquerir un peu de hauteur: son bois est jaunâtre, & tres-dur. On en fait quantité de petits ouvrages, comme des peignes, des boules, &c. Ces deux especes de Buis donnent de la graine, mais ils viennent ordinairement de boutures.

Il faut dire une chose à l'avantage des arbres & arbrisseaux verds, qui est que la dureté de leur bois & de leurs feüilles, les garentit de toutes sortes d'insectes & de vermines.

Comme le climat de France est bien different de celui des Indes pour le degré de chaleur, il vaut mieux élever les arbres verds de boutures & de marcotes, que d'en semer la graine, qui souvent manque, ou au moins est tres-longtems à lever.

L'utilité qu'on peut tirer des arbres verds, regarde plus la Medecine (qui en compose plusieurs remedes) que l'usage qu'on en fait dans le commerce, soit pour les bâtimens, ouvrages, ou chaufage, ainsi que sont les premiers arbres dont on a parlé au commencement de ce Chapitre. C'est ce qui fait que tous ces arbres verds se trouvent en grand nombre au Jardin du Roi * pour les Plantes medecinales.

* Faubourg S. Victor.

Voilà tous les arbres & arbrisseaux dont on se sert ordinairement dans les beaux Jardins. On a tâché de renfermer dans leur petite description, une idée generale de chaque arbre, en parlant de son élevation, de ses feüilles, de son bois, & de l'usage qu'on en fait, de sa proprieté dans les Jardins, les vermines ausquelles il est sujet, & la maniere dont il perpetuë son espece, lesquelles choses peuvent déterminer sur le choix qu'on aura à en faire. Je vais cependant dire ici mon sentiment sur ceux qui me paroissent les meilleurs, & que je conseille d'emploïer dans les Jardins.

Les arbres dont on se sert ordinairement pour former de belles allées, sont les Ormes, les Tillots & les Maroniers d'Inde : Les allées d'Ormes étant bien dressées viennent tres-hautes, tres-élevées, d'un beau feüillage, & durent avec cela tres long-tems : Les allées de Tillots sont aussi tres-belles, surtout quand ce sont des Tillots d'Hollande. Ces arbres, comme l'on sçait, s'élevent tres-haut, ont l'écorce unie, le feüillage agréable, & produisent quantité de fleurs, dont l'odeur est tres-suave, outre qu'ils ne sont sujets à aucune vermine. Ce sont ces deux especes d'arbres que je conseille d'emploïer toûjours préferablement au Maronier d'Inde, quoiqu'il soit fort à la mode. On ne peut disconvenir que le Maronier ne soit beau ; il est constant qu'il vient tres-droit, & d'une belle tige, qu'il a l'écorce polie, & un fort beau feüillage : mais toutes les ordures qu'il fait continuellement dans les allées, par la chute de ses fleurs au Printemps, de ses écalles, & de ses marons en Esté, & de ses feüilles au commencement de l'Automne, en diminuënt bien le merite : joint à cela, qu'il est tres-sujet aux hanetons & aux chenilles, qui le dépoüillent tout nud pendant l'Esté ; que son ombre, à ce que l'on prétend, est tres-mal saine, qu'il ne s'éleve que mediocrement haut, qu'il dure tres-peu, & qu'il est d'un fort mauvais raport.

La veritable maniere de bien choisir les Ormes, Tillots, Maroniers, & generalement tous les arbres ci-dessus nommés, consiste dans les trois Observations suivantes, qui renferment tout ce qu'on peut dire sur ce sujet.

La premiere, c'est d'examiner si un arbre est droit, d'une belle tige, d'une écorce unie & claire sans aucune mousse, s'il a des racines bien garnies & bien cheveluës, s'il est bien arraché sans être éclaté ni offensé dans les grosses racines. On ne se trompera point de croire qu'un arbre ainsi conditionné est tres-bon, aïant toutes les qualités requises pour devenir un jour fort beau. Mais si cet arbre étoit tortu, bas, rabougri, d'une écorce galeuse & pleine de mousse, & qu'il eût des racines rompuës & éclatées, ou bien trop dégarni de chevelu, il n'y a aucun doute que cet arbre ne vaut rien, & on doit le rebuter entierement. On peut se fier hardiment à cette Observation qui est la plus essencielle de toutes, & qui tiendra lieu de regle generale pour tous les plants imaginables.

La seconde chose de consequence à observer dans le choix des arbres, c'est de les prendre dans un terrain plus mauvais, que celui où l'on les veut planter: La raison est, que les arbres goûtant cette meilleure terre, en reprennent plus facilement, en deviennent plus gros & plus droits, & croissent infiniment plus vîte, outre qu'ils ne sont point couverts de mousse. Au lieu que si ces arbres viennent d'une bonne terre, & meilleure que celle où on les a plantés, ils languissent, deviennent tortus & rabougris, pleins de mousse; enfin ils meurent, & semblent regreter, pour ainsi dire, leur premiere nourrice.

La troisiéme Observation, c'est de ne point trop s'arrêter à la grosseur des arbres; car j'estime mieux un arbre d'une grosseur mediocre, que tous les gros qu'on recherche avec tant d'empressement, & l'on est plus assuré de sa reprise, quand il a environ six à sept pouces de pourtour, que quand il est si fort. On voit plus mourir de ces gros arbres, quelque précaution qu'on y prenne, que de ceux qui sont de la grosseur dont je parle.

A l'égard des Palissades, les plants les plus estimés sont la Charmille, le Hestre & l'Erable, qui pour être bons, doivent avoir l'écorce claire & unie, & la racine bien chevelüe. On les doit prendre dans une pepiniere, où ils soient élevés de graine; on connoît aisément que le plant vient de pepiniere, quand il est droit & clair, & que son pivot n'est point crochu; car les plants de Charmille & d'Erable que l'on prend dans les bois, ne valent rien à replanter; n'étant que des boutures & traînasses de racines, ce que les Jardiniers apellent de la Crossette, à cause que les racines ont la figure d'une crosse.

Le plus beau de ces trois plants à mon avis, c'est la Charmille; mais à moins qu'elle ne soit plantée dans un terrain frais & fort aèré, elle a de la peine à s'élever: l'Erable au contraire vient fort bien partout, à l'ombre, comme en plein air.

On se sert aussi d'Ifs & de Buis pour planter des palissades, qui ont l'agrément d'être toûjours vertes, ce qui les distingue fort des autres.

Les

Les Ifs, Picea, & autres arbrisseaux verds, pour être bons doivent être d'un verd foncé & tres-vif, tirant sur le noir, sans être alterés ni jaunâtres, car c'est-là leur maladie. Ils se levent en motte dans des manequins; on prendra garde qu'ils y soient au moins depuis un an ou deux, ce qu'on apelle vieux enmanequinés, c'est une précaution qui ne sera point inutile, comme de choisir toûjours les mâles, car ce sont les meilleurs.

Le Buis qui sert à planter les palissades, est le Buis de bois; on le prendra un peu haut & fort, avec de bonnes racines bien cheveluës: Pour le Buis nain dont on plante la broderie des Parterres, il faut qu'il soit jeune, menu, bien chevelu, point trop sec, & que la feüille en soit petite & tres-délicate, c'est la plus recherchée. Si l'on fait cette observation en le choisissant, on ne sera point obligé d'arracher un Parterre tous les cinq à six ans, par la hauteur où monte le Buis, quoiqu'on ait soin de le tondre souvent.

Pour les quarrés des bois que l'on veut élever en haute-futaïe, tous les arbres ci-dessus nommés y peuvent être emploïés; cependant ceux qui sont les plus estimés sont le Chesne, l'Orme, le Chataignier, le Hestre & le Charme, lesquels s'élevent tres-haut, forment un beau couvert, & sont d'un bon raport. Pour planter du garni & de la brousfaille au pied des grands arbres, la Charmille, l'Erable, le Noisetier, le Tillot, l'Epine blanche, sont les meilleurs plants, & ceux qui forment les plus belles touffes; cependant tous les plants en general y sont propres.

Dans les lieux bas & marescageux on plantera des Trembles, Peupliers, Bouleaux & Aulnes, comme les meilleurs pour former une futaïe, & pour garnir on se servira d'Osiers, Saules, Coudriers, &c.

Pour ce qui regarde les bois verds, le Cyprès, le Sapin, le Pin, le Picea, & le Chesne-verd doivent être choisis pour former les allées, & la futaïe du dedans, comme étant ceux qui s'élevent les plus hauts & les plus droits. On plantera les palissades avec des Ifs, Buis, Phileria, Cyprès, & la broussaille avec du Genevrier, Sabine, Laurier, Alaterne, Houx, & les autres arbres verds dont on a parlé ci-dessus. Ainsi que les bois verds de Ruel.

CHAPITRE VI.

DE LA MANIERE DE PLANTER toutes les differentes parties d'un beau Jardin.

TOUT ce que nous avons dit dans les Chapitres précédens, ne servira de rien, si l'on n'y joint ce que renferme celui-ci & le suivant, dont l'utilité & la necessité sont assés connuës de tout le monde. On aura beau avoir bien dressé, bien tracé un Jardin, & avoir fait choix de beaux arbres, toutes ces peines deviendront inutiles, si l'on ne sçait la vraïe maniere de planter, & les soins qu'on doit prendre des jeunes plants pour les élever comme il faut.

La maniere d'élever les arbres d'une belle hauteur & en peu de tems, dépend de deux choses, du bon plantage, & du soin qu'on en doit avoir selon les diverses saisons de l'année. Voïons dans ce Chapitre ce qui regarde la maniere de bien planter, & remettons à parler dans le Chapitre suivant, des soins que demandent les arbres.

Le plantage est different, suivant les parties differentes qui composent un Jardin, que nous allons parcourir toutes, pour sçavoir comme il les faut planter. Commençons par les Parterres.

Un Parterre étant tracé suivant ce qui a été dit ci-dessus dans le Chapitre 4e, & le Buis étant bien choisi selon qu'on l'a remarqué dans le Chapitre précédent; la terre bien préparée & bien dressée; prenés un plantoir & une bêche (qui sont les deux outils dont on se sert le plus dans le Jardinage); & après avoir rafraîchi les racines du Buis, & en avoir coupé un peu du chevelu, vous enfoncerés le plantoir environ d'un demi pied, en suivant exactement la trace du dessein; retirés le plantoir, & écartés un peu le côté en dedans de la trace, pour rendre l'ouverture plus large; ensuite vous arrangerés dans cette ouverture, les racines du Buis que vous enfoncerés jusqu'au collet, c'est à dire qu'on ne voïe sortir de la terre que ses feüilles : aprés cela on donne deux ou trois coups de plantoir en terre, tout autour de ce qui vient d'être planté, ce qui fait raprocher la terre, & rebouche entierement la petite rigole. Le Buis étant ainsi enterré, on le borne avec le dos du plantoir, ou avec les mains, & on lui donne la forme & le contour qu'il doit avoir suivant le dessein; en plombant bien la terre tout autour, de peur qu'il ne s'évente.

Il faut se servir du plantoir partout, excepté dans les grandes longueurs & grands traits de Buis, comme sont les plates-bandes & les grands rainceaux de broderie, où l'on peut se servir de la bêche; alors on tend un cordeau suivant la trace d'un bout à l'autre, on ouvre une rigole à la bêche, & l'on y arrange le Buis, que l'on recouvre ensuite de terre; cela va bien plus vîte qu'au plantoir.

Le Parterre étant ainsi planté, on labourera à la bêche l'endroit destiné pour les plates-bandes, où l'on fera aporter du terreau mêlé avec de la bonne terre, que l'on dressera en dos-d'âne; ensuite on espacera & marquera avec des piquets, les places où il faut planter les Ifs, & les arbrisseaux suivant le dessein, & l'on y fera faire des trous selon la grosseur de ces Ifs. Nous avons dit dans le Chapitre 4e de la 1re Partie, que les grands Ifs & arbrisseaux n'étoient plus d'usage presentement, parcequ'ils offusquoient trop la vûë; ainsi ces Ifs devant avoir tout au plus quatre à cinq pieds de haut, les trous seront suffisamment grands à trois pieds d'ouverture en quarré, & deux pieds de profondeur. Ces trous étant faits, vous ferés aporter un If à l'un des bouts de la plate-bande, vous couperés son manequin, & en découvrirés la motte, dont vous rafraîchirés les petites racines qui passeront; jettés un peu de bonne terre au fonds du trou, & posés vôtre arbre dans le milieu, que vous mesurerés exactement; assurés-le un peu en jettant de la terre dessus, & le comblant à moitié, plantés un autre If sur la même ligne à l'autre bout, & en aïant ainsi planté deux, vous espacerés & alignerés tous les autres dessus.

Dans les plates-bandes on espace pour l'ordinaire les Ifs de 12 pieds en 12 pieds, & l'on met un arbrisseau entre-deux; mais on est obligé de sortir de cette regle, quand les plates-bandes sont coupées, ou sont en compartiment; alors c'est le dessein qui vous regle, & vous assujettit à de certaines places.

On observera dans les plates-bandes tournantes & circulaires, de planter les Ifs dans le milieu, à distance égale les uns des autres, & le plus droit qu'il se pourra à la vûë; c'est le plus sûr moïen, n'y aïant aucun alignement à prendre, & le cordeau n'y pouvant servir de rien.

Voilà toute la difficulté des Parterres, qu'il ne faut tondre que la seconde année qu'ils sont plantés, pour laisser prendre terre au Buis, & se fortifier. Alors on revisite un Parterre d'un bout à l'autre, & on le regarnit de Buis dans les endroits où il en manque. On se sert de grands ciseaux pour la tonture des Parterres, qui doivent être serrés de près sans alterer le dessein: dans les plates-bandes & traits de Buis en ligne droite, on tendra un cordeau pour les tondre.

Le tems le plus propre pour tondre un Parterre, est le mois de May. Si la terre étoit un peu seche, il faudroit arroser le Buis la premiere année qu'il est planté, afin de faciliter sa reprise.

Les allées & contre-allées qu'on plantera d'Ormes, de Tillots, de Maroniers, &c. étant tracées, on y espacera de 12 pieds en 12 pieds des piquets, qui marqueront la place de chaque arbre. Cette distance est pour garder un milieu entre ceux qui ne donnent que neuf pieds d'arbre en arbre, ce qui n'est pas assés, & ceux qui en donnent 15 & 18, ce qui est aussi trop; à 12 pieds la distance est raisonnable, & plus usitée que les deux autres. On fera faire à chaque piquet des trous de quatre pieds en quarré, & de trois pieds de profondeur. Si le fond de la terre est bon, vous vous en servirés; mais si la terre vous paroît usée & seche, vous en ferés aporter de meilleure, ou vous prendrés de celle de dessus, dont vous jetterés un bon demi pied de hauteur dans le fond du trou.

Avant que de planter vos arbres, il les faut reseper à huit ou neuf pieds de haut, en leur coupant la tête, à moins qu'ils ne soient levés en motte, comme je le dirai ci-après. Il les faut encore rafraîchir par les racines, en coupant l'extremité du chevelu, & les racines éclatées & brisées, ce qu'on apelle *habiller* un arbre. Cela fait, vous poserés la racine de l'arbre dans le milieu du trou, vous étendrés bien toutes les petites racines, & les garnirés de terre avec la main, en prenant garde qu'il ne s'y trouve dessous des pierres, ou des vuides, apellés *Caves*, ce qui mettroit les racines en l'air, & les empêcheroit de se lier à la terre. Vôtre arbre étant bien garni, vous le ferés combler entierement de terre, & le plomberés en marchant dessus.

Quand vous aurés planté deux ou trois arbres sur le même alignement, en suivant les piquets, c'est à dire un arbre à chaque bout, & dans le milieu de la ligne, vous pourrés faire ôter tous les piquets étant alors inutiles. Ces trois arbres vous serviront pour aligner tous les autres de la même rangée. Il ne faut pas s'aviser de faire faire tous les trous en même tems, on doit laisser des piquets de distance en distance, jusqu'à ce que l'on ait planté deux ou trois arbres sur une même ligne. Ceci est une regle generale pour planter toutes sortes d'arbres, en augmentant ou diminuant la grandeur des trous selon leur force.

Les personnes qui veulent avoir un beau Jardin, & en peu de tems, sans se soucier d'un peu plus de dépense, se servent d'arbres levés en motte, ils gagnent par-là cinq ou six années d'avance; parceque ces arbres étant levés avec une motte de terre qui couvre leurs racines, se plantent tout de leur hauteur sans rien couper; au lieu que les autres arbres dont les racines sont découvertes, n'aïant pas assés de force pour nourrir leur tête, on est obligé de leur abattre, en les resepant à huit ou neuf pieds de haut, comme on vient de dire. On voit par-là qu'un particulier en plantant des arbres en motte, gagne le tems qu'il faut à ces arbres pour pousser une autre tête, outre qu'ils en sont infiniment plus beaux, ne montrant point leur reprise, comme ceux que l'on étête. J'ai fait planter des Ormes en motte de 30 pieds de haut, & gros comme la cuisse, qui ont repris à merveille; par ce moïen on plante des arbres tout grands, ce qu'on ne faisoit pas autrefois, & l'on joüit d'un Jardin dix ans plutôt par cette invention merveilleuse.

Il faut bien se donner de garde de suivre l'opinion de quelques * Jardiniers, qui prétendent qu'on peut planter hardiment un arbre tout de sa hauteur, sans y rien couper,

* Ces Jardiniers ont écrit des Arbres

fruitiers, dont ils ont fait quelque experience en ce genre ; & sous ce prétexte, ils prétendent qu'on peut aussi les en croire, sur la maniere de transplanter sans motte, les Ormes & les autres arbres des Jardins de propreté, dont la culture leur est presque inconnuë.

& sans qu'il y ait une motte de terre à sa racine. Ces gens-là pour appuïer leur opinion, disent que cette motte de terre resserrant trop les racines qu'on est obligé de couper courtes, cela les empêche de faire leur fonction & de s'étendre si vigoureusement ; au lieu que les racines d'un arbre étant découvertes & toutes de leur longueur, on les arrange & on les garnit de terre beaucoup mieux, outre qu'étant ainsi mouvées de tous côtés, elles ont plus de facilité à pousser, & à se lier à la terre.

C'est une opinion que l'experience a fait souvent trouver fausse, & que je ne conseille nullement de suivre ; car quand les arbres n'ont point de terre au pied, ou que la motte s'est cassée en les apportant, ils sont en tres-grand danger de mourir ; la seve ne pouvant pas d'elle-même avoir assés de force, pour monter jusqu'au haut de l'arbre, & pour nourrir sa tête, si elle n'est aidée par cette motte de terre, qui est la même où l'on a élevé l'arbre, & qui nourrit & entretient ses racines, jusqu'à ce qu'elles aïent la force de percer dans la nouvelle terre qui est autour. Je donnerai dans le Chapitre 8e la maniere de lever les arbres en motte.

Pour planter les palissades, on tendra un cordeau suivant la trace, ou la rangée d'arbres s'il y en a, & on ouvrira à la bêche une tranchée ou rigole d'un pied de profondeur, en prenant garde de conserver un de ses côtés sans l'ébouler, & d'ouvrir cette rigole en dedans de l'allée, ce qui vaut toujours mieux pour le plant. Cela fait, agenoüillés-vous du genou gauche au bord de la rigole, & prenés le plant brin à brin, après en avoir un peu rafraîchi l'extremité des racines ; espacés-le de deux ou trois pouces selon sa grosseur, & acôtés-le contre la terre, qui sera coupée à pied droit d'un des côtés de la rigole ; soûtenés le plant avec le revers de la main gauche, & de la droite jettés de la terre sur les racines, jusqu'à ce qu'elles soient couvertes. Prenés garde que le plant soit bien dressé & bien accommodé l'un dans l'autre ; après cela comblés la rigole, & plombés la terre avec les pieds.

Les palissades plantées si fortes & si hautes, comme de six à sept pieds, ne sont pas si sûres à la reprise, que la jeune Charmille, que j'estime infiniment meilleure : mais il y a une méchante coûtume parmi les Jardiniers, qui est de reseper cette Charmille à fleur de terre, ce qui lui nuit beaucoup, & l'empêche de devenir droite, ne faisant alors que des chicots, & s'épanoüissant de côtés & d'autres. J'ai fait l'experience d'une Charmille ainsi rognée, & d'une autre que j'avois laissé toute de sa hauteur, & j'ai trouvé que celle qui n'avoit pas été rognée, étoit mieux venuë & bien plus droite que l'autre, quoique dans le même terrain.

On doit laisser un peu de place derriere les palissades quand on les plante contre un mur, en partie pour la palissade, afin qu'on la puisse labourer & tondre par derriere, & en partie pour le mur qui s'en conserve beaucoup mieux & plus long-tems.

Il faut bien prendre garde de mettre du fumier dans les trous où l'on veut planter des arbres, sous prétexte de les fumer : car si vous mettés le fumier trop bas, il devient inutile, à cause que son sel ne tombera pas sur les racines, & si vous le mettés un peu au-dessus, il pourira le tronc de l'arbre, y engendrera des vers, & sechera la terre ; ce qui n'est que trop capable de causer la mortalité aux jeunes plants. On ne doit mettre dans ces trous que de la bonne terre neuve ; & pour garantir des grandes chaleurs de l'Esté, les arbres nouvellement plantés, on étendra à leur pied, sur la superficie de la terre, environ un demi pied d'épais de bon fumier peu consommé, parcequ'alors il est plus rempli de sels & d'esprits vegetaux, que les pluïes & les arrosemens feront fondre sur les racines des arbres.

Si vous avés des trous & des rigoles à faire dans des terres raportées, sabloneuses & méchantes d'elles-mêmes, soit pour planter des palissades ou des rangées d'arbres, il faut faire de bonnes tranchées d'un bout à l'autre sans interruption, de quatre pieds de large, & de trois de profondeur, & y faire aporter de la bonne terre pour en remplir la tranchée ; on pourra planter hardiment les arbres dans cette terre, sans cela ils n'y feroient que languir.

Pour ce qui regarde les Bois & les Bosquets, on en distingue de six sortes, ainsi qu'il a été dit ci-dessus dans le Chapitre 6e de la 1re Partie ; sçavoir les Forêts & les grands Bois de haute-futaïe, les Bois taillis, les Bosquets de moïenne futaïe à hautes paliſſades, les Boſquets découverts & à compartiment, les Bois plantés en quinconce, & les Bois verds. Il eſt bon de les parcourir l'un après l'autre, en diſtinguant les differentes manieres de les planter.

Les Forêts & les grands Bois de haute-futaïe ſe ſement ordinairement de differentes graines & fruits. On ſe contente dans les terres deſtinées pour le Bois, d'y faire donner un labour, & d'y ſemer du gland, de la chataigne, &c. comme on fait le bled ; ou bien l'on fait piquer du gland en terre de ſix pieds en ſix pieds, ſuivant des traces faites à la beſoche, ce qui va tres-vîte, & fait que les arb‥s ſe trouvent un jour eſpacés plus regulierement.

La meilleure maniere de planter les Bois, c'eſt d'avoir du plant enraciné ; pour lors il faut planter ces jeunes plants à ſix pieds de diſtance l'un de l'autre, & obſerver ſurtout de ne leur point couper la tête, car cela les empêcheroit de monter, & de former un jour une belle futaïe.

Les Bois taillis ſe plantent ou ſe ſement de la même maniere que les Bois de haute-futaïe ; mais avec ces deux differences, que l'on eſpace les plants, ou qu'on pique les fruits à trois pieds l'un de l'autre, & que l'on coupe le haut du jeune plant, pour le faire pouſſer en branches, & s'écarter en buiſſon. On doit couper les Bois taillis tous les neuf ans, & les prendre rez terre ſur les vieilles ſouches qui repouſſent incontinent après.

Les Boſquets de moïenne futaïe à hautes paliſſades, demandent plus de ſoin dans la maniere de les planter. Après avoir fait labourer la terre, l'avoir ameliorée en cas de beſoin, avoir tracé exactement le deſſein du Bois : vous planterés les Allées, Sales, Cabinets, &c. de la même maniere que nous venons d'enſeigner dans ce Chapitre en parlant des Allées. Vous planterés de même les Paliſſades, en ſuivant exactement les contours & retours du deſſein, & en faiſant ouvrir des rigoles, comme il vient d'être dit ci-deſſus. Pour remplir le milieu du Bois dont il s'agit ici, faites des traces au cordeau à la diſtance de ſix pieds l'une de l'autre, que vous ferés ouvrir en rigoles, de la largeur & profondeur d'un fer de bêche ; plantés-y du plant d'Ormeaux, Chataigniers, &c. à trois pieds de diſtance, & entre chaque rigole,

après

après que le plant sera planté, & recouvert entierement; semés-y ou piqués du gland, de la chataigne & de toutes sortes de graines; cela formera du garni & de la broussaille, & les rangées du plant enraciné formeront un jour de la futaïe, par les soins qu'on prendra de l'élaguer, & de le conduire tres-haut.

Voilà la meilleure maniere de planter un Bois bien garni. On observera encore pour en avoir plutôt du plaisir, de planter du plant un peu fort dans les quarrés, & de marcoter les longues branches traînantes à terre, au lieu de les couper, ce qui garnira promptement le Bois; cela avance bien plus que de semer du gland, comme l'on fait pour planter les grands Bois & les taillis.

Les Bosquets découverts & à compartiment sont tres-differens des futaïes & des taillis, en ce que le milieu de leurs quarrés est vuide de bois, & qu'il est rempli de pieces de gazon à compartimens, que l'on semera ou plaquera dans la même intention qu'il est marqué dans le dessein, & suivant ce qui en est dit dans le Chapitre 7e de la 1re Partie. A l'égard des Allées & des Palissades de ces Bois, elles se planteront comme nous avons dit ci-dessus.

Les Quinconces se plantent comme les Allées, n'étant effectivement autre chose, que des rangs d'arbres, & plusieurs allées paralleles, qui s'alignent & s'enfilent l'une dans l'autre; on prendra garde seulement en plantant ces Bois, de se bien retourner d'équerre, & que les arbres soient droits, s'enfilent d'angle en angle, & se raportent juste l'un à l'autre, ce qui en fait la beauté. Il ne faut ni palissades ni broussailles dans ces Bois, ainsi il est fort aisé de les planter. On y seme quelquefois sous les arbres, des pieces de gazon, en y conservant des allées ratissées.

Les Bois verds se plantent de la même maniere que les autres, il n'y a pas plus de difficulté; on aura recours au Chapitre précédent, pour faire choix des arbres qui conviennent le mieux pour planter les Allées, les Palissades, & les quarrés de ces Bois.

Comme il n'y a rien de plus long à croître qu'un Bois, il faut consulter le terrain où l'on le veut planter, en examinant par des foüilles faites en plusieurs endroits, le fond naturel de la terre, & regardant les herbes qui la couvrent. Si la terre se trouve humide & qu'elle soit couverte de roseaux & de joncs, on y plantera des arbres aquatiques; si elle est seche, les arbres apellés sauvages y conviendront mieux; car on doit toûjours regarder ce qui peut plaire au naturel de la terre, autrement les Bois seront long-tems à s'élever.

On voit par-là, la difference qu'il y a des Bois avec les Parterres & les Boulingrins, qui sont plus beaux dés le premier jour qu'on les a plantés que dans la suite, au lieu qu'un Bois dans sa jeunesse n'a rien que d'imparfait, étant privé de cet ombrage qui fait tant de plaisir dans les Jardins, on lui souhaite toûjours un peu d'ancienneté & de vieillesse.

Pour ce qui regarde le tems de planter les arbres, il vaut mieux en general s'y prendre avant l'Hiver, dans les mois de Novembre & de Decembre, qu'au commencement du Printemps, comme au mois de Mars. Les arbres & leurs racines ont le tems pendant l'Hiver, de s'accoûtumer à la terre & de la goûter en attendant la seve, outre que les pluïes & les neiges fonduës trempent & humectent les racines, ce qui les lie à la terre. Les arbres n'ont point tous ces avantages, lorsqu'on les plante après l'Hiver, étant mouvés & transportés trop près du tems de la seve, ils ont plus de peine à s'accoûtumer à une nouvelle terre, & à y produire aussi-tôt des racines.

On observera que dans les païs secs, il vaut mieux planter avant l'Hiver, afin que les arbres nouvellement plantés, profitent des pluïes & neiges fonduës de l'Hiver, dont ils ont grand besoin, pour temperer cette secheresse naturelle: au lieu que dans les terres humides, il faut attendre le mois de Mars, où la terre s'étant déchargée de cette grande humidité de l'Hiver, sera plus propre à la reprise des jeunes plants.

On choisira toûjours un tems sec pour planter, parceque la terre étant bien seche, se glisse mieux autour des racines, sans y laisser aucun vuide, & qu'il ne s'y fait point de mortier, ce qui nuit fort à la reprise des arbres.

Quelques personnes prétendent, qu'on doit faire une observation en plantant un arbre, qui est de le tourner à la même exposition du Soleil, où il étoit avant que de le déplanter : cela n'est tout au plus bon que pour les arbres fruitiers, & me paroît une de ces difficultés où l'on ne doit jamais s'arrêter, étant à mon avis fort inutile.

Quelquefois quand il se rencontre un arbre dont la tige a quelque coude, on observera en le plantant de tourner ce coude à l'opposite du Soleil du midi, qui l'attire à lui, & par ce moïen le redresse. Sans cela on doit toûjours tourner un arbre sur le sens qu'il paroît le plus droit sur son alignement.

Il peut survenir une autre difficulté, qu'il est bon d'éclaircir. Voici en quoi elle consiste : Quand un dessein est tracé, surtout celui d'un Bois, où il y a des allées tournantes, dont les arbres ne peuvent s'aligner l'un sur l'autre, on se trouve fort embarrassé, après que le trou est fait, & le piquet ôté, de planter un arbre sans aucun alignement & mesure qui puissent vous regler.

Voici un expedient pour se tirer de cet embarras. Avant que de faire le trou & d'ôter le piquet, posés-en quatre autres, qui s'alignent en croix sur ce piquet, qui est celui que l'on doit déplacer, ainsi qu'il se voit dans cette Figure. On prendra garde de planter ces piquets un peu loin de l'endroit où l'on doit faire le trou, afin qu'on puisse jetter les terres qui en sortiront, sans couvrir ces piquets. C'est par ce moïen que vous retrouverés la place de vôtre arbre, en le mettant directement dans le milieu du trou, ensorte que les quatre piquets s'alignent & se croisent sur l'arbre, de même qu'ils faisoient sur le piquet que vous avés ôté.

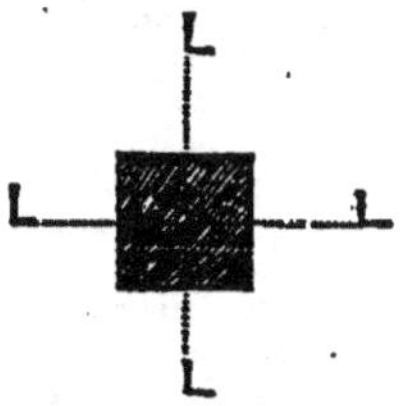

Je crois que voilà tout ce qu'on peut dire, touchant la maniere de planter toutes les differentes parties d'un Jardin : Passons maintenant aux soins que l'on doit prendre des jeunes plants pour les bien élever.

CHAPITRE VII.

DU SOIN QUE L'ON DOIT prendre des jeunes Plants pour les bien élever, avec les moïens de les garentir des maladies & insectes qui les attaquent.

SI l'on veut recevoir en peu de tems du plaisir & de la satisfaction, des arbres dont on aura planté un Jardin, c'est sans doute en leur donnant les soins qui leur sont necessaires, selon les differentes saisons de l'année : cela demande à la verité beaucoup d'attention, mais aussi on est agréablement récompensé de ses peines, par le plaisir de voir avancer promptement ses propres ouvrages. Sans cela on a le chagrin de voir mourir & secher sur le pied, la plûpart des arbres d'un Jardin, outre la dépense considerable de replanter tous les ans, sans jamais en pouvoir joüir.

Les soins qu'on doit prendre des jeunes Plants consistent en trois choses, dans les labours, les arrosemens, & dans la maniere de les conduire pendant les premieres années.

Le plus necessaire de ces trois soins est le labour, dont il faut quatre par an, deux grands labours, & deux petits que l'on apelle binages. Le premier grand labour se fait à l'entrée de l'Hiver, & le second au commencement du Printemps. Les deux petits se font l'un à la S. Jean d'Esté, & l'autre dans le mois d'Aoust.

La raison de ces differens labours, & des differens tems ausquels on les doit faire, c'est qu'à l'entrée de l'Hiver, les arbres n'étant plus en seve, il n'y a point de danger de leur donner un grand labour, c'est à dire un profond labour ; outre que cela coupe la trace des taupes, & la racine des mauvaises herbes, cela donne encore entrée aux pluïes, & aux neiges frequentes en cette saison, ce qui trempe la terre tres-avant. Voilà pour le premier grand labour. A l'égard du ſecond qui ſe fait au commencement du Printemps, comme dans le mois de Mars, on ne riſque rien de donner un labour un peu profond à la terre, qui ne travaille pas alors ſi vigoureuſement, & qui ne craint point encore la grande chaleur.

Les deux petits labours apellés binages, c'eſt à dire ſeconds labours, doivent être moins profonds que les autres, parcequ'ils ſont faits pendant les deux ſeves, où il y auroit du riſque à foüiller la terre trop avant, ce qui pouroit éventer les racines, ou en couper le chevelu. Il ne faut dans les binages, que peler & ratiſſer la ſuperficie de la terre, de crainte que la chaleur ne penetre juſqu'aux racines, & ſeulement pour couper les herbes, qui pouſſent en abondance dans cette ſaiſon, comme auſſi pour donner entrée aux roſées du matin & aux pluïes, ce qui facilite beaucoup la ſeve.

On dit ordinairement que pour avoir bien ſoin d'un bois, il le faut entretenir comme une vigne, où l'on ne ſouffre jamais d'herbes.

Les arbres iſolés, c'eſt à dire qui ne ſont point engagés dans une paliſſade, un bois ou une plate-bande, & autour deſquels on peut ſe promener, ſeront labourés de quatre pieds en quarré, & les paliſſades de deux pieds de large par derriere.

On ſe ſert pour les grands labours de hoüës & de bêches, & pour les petits, de binettes, de ratiſſoires & ſerfoüetes: quand l'herbe eſt trop grande, avant que de labourer, on la fait arracher à la main, ce qu'on apelle ſarcler.

Pour faire ces labours utilement & les donner à propos, il faut conſulter la qualité naturelle de la terre: car un tems propre pour labourer les terres legeres & ſeches, ne le ſeroit point du tout pour les terres fortes & humides; ainſi comme les terres legeres & ſeches ont beſoin d'humidité, pour corriger leur trop grande chaleur, on les labourera un peu avant la pluïe, ou incontinent après, afin de procurer une prompte entrée aux eaux qui pourroient ſe perdre ailleurs par trop de retardement. Au contraire, on labourera les terres fortes & humides, dans les plus grandes chaleurs, dont elles ont plus beſoin que d'eau; ce qui empêchera encore ces terres de se gercer, & de se fendre. Ces labours étant faits de cette maniere & avec ces observations, entretiennent la terre bien plus long-tems fraîche, & en valent infiniment mieux pour les Plants.

Les arrosemens sont le second soin qu'on doit prendre des jeunes Plants; ils servent ainsi que les labours à dissoudre & faire agir les sels de la terre, qui sans cela resteroient en masse. Si nous avons dit dans le Chapitre second de la premiere Partie, que l'eau est tres-necessaire dans un Jardin, c'est sans doute pour cette jeunesse, qui secheroit sur pied sans ce secours. Les arrosemens doivent être frequens & abondans; car étant petits, ils ne servent qu'à alterer davantage la terre, comme peut faire une goute d'eau, jettée dans un grand feu, qui en irrite encore la flamme.

L'heure la plus propre pour arroser est le matin ou le soir; pendant la grande chaleur du jour, on ne doit arroser que dans les bois & les lieux à l'ombre.

Il faut observer une chose avant que d'arroser, qui est de couvrir le pied des arbres & des palissades avec du grand fumier ou de la litiere, que l'on étendra sur la superficie de la terre, ainsi que j'ai déja dit. Les arrosemens en sont bien meilleurs, l'eau passant à travers ce fumier, comme par un crible, ce qui ne fait point de mortier, & fait que la terre conserve plus long-tems sa fraîcheur, étant par le moïen de ce fumier à l'abri des raïons du Soleil.

Comme ce fumier seroit vilain à voir dans une belle allée, on l'enfoüit à fleur de terre, & l'on sable l'allée par dessus, ce qui paroît aussi propre, & est de la même utilité pour l'arbre.

On se sert d'arrosoirs pour les lieux proches; mais quand il faut porter l'eau un peu loin, on remplit un petit tonneau comme un quartaut, que l'on mene sur une broüette aux endroits necessaires; il faut environ deux arrosoirs, ou deux seaux d'eau à chaque arbre, selon qu'il paroît alteré. L'on connoît cela, quand la terre se fend, & boit l'eau promptement. On creusera un cerne ou petit bassin au pied de l'arbre pour servir d'entonnoir à l'eau.

On peut encore se servir de longues goutieres de bois, ou de rigoles cimentées, pour conduire l'eau d'un bassin ou d'un puits, le long d'une allée, avec des tonneaux enfoncés en terre d'eſpace en eſpace pour recevoir ces eaux, & y puiſer dans le beſoin : mais cela n'eſt gueres propre dans un Jardin, à moins que ce ne ſoit dans un Potager.

A l'égard des paliſſades & rangées de jeunes Plants dans un bois, il faut leur donner de l'eau, tant qu'ils en auront beſoin, en creuſant auparavant une petite rigole tout du long, pour faciliter l'écoulement de l'eau.

Le troiſiéme ſoin eſt de conduire & d'élaguer les jeunes Plants, ce qui ne demande qu'un peu d'intelligence, qui conſiſte, par exemple, en voïant un arbre qui a cinq ou ſix branches, à ſçavoir laquelle on doit laiſſer, pour élever un jour cet arbre tres-beau & tres-droit.

On doit tenir pour regle generale, qu'un arbre de haute-futaïe, pour être eſtimé beau, ne doit avoir qu'un jet montant, qu'il doit être tres-haut de tige, comme de vingt à trente pieds, ſans fourches, ni branches; après cela on lui laiſſe former ſa tête comme il veut. Au contraire, quand la tige d'un arbre eſt trop baſſe, les fourches en ſont deſagréables à la vûë, auſſi-bien que quand l'arbre a plus d'un montant : car il reſſemble alors à un Pommier, ou à des Chandeliers de Noël tortillés en ſept branches.

Tels ſont les Maroniers de la grande allée des Tuileries, qui ont preſque tous ce defaut.

Si ce ſont des arbres étêtés que l'on veut conduire, on les épluchera la premiere année, en ôtant avec la main tous les petits boutons qui ſont le long de la tige, afin que la ſeve monte & ſe réüniſſe toute en haut, pour former une nouvelle tête. La ſeconde année de leur pouſſe, on choiſira parmi toutes ces branches, celle qui ſera la plus forte & la plus droite ſur le pied de l'arbre, c'eſt à dire qui y tombera le plus à-plomb, & l'on coupera ſans réſerve toutes les autres.

Si l'on ſe trouve embarraſſé dans le choix d'une branche, n'y en aïant pas de bien droite ſur l'arbre, il en faudra laiſſer deux juſqu'à l'année ſuivante, que l'on coupera la moindre. Il arrive quelquefois qu'on eſt obligé de laiſſer trois branches ſur un arbre, quand celle du milieu qu'on doit élever comme la plus à-plomb ſur le pied, ſe trouve la plus foible de toutes, & ſouvent un peu verſée. Alors on paſſe un bâton à travers ces branches, pour contraindre & dreſſer celle du milieu. Après cela on en péle l'écorce tout autour, environ de deux pouces de large, à l'endroit d'où elles sortent du maître brin, ce qui en arrête la séve, qui n'est portée de cette maniere que dans la branche du milieu. Les deux autres branches meurent, & quand celle du milieu se peut soûtenir d'elle-même, on les coupe tout à fait : ainsi des trois branches qu'on avoit laissé d'abord, il n'en reste plus qu'une seule bien droite.

La raison pourquoi il ne faut laisser qu'une seule branche à un arbre, c'est qu'il s'en porte mieux, en devient plus gros & plus beau, & croît plus vîte : cette branche aïant elle seule toute la nourriture & la séve; au lieu que quand il se trouve quatre ou cinq branches sur le même arbre, cette nourriture & cette séve étant partagées en quatre ou cinq portions, elle rend ces branches plus foibles & moins élevées. J'ai conduit de cette maniere des Ormes étêtés, qui en cinq ou six ans ont formé une tête belle & droite, & de quinze à vingt pieds de haut.

Quand on plante des arbres sans leur couper la tête, comme ceux qui sont en motte, on ne leur laisse qu'un petit bouquet en haut, afin que l'arbre aïant peu de branches & de charge, la racine puisse plus facilement nourrir sa tête.

La meilleure maniere de bien élever & dresser des allées, c'est de ne point épargner deux choses : La premiere, de mettre des perches à chaque arbre avec de l'osier pour les attacher, cela sert à les garantir contre les secousses des grands vents, & à les conduire hauts & droits, sans cela les arbres versent, leur tête devient tortuë, & est fort exposée à être éclatée par les vents. La seconde, c'est de faire grossierement des treillages de petites perches, liées avec de l'osier, pour soûtenir & élever les palissades, qui sans ce secours, ne se dressent jamais bien sur leur pied; cela va assûrément à quelque dépense, mais elle est indispensable.

A l'égard d'une jeune palissade, la seconde année de sa pousse, & après l'avoir regarnie dans les breches, on la prend de près des deux côtés, c'est à dire par derriere, & par devant, en la tondant aux ciseaux, c'est ce qui la fait monter & élever droite. Il ne faut jamais toucher au montant, en la resepant par dessus pour la mettre d'égale hauteur;

teur; ce n'eſt point une difformité à du jeune Plant de le voir plus haut à un endroit qu'à l'autre. Je ſçai bien que j'aurai pour ennemis quantité de Jardiniers, qui ne s'attachent qu'à leur vieille routine, de toûjours couper & maſſacrer les arbres; mais je ſuis perſuadé que les gens raiſonnables, après avoir examiné mes raiſons, ſeront plutôt de mon avis que du leur, qui n'eſt fondé que ſur une ancienne & mauvaiſe pratique.

Les Jardiniers ſont ſi accoûtumés à couper, qu'ils diſent entr'eux, qu'ils couperoient la tête à leur pere, s'il étoit arbre.

Il n'eſt à propos de reſeper une paliſſade par deſſus, que quand on n'en veut faire qu'une banquette à hauteur d'apui, ou bien quand la paliſſade eſt parvenuë à vingt ou trente pieds de haut; ce qui empêche qu'elle ne ſe dégarniſſe du pied, & la rend regulierement plus belle, étant toute coupée à la même hauteur. Pour bien entretenir les paliſſades, il n'y faut jamais ſouffrir d'herbe au pied, & il les faut tondre & les ſerrer de près des deux côtés, avec le croiſſant pour les grandes, & avec les ciſeaux pour les petites, de peur qu'elles ne s'échapent de côté & d'autre. Le labour & l'eau n'y doivent jamais être épargnés, étant le veritable & ſeûr moïen de les faire croître promptement.

Les arbriſſeaux des Parterres, comme les Ifs, Houx, Roſiers, Chevrefeüilles, &c. doivent être labourés & arroſés de tems en tems. On les moule en boules, & autres figures, en les tondant avec les ciſeaux; & pour les bien entretenir, il les faut ſerrer de près, & tondre deux ou trois fois par an, afin qu'ils conſervent mieux la belle forme qu'on leur a donné.

Dans les quarrés de bois où l'on veut élever de la futaïe, il faut avoir l'œil ſur les jeunes Plants; & après leur avoir laiſſé prendre un peu de force, vous les émonderés avec la ſerpette, en ne leur laiſſant qu'un jet montant: vous en laiſſerés d'eſpace en eſpace quelques-uns des plus mal faits, ſans les élaguer, & dont vous pourrés marcoter les branches, pour garnir le bois de brouſſaille.

Le vrai tems pour élaguer les arbres eſt un peu avant l'Hiver, ou bien au commencement du Printemps, afin que les grandes plaïes qu'on leur fait, ne ſoient pas ſi expoſées à la gelée, & puiſſent ſe recouvrir plus facilement.

Enfin quand un bois eſt parvenu à la hauteur de vingt à

trente pieds, on se sert d'une serpe, & l'on monte sur une échelle, pour élaguer les branches inutiles, avec la précaution de les couper le plus près qu'il se pourra du tronc de l'arbre, & un peu en glacis, ce qu'on apelle en pied de biche, afin que l'eau puisse couler dessus sans pourrir l'arbre. Il ne faut pas que cela fasse de la peine d'éclaircir d'abord un bois, & de lui ôter un peu de couvert dans les premieres années ; car dans la suite les arbres en deviendront plus hauts, plus droits, & infiniment plus beaux.

Outre tous les soins dont on vient de parler, il faut avoir encore celui de visiter les arbres de tems en tems, & de les guerir des maladies, insectes & vermines qui les attaquent. Voici les moïens de s'en garentir, & de les exterminer.

Les maladies des arbres proviennent ou du fond naturel de la terre, ou de leur propre défaut & mauvaise construction, ou bien de la guerre que leur font les animaux, insectes & vermines, qu'on peut apeller veritablement les ennemis jurés d'un Jardin.

Les maladies qui viennent du fond naturel de la terre, sont tres-difficiles à guerir, comme seroit un terrain rempli de tuf, & d'argille dans son fond. On a beau changer la terre de trois pieds de haut par tout, & y en faire aporter tout de la meilleure ; quand la racine des arbres a une fois atteint ce mauvais fond, on les voit languir, jaunir, diminuer d'année en année, & enfin mourir. Il n'y a aucun remede en ce cas, sinon d'éviter dans le choix qu'on fera d'une situation, les terrains qui seront ainsi composés.

Si le terrain où l'on a planté des arbres est trop sec, on y peut remedier, en déchaussant les racines d'un arbre, & les regarnissant de bonne terre neuve bien fraîche : si le terrain se trouve au contraire trop humide, il faudra pareillement déchausser l'arbre, & remplir le trou de fumier de cheval peu consommé, ce qui donnera de la chaleur à cette terre.

Les maladies qui sont causées par la mauvaise construction des arbres, & par leurs défauts naturels, sont presque aussi sans remede : car si l'arbre est défectueux dans ses racines ou dans sa tige, on fera beaucoup mieux de le rejetter, & d'en planter un autre mieux conditionné. Si cependant les maladies arrivoient à un arbre après être planté, & qu'on ne le vît point attaqué d'aucun mal exterieur, il faudra le faire déchausser, & visiter ses racines, pour sçavoir s'il ne s'en trouve point quelques-unes de pourries ou de rongées : alors on les coupera jusqu'au bois vif, ce qui les rafraîchira, & les obligera de pousser de nouveau chevelu. Quelquefois aussi cela provient de la negligence qu'on aura eu en plantant un arbre, de ne pas bien garnir de terre toutes ses racines, & de laisser des cavités ou des pierres sur quelques-unes, ce qui les empêche de se lier à la terre, & fait extrêmement patir un arbre. On peut faire cette operation en tout tems, hormis pendant les deux séves, & aussi-tôt on remplira le trou de terre neuve, de crainte que les racines ne s'éventent.

Si le mal ne provient point des racines, que l'on aura trouvées en bon état, & que cependant l'arbre patisse, il faut le décharger par la tête d'une partie de ses branches, ou arroser sa tête pour le raviver, ce qui le soulage beaucoup.

On observera de plus, que dans les endroits, où il sera mort deux ou trois fois de suite des arbres d'une même espece, il faudra en changer; La terre étant usée pour cette espece, & devenant une terre neuve pour une autre. Comme si plusieurs Ormes étoient morts de suite à la même place, il faudra y mettre des Tillots, des Maroniers, ou autres especes.

Quand ce sont des palissades qu'on veut regarnir, on doit observer la même chose. Ainsi une palissade de Charmille sera regarnie d'Erable, de Hestre ou d'Ormeaux par la même raison; car il est plus difficile de faire venir des Plants dans des breches & endroits morts, que dans une place neuve.

Si l'on avoit déchaussé une palissade malade, & qu'on n'y eût trouvé aucune maladie que la vieillesse, ou une terre usée, ce qui arrive souvent, on peut y remedier en ravalant une palissade à quatre à cinq pieds de haut, ou en la serrant avec la serpe, & aprochant de près des deux côtés jusqu'au maître brin, ce qu'on apelle serpiller une palissade; cela lui donnera de la vigueur pour pousser de nouvelles branches. On peut encore faire des tranchées des deux côtés, à deux pieds de distance de la palissade, de peur d'endomager les racines, vuider ces tranchées de leur mauvaise terre, & les remplir de la meilleure & de la plus fraîche qu'on pourra trouver.

A l'égard des maladies qui arrivent aux arbres par la guerre que leur font les animaux, insectes & vermines, elles ne sont pas sans remede.

Les arbres ont pour ennemis principaux, les Lapins, les Mulots, les Taupes, les Chenilles, Hanetons, Fourmis, Cantarides, Limaçons, Taons, Turcs, & quantité de vers dont nous ne sçavons point les noms.

Il y a encore d'autres insectes qui attaquent les arbres fruitiers, les fleurs, & les legumes, comme sont les Punaises, les Perçoreilles, les Tigres, les Lezards, Lisettes, Araignées, Pucerons, Guespes, &c. dont je ne parlerai point ici, n'étant nullement de mon sujet de traiter des arbres fruitiers, & de ce qui les regarde.

Les Lapins détruisent entierement un Jardin, quand ils y trouvent entrée; ils broutent & rongent les jeunes bois, les palissades & les potagers, & coupent tout à fleur de terre, le reste meurt incontinent après, leur dent & leur morsure étant tres-dangereuses. On s'en peut garentir en bouchant avec des fils de fer, les ouvertures des murs & les grilles par où ils pourroient passer; & s'il y a des terriers dans le Jardin, il faut les détruire par le moïen des Furets, ou en leur tendant des pieges, ce qui est fort difficile.

Le Mulot est une espece de Souris qui foüit la terre comme la Taupe, & coupe entre-deux terres tout ce qu'il rencontre. On le prend avec des souricieres, ou d'autres pieges que l'on lui tend, comme des terrines pleines d'eau, sur lesquelles on répand de la paille d'avoine, & où il se vient noïer; on l'amorce par des morceaux de lard, ou de fromage que l'on met dans ces pieges.

Les Taupes sont les animaux qui ravagent le plus un Jardin; car non-seulement elles nuisent fort aux jeunes Plants, en soulevant la terre, & mettant leurs racines à jour, mais encore par leurs traînasses, elles gâtent les allées & les tapis de gazon. On peut les prendre de plusieurs façons; premierement en jettant dans leurs trous des branches de saules, du chanvre, de la poirée, ou de la fiente de cochon, ce qui les fait sortir; secondement en les guetant, suivant la coûtume des Jardiniers, à differentes heures du jour, & les tirant à la bêche, mais cela est bien long, & fait perdre trop de tems, car le moindre bruit qu'entend la Taupe, qui est naturellement fort subtile, elle s'enfuit. Le plus sûr moïen de les attraper, c'est d'avoir des instrumens en forme de boïtes ou fourreaux apellés des Taupieres, faites de branches de sureau, que l'on creuse & que l'on fend en deux. On rejoint ces pieces ensemble par un petit cercle de fer. Ces boïtes ont environ un pied de long sur deux pouces de diametre; elles sont fermées par un des bouts, & l'autre est celui par où entre la Taupe, qui fait remuer un petit crochet, retenant un ressort qui se lâche aussi-tôt, & lui ferme la sortie, ce qui fait prendre les Taupes tout en vie. On doit enfoncer ces boïtes d'un demi-pied avant dans les traînasses des Taupes.

Les Chenilles se détruisent en coupant pendant l'Hiver les feüilles où elles s'attachent par paquets, avec des ciseaux sur les arbres bas, & sur la futaïe avec des crochets de fer & ciseaux attachés à une longue perche, que l'on apelle Echenilloirs; & quand ces paquets sont à bas, il les faut aussi-tôt brûler. On doit faire cette recherche avec grande exactitude, & l'on prend la saison de l'Hiver, parcequ'on aperçoit ces paquets plus aisément, les arbres étant dépoüillés de leurs feüilles; mais on a beau faire, on en laisse toûjours quelques-uns, ce qui suffit pour empoisonner tout un Jardin.

Les Hanetons sont les plus aisés à exterminer, on n'a qu'à secoüer les arbres où ils s'attachent, & mettre un drap dessous, cela les fera tous tomber. On les portera aussi-tôt dans le feu ou dans l'eau, de crainte qu'ils ne reviennent. Il ne faut pas se contenter de les écraser dans les allées, car la terre obéïssant au pied, on n'en écrase que tres-peu, & ils volent sur les arbres incontinent après. La pluïe leur est fort contraire, aussi-bien qu'aux Chenilles.

Les Fourmis nuisent fort aux arbres, quand elles s'y adonnent une fois. On les chasse en répandant au pied de l'arbre, de la scieure de bois bien menuë, parceque sentant cette poudre remuer sous elles, elles fuïent & craignent de s'aprocher. On se sert aussi de vases pleins d'eau avec du miel, que l'on met au pied de l'arbre, ce qui les neïe ; ou bien l'on met de la glu à la tige de l'arbre, ce qui les empêche de monter. On a encore un autre secret pour les attraper, c'est de jetter dans l'endroit de la Fourmilliere un os à demi décharné, qui dans un instant sera couvert d'un million de ces insectes ; on le retire aussi-tôt, on le trempe dans l'eau pour les neïer, ensuite on rejette cet os qui se retrouve couvert dans le moment, & par ce manége on les ruïne entierement. On peut encore les brûler avec de la paille, ou de la cendre chaude répanduë dessus la Fourmilliere.

Les Cantarides sont des mouches qui s'attachent au haut des arbres, principalement aux Fresnes. Elles se détruisent en versant ou jettant sur le haut des arbres, par le moïen d'une petite pompe de l'eau, où l'on aura fait boüillir de la rüe.

Les Limaçons s'attachent aux jeunes boutons d'un arbre, & par leur glaire lui nuisent beaucoup. On les prend aisément à la main, & on les va chercher le matin & le soir, surtout après un tems de pluïe, c'est alors qu'ils paroissent en plus grande abondance ; il les faut écraser promptement.

Les Taons sont de gros vers qui vivent en terre, & qui rongent les racines des arbres, aux pieds desquels on foüillera, pour les chercher & les écraser en même tems. On remplira ensuite le trou de terre neuve, après avoir taillé plus court les racines endomagées & rongées par ces insectes, qui s'attachent surtout à la jeune Charmille.

Les Turcs sont de certains vers blancs qui percent les arbres, les picotent & courrent entre l'écorce & le tronc de l'arbre, c'est un insecte des plus dangereux ; car il n'attaque pas seulement les jeunes plants, mais les plus grands arbres de haute-futaïe ne s'en peuvent garentir. Ces vers sucent la seve & l'arrêtent entierement. Il faut pour les exterminer, sans perdre de tems, faire déchausser l'arbre, & péler toute la superficie de son écorce, jusqu'à l'endroit attaqué par ces insectes : alors on les aperçoit dans leurs trous, d'où il les faut tirer, ou écraser dedans avec quelque fer pointu, sans cela montant toûjours de leur naturel, ils attaqueront l'arbre afſés fortement pour le faire mourir la ſeconde année.

Il y a encore d'autres eſpeces de vers dont les noms ſont inconnus, qui ne s'attachent qu'aux feüilles des arbres, & qui les picotent comme de la dentelle : on les exterminera de même que les autres.

Outre tous ces animaux & inſectes, les arbres ont encore des maladies, comme des chancres, de la mouſſe & de la pourriture.

On ôte les chancres avec la pointe d'un coûteau, en coupant toute la partie atteinte de ce mal, & l'on remplit cette plaïe avec de la bouze de vache, qu'on fait tenir par le moïen d'un linge & d'une corde liée à l'arbre.

La mouſſe nuit extrêmement aux arbres, c'eſt comme une gale qui les empêche de groſſir, & de devenir beaux. Pour l'ôter, il faut avec des coûteaux de bois ou de groſſes broſſes grater les arbres, ce qui en fera tomber la mouſſe, ou bien on prendra de la paille ou un torchon, dont on frotera la tige de l'arbre. On fera toûjours cet ouvrage après la pluïe, car alors la mouſſe ſe détache plus aiſément que dans un tems ſec, où en frotant trop fort on pourroit écorcher l'arbre.

A l'égard de la pourriture, ſi elle attaque quelques parties d'un arbre, ſoit branches ou racines, il n'y a qu'à les couper & rafraîchir juſqu'au bois vif ; par ce moïen la ſeve s'y portera de nouveau, nourrira & fortifiera ces endroits.

CHAPITRE VIII.

DES PEPINIERES ET DU SOIN qu'on en doit prendre, avec la maniere d'élever de graine, tous les Plants qu'on emploïe dans les Jardins de Propreté.

CE Chapitre ne sera pas un des moins utiles de ce Traité, si l'on considere l'épargne & la commodité qu'une Pepiniere offre sans cesse à son maître. Une marque de son utilité, c'est que toutes les grandes Maisons en sont ordinairement bien pourvûës, comme d'une chose tres-necessaire & indispensable dans les Jardins d'une vaste étenduë.

Le plus grand secours qu'on tire d'une Pepiniere, c'est que quand quelque arbre meurt dans un Jardin, on le peut choisir chés soi, & le trouver dans sa Pepiniere, sans être obligé de sortir pour l'aller chercher ailleurs, quelquefois bien loin, & avec tout cela l'acheter cher: outre que les arbres en reprennent mieux, & viennent toûjours plus beaux, aïant été élevés dans le même terrain, les racines n'aïant pas le tems de s'éventer & de se secher, dans l'intervale de tems qu'on est à arracher un arbre, pour le replanter aussi-tôt.

C'est un accident qui n'arrive que trop souvent aux arbres qui viennent de loin, dont les racines s'éventent ou sont gelées, & souffrent beaucoup dans les transports: C'est ce qui cause la mortalité de la plûpart des jeunes Plants.

On place ordinairement les Pepinieres dans des endroits écartés, comme au bout d'un Parc. Ce n'est pas qu'elles ne soient agréables à la vûë par le soin que l'on en prend, & qu'on n'ait du moins autant de plaisir à regarder une Pepiniere, qu'on en a à voir un Potager ou un Verger; mais comme les Pepinieres ne permettent pas d'y pratiquer des allées dans les dedans pour s'y promener, & qu'on ne peut

y

y marcher ſans gâter le labour, cela fait qu'elles ne font que contenter la vûë, & que ne pouvant ſervir à la promenade, on les place ainſi à l'écart.

En fait de Pepiniere on n'en a jamais trop, c'eſt à dire qu'il en faut toûjours avoir plus que moins; un quarré, deux ou trois, ſelon la grandeur du Jardin: ſupoſé que l'on en ait trop dans la ſuite, on trouve aiſément à s'en défaire.

La place deſtinée pour une Pepiniere étant arrêtée & tracée ſur le terrain, il la faut préparer ainſi: Examinés ſi la terre eſt bonne, & ſi elle a la profondeur requiſe, ſuivant ce qui a été dit amplement ci-deſſus, dans le Chapitre ſecond de la premiere Partie, où l'on aura recours pour éviter les redites. Comme il ſe pourroit faire que cette terre ne ſeroit pas bonne, & qu'il ſeroit difficile de changer la ſituation de la Pepiniere, il faudra tâcher de l'ameliorer. Si la terre ſe trouve uſée, on en fera aporter de meilleure; ſi elle eſt trop maigre, on la fera fumer; & ſi elle eſt pierreuſe, on la fera effondrer & épierrer, en paſſant les terres à la claïe. On ne doit pas manquer à ces obſervations & à ces amendemens, car ſans cela toutes les graines & tout le petit plant que vous y mettriés languiroit, & ne profiteroit jamais aſſés pour former de beaux & grands arbres, capables de remplacer un jour les endroits morts d'un Jardin.

Suppoſons donc que cette terre ſoit ainſi ameliorée, ſuivant le beſoin qu'elle en aura, il luy faut donner un labour pour unir les terres, & les préparer à recevoir le plant. Vous tracerez enſuite de deux pieds en deux pieds des rigoles, en tendant le cordeau d'un bout à l'autre, & ferez ouvrir ces rigoles d'un fer de bêche, c'eſt-à-dire d'un demi-pied de profondeur.

Semez enſuite vos graines dans ces rigoles, & recouvrez-les de terre, en prenant garde qu'on ne marche pas deſſus. Si vous avez des fruits comme glands, marrons d'Inde, châtaignes &c, vous pouvez ſans ouvrir des rigoles en ſuivant le cordeau, faire un trou avec le plantoir de pied en pied, & y jetter dedans un marron, ou un gland; & enſuite vous reboucherez le trou, en y coulant de la terre avec le même plantoir; c'eſt ce qu'on apelle piquer des fruits en terre. Cette maniere de planter va fort vîte, & ne laiſſe pas d'être bonne. Si l'on ne s'en veut pas servir pour les fruits, on pourra ouvrir des rigoles, & les semer dedans comme les graines.

Il faut toûjours avoir une petite précaution qui ne laisse pas d'avoir son utilité ; c'est de ficher de petits bâtons aux deux bouts de chaque rigole, afin de reconnoître les rangées du plant, & les distinguer d'avec les herbes, quand on viendra à sarcler ou à labourer la pepiniere.

Le vray moyen d'avoir une belle pepiniere, c'est de la bien entretenir ; cela demande un peu de soin & un peu de sujétion, je l'avouë ; mais par le profit qu'elle doit faire un jour, on doit passer par dessus toutes ces peines : Il n'y faut jamais souffrir d'herbe, ainsi on la doit labourer quatre fois l'année, & sarcler aussi-tôt que l'herbe paroît.

Pour connoître les tems les plus propres pour le labour, on aura recours au Chapitre précedent, où l'on donne la maniere d'entretenir les Bosquets. Dans les grandes secheresses, il faut y donner un peu d'eau, pour soulager ces jeunes plants, qui sont encore trop tendres & trop foibles pour pouvoir résister d'eux-mêmes aux grandes ardeurs du Soleil.

Il faut remarquer que les plants qui viennent de graines, étant semés confusément dans les rigoles, doivent être relevés la seconde année, pour être replantés à un pied l'un de l'autre, dans d'autres rigoles, sans cela ils deviendroient trop drus, se nuiroient les uns aux autres, & on ne les pourroit lever commodément quand on en auroit besoin.

On peut comparer le transport de ces arbres, à ce qu'on apelle *Bâtardiere* en fait d'arbres fruitiers, que l'on leve au bout de deux ans de la pepiniere, pour les replanter & élever dans la Bâtardiere ; je conseillerois cependant une chose, en cas que l'on en voulût prendre la peine, ce seroit quand le plant est devenu un peu fort, comme la seconde année, de l'éclaircir & le dégarnir, en arrachant plusieurs petits plants d'entre ceux qui sont les plus forts, en sorte qu'ils se trouvent espacés au moins de pied en pied. Il faudroit avant que de se mettre à cet ouvrage, faire sarcler la pepiniere, afin de mieux distinguer le plant. C'est une grande peine assurément, mais aussi vôtre plant ne sera point relevé la ſeconde année pour être replanté ailleurs, & en profitera mieux, ayant déja pris terre.

Si l'on vouloit élever des pepinieres en peu de tems, au lieu de les ſemer, on les plantera tout d'un coup de plant enraciné, & un peu fort. Ce ne ſeroit pas une groſſe dépenſe, le millier de ces jeunes plants coutant tres-peu de choſe. On gagneroit de cette maniere, les deux années que les graines ſont à lever, & à former de pareil plant; & on ne ſeroit point obligé de le relever deux ans aprés, pour le replanter ailleurs, ou bien d'avoir la peine de l'éclaircir comme l'on vient de dire. Cette maniere de planter une pepiniere eſt la meilleure, & celle dont je me ſuis toûjours ſervi.

Si vous avez donc la commodité d'avoir du jeune plant, comme Ormeaux, Châtaigniers, Tillots, Marroniers &c; ouvrez des rigoles de deux pieds en deux pieds, arrangez-y vôtre plant ſuivant le cordeau, à un pied de diſtance l'un de l'autre, & jamais plus éloignez; car plus les plans ſont prés mieux ils ſe conduiſent l'un l'autre. Recouvrez enſuite les rigoles, & plombez les terres, de crainte que les racines ne s'éventent. Il faut bien ſe donner de garde de réſeper ce plant à fleur de terre, comme font bien des gens. C'eſt une fort mauvaiſe coûtume, il ne faut que rafraîchir les racines du plant, en coupant le petit bout.

Quand vos plants ſont devenus un peu forts dans la pepiniere, comme à l'âge de trois ou quatre ans, il faut commencer à les conduire & élever de cette maniere. Epluchez tous les petits boutons & branchettes le long de la tige juſqu'en haut, & choiſiſſez parmi toutes les branches, celle qui ſera la plus droite ſur le pied de l'arbre: enſuite ſans rien couper, caſſez le bout des branches inutiles, & les tortillez de maniere au tour de la bonne, qu'elles ſervent à l'entretenir & à la dreſſer comme il faut. Quand ces branches tortillées ſont plus groſſes que celles qu'on veut élever, de peur qu'elles n'emportent toute la ſéve; il les faut peler tout au tour environ de trois doigts de haut, ce qui en arrêtera la nourriture.

On conduira ainſi tous les ans, le montant de ces jeunes arbres de plus haut en plus haut, en cherchant de nouvelles branches pour les tortiller au tour & l'entretenir droit, & en coupant avec la serpette toutes celles qui sont au dessous jusqu'au pied. C'est par ce moyen qu'on fera monter ces jeunes plants hauts & droits, & qu'on aura le plaisir d'avoir un jour de tres-beaux arbres ; pourveu, comme nous avons dit dans le Chapitre précedent, qu'on ne leur laisse qu'un seul montant.

Quand il y a dans une Pepiniere quelques arbres qui panchent, il les faut redresser en les passant & tortillant avec ceux qui sont proches, afin que l'un pour l'autre ils se soûtiennent, & se dressent en grossissant. Le tems de la séve est le plus propre pour cet ouvrage, les arbres pliants aisément en ce tems-là, sans être sujets à se casser.

Ces arbres aïant atteint l'âge de six ou sept ans, deviennent gros environ de cinq à six pouces, & de quinze à vingt pieds de haut ; pour lors ils sont en état d'être mis en place dans le Jardin, si l'on en a besoin pour regarnir quelques places vuides. Il ne les faut pas tirer si-tôt de la Pepiniere, pour leur laisser le tems de profiter, & de devenir beaux : Quand on en voudra prendre quelques-uns, on les levera en motte de cette maniere.

Aprés avoir fait choix des arbres que vous voulez prendre dans la Pepiniere, & les avoir marqué avec de l'osier, ou de la paille ; faites-les déchausser tout au tour, en laissant un cerne ou motte de terre au pied de l'arbre. On prendra garde d'endommager les racines, & de donner de trop grosses secousses à la motte, de peur de l'ébouler ; ce qui doit faire emploïer des Jardiniers adroits, de crainte qu'en voulant enlever un arbre, ils n'en perdent deux ou trois à l'entour ; ce qui ruineroit bien vîte la Pepiniere : Ces arbres ne sont pas difficiles à lever, leurs racines étant presque à fleur de terre.

Pour bien lever avec succés des arbres en motte, il faut observer si la terre a naturellement un peu de corps & de soûtien, comme sont les terres fortes ; on les pourra lever au commencement du Printems, de même qu'avant l'Hiver, il n'importe ; la terre se soûtiendra également dans ces deux saisons. Mais si la terre est trop legere & trop mouvante, ce qu'on apelle *Veule*, c'est à dire qu'elle n'ait aucun foûtien, comme font les terres fabloneufes, il faudra apporter un peu de circonfpection dans cet ouvrage. Comme la terre ne peut fe foûtenir d'elle-même pour former la motte en queftion, on déchauffera l'arbre avant les gelées, en faifant une motte de terre au pied, & on le laiffera là fans l'enlever, jufqu'à ce que la gelée venant à donner fortement fur cette motte, elle l'affermiffe de maniere, qu'on puiffe tranfporter cet arbre fans craindre d'en rompre la motte. Cet ouvrage doit être fait avant l'Hyver à caufe de la gelée, ces fortes de terres ne permettant pas de le faire au commencement du Printems.

Si la motte d'un arbre étoit groffe de trois ou quatre pieds de tour, comme il arrive quand les arbres font forts, l'on renfermera cette motte dans des mannequins faits exprés. Sans cela il feroit affez difficile de pouvoir mener ces arbres au lieu deftiné, fans courir rifque d'ébouler la terre de la motte.

Avant que d'enlever un arbre de la Pepiniere, on doit avoir préparé l'endroit où on le veut planter, en y faifant un trou de grandeur & de profondeur proportionnée à fa force. Si l'arbre n'eft point d'une groffeur extraordinaire ni trop garni de la tête, deux hommes le porteront facilement fur un bar, ou civiere, pendant qu'un troifiéme le foûtiendra, & l'entretiendra tout droit avec les mains: mais fi cet arbre étoit trop gros, que la motte eut un grand circuit, & que la tête fut bien garnie, comme font les gros arbres que l'on plante chez le Roi; alors pour le tranfporter, il faudra une machine faite exprés, qui eft comme une efpece de cheûre, ou traîneau, où l'arbre eft un peu incliné, & fupporté par la tête, de crainte que les branches ne fe caffent. Cette machine eft tirée par deux chevaux, & plus s'il en eft befoin.

Je ne parlerai point de la maniere de planter ces arbres, m'étant affés étendu fur ce fujet dans le Chapitre fixiéme de cette Partie. Venons maintenant aux graines & aux fruits des arbres convenables aux Jardins de propreté; difons en quel tems on les ramaffe, comment on connoît leur bonté, comme on les conferve pendant l'Hiver, & quelle eft la faifon la plus propre pour les femer dans la Pepiniere.

Nous avons de plusieurs especes de graines, comme la graine d'Ormes, de Tillot, Sicomore, Fresne, Charme, Erable, Bouleau, qui produisent des arbres du même nom ; ce sont les plus en usage dans nos Jardins.

Outre cela, il y a de cinq sortes de fruits ; le Gland, le Marron d'Inde, la Châtaigne, la Faine, & la Noisette, qui produisent le Chêne, le Marronier d'Inde, le Châtaignier, le Hêtre, & le Noisettier ou Coudrier. Toutes ces graines & fruits se ramassent pendant les mois d'Octobre, Novembre & Decembre, hormis la graine d'Orme qui se recueille au commencement du Printems.

Pour connoître si les graines ont les qualitez requises pour être bonnes, examinez si elles sont grosses, rondes, pleines en dedans, & d'un verd vif & non alteré. Elles doivent être fraîches, & de la même année qu'on les veut semer. Voila les marques les plus asseurées de leur bonté : Au contraire, si ces graines étoient plates, vuides en dedans, un peu vieilles, & d'un verd sec, elles ne vaudroient rien du tout pour semer, & ne léveroient jamais, étant incapables de vegetation, & d'agir selon les ordres de la nature.

A l'égard des cinq especes de fruits qui sont le Gland, le Marron d'Inde, la Châtaigne, la Faine, & la Noisette, voici comme on les peut connoître. Le Gland doit être uni & gros, sans être ridé ni piqué. Le Marron & la Châtaigne doivent être gros & pleins, en sorte qu'ils ne s'écaillent point. Pour la Faine & la Noisette on les choisira claires, unies, & point piquées ni rongées par les mulots ; tous ces fruits doivent toûjours être de la même année, qu'on a dessein de les semer.

Je dirai ici en passant une chose à l'égard du Gland ; c'est de le semer tout d'un coup dans les Bois, sans le mettre auparavant en Pepiniere, le Chêne étant de son naturel tres-difficile à la reprise, à cause de son pivot : cependant si l'on en a en Pepiniere, & qu'on le veüille replanter, il faudra bien se donner de garde d'en couper le pivot, parce que le Chêne ne profite plus tant, & ne pousse que de foibles branches toutes rabougries.

La saison la plus propre pour semer les graines & les fruits en question, est à la fin du mois de Février, ou au commencement de Mars. Cette ſaiſon eſt plus favorable aux graines, que l'entrée de l'Hiver, où elles ſont expoſées à pluſieurs accidents, comme à pourrir & moiſir par la trop grande humidité de l'Hiver, à geler dans les fortes gelées qui penetrent tres-avant en terre, ou enfin à être mangées par les oiſeaux ou par les mulots qui les tirent de terre. Voila des raiſons aſſés fortes pour préferer de les ſemer plûtôt au commencement du Printems, qu'à la fin de l'Automne. Rien ne peut empêcher de ſuivre cette methode, que l'embaras où l'on ſeroit de les conſerver pendant l'Hiver, ce que je vais expliquer.

Quand on voudra ſemer il faut choiſir un tems doux, point venteux, & qui nous promette dans peu de la pluïe, afin de plomber les terres qui auroit reçu les graines, & que cette eau leur facilite une plus prompte ſortie. On ne doit nullement s'arrêter aux Pleines-lunes, ni aux Decours pour ſemer, étant une viſion toute des plus grandes, & un vrai conte des bonnes gens du tems paſſé; l'experience nous a fait voir que c'étoit une pure rêverie, qu'il faut entierement rejetter.

Quant à la maniere de conſerver les graines pendant l'Hiver, on choiſira un endroit ſec, tel qu'un grenier, où l'on étendra les graines que l'on aura ſoin de viſiter de tems en tems, & de remuer comme on fait le bled. Les graines ne veulent point être renfermées dans des ſacs, ou des coffres, elles y moiſiroient, ou s'échauferoient de telle maniere, qu'elles ne vaudroient plus rien à ſemer.

Les fruits comme le gland, la chataigne &c, ſe conſervent tout d'une autre maniere. On prend pluſieurs mannequins, au fond deſquels on met un peu de ſable; enſuite l'on y met les fruits par rang, ou par lit, c'eſt-à-dire un lit de chataignes, un lit de ſable; & l'on remplit ainſi les mannequins, en les couvrant de ſable par deſſus. Ces fruits ſe conſervent ſans ſe gâter, & germent dans le ſable pendant l'Hiver; pourveu, comme j'ai dit, qu'ils ſoient dans un lieu ſec, & un peu chaud s'il ſe peut.

On portera ces mannequins ſans les défaire, dans l'endroit deſtiné pour le plant, & l'on prendra garde, quand on retirera ces fruits pour les planter, de rompre le germe qu'ils ont poussé dans le sable, ce qui les retarderoit beaucoup.

Je ne dois pas oublier ici de parler des arbres verds, comme étant tres-recherchés & tres-necessaires dans les beaux Jardins.

L'If, le Picea, & le Houx sont les plus considerables de tous, & ceux dont on se sert le plus. Ils produisent une petite graine rouge, que l'on ramasse étant mure, & que l'on seme de la même maniere, que les graines des autres arbres dont nous venons de parler. Toute la difference qu'il y a, c'est que ces graines sont bien plus long-tems à lever, sur tout celle de l'If qui est la plus tardive; ce qui fait qu'elles demandent une meilleure terre, & semblable à celle qu'on prépare pour les fleurs & les orangers. Comme les arbres verds aiment naturellement les païs chauds, d'où nous les avons apportez, ils sont tres-difficiles, & tres-longs à élever dans nos climats, qui ne sont pas à beaucoup près de ce degré de chaleur: il n'y a que l'excellente terre qui puisse les hâter de venir.

Si l'on semoit ces graines dans la terre ordinaire, où l'on fait les Pepinieres des autres arbres, elles auroient beaucoup de peine à lever, & les arbres verds qui pourroient y venir, seroient tres-long-tems avant que d'être en état d'être placés dans les Jardins, & de donner aucun plaisir à leur Maître. On peut en faire des Planches separées, semblables à celles d'un Potager.

Ces graines étant levées, on aura grand soin de les tenir propres sans aucune herbe, de les labourer & arroser souvent. L'If & le Houx sont les plus longs à croître; le Picea vient bien plus vîte.

Le Buis est encore un des arbrisseaux des plus en usage, & dont on ne se peut passer absolument dans les Jardins, étant propre également aux Parterres & aux Palissades. On en éleve de graine que l'on peut semer dans de bonnes terres; mais le moïen d'en avoir promptement, c'est d'arracher de vieux Buis & de le replanter, en l'enterrant presque tout-à-fait, ce qui le fait repousser du colet, & par là vous avez de beau & jeune Buis, en coupant le chevelu & les racines du vieux.

A

A l'égard des Cyprès, Pins, Sapins, & Chesnes-verds, on ramassera leurs fruits dans le tems, & on les semera à l'ordinaire, en observant toûjours que ce soit dans la meilleure terre, & d'en avoir grand soin ; ces arbres étant toûjours beaucoup plus longs, & beaucoup plus difficiles à croître, que les autres.

Quand les arbres & arbrisseaux verds sont parvenus à une certaine hauteur, on commence à les former suivant son intention, en les tondant avec des ciseaux, en boules, en piramides, &c.

Si l'on ne veut pas se donner la peine de semer ces graines, ni la patience de les voir lever ; on peut faire des marcotes au pied des grands Ifs & des Picea, si l'on en a ; ce qui réussit fort bien. Car au bout de deux ans, on levera ces marcotes bien enracinées, & on les plantera en Pepiniere ; ce qui gagne beaucoup de tems. On a expliqué ci-dessus dans le Chapitre cinquiéme, ce que c'est que marcoter. On peut même acheter du petit plant qu'on élevera chez soi en Pepiniere.

Les autres arbres verds comme le Phileria, le Genevrier, l'Alaterne, la Sabine, le Buisson ardent, &c. s'élevent de la même maniere que les precedens, mais ils croissent bien plus promptement.

CHAPITRE IX.

DE LA RECHERCHE DES EAUX, & des differentes manieres de les conduire dans les Jardins.

COMME la necessité d'avoir de l'Eau dans les Jardins est indispensable, suivant ce que nous avons dit dans le Chapitre 2e de la 1re Partie, il ne sera pas hors de propos d'en parler dans ce Traité, le plus succinctement que le peut permettre une matiere aussi ample, & qui demanderoit seule un Traité particulier.

Les Eaux des Fontaines & Bassins viennent ou de sources naturelles, ou de machines qui élevent les Eaux; je parlerai premierement des sources & de la maniere de les trouver.

Si l'on est voisin de quelque montagne ou côteau, on est presque sûr d'y trouver des sources, à moins que ce ne soit un païs sec, & pierreux. Examinez premierement les herbes qui couvrent la terre, si ce sont des Roseaux, Cressons, Baumes sauvages, Vitez, Argentine, Joncs, & autres herbes aquatiques; ce sera une marque assurée qu'il y a de l'Eau dans ces endroits, pourveu que ces herbes y croissent d'elles-mêmes, & qu'elles soient d'un beau verd foncé. Vous pouvez encore consulter la couleur de la terre; car si elle paroît verdâtre ou blanchâtre comme sont les terres glaiseuses, il y aura sûrement de l'Eau.

Vitruve Liv. 8. Chap. 1. Le P. Kircker, *Mundus subterraneus*.

On peut encore connoître les sources cachées, en se couchant avant le lever du Soleil, le ventre contre terre, aïant le menton apuïé, & regardant le long de la campagne, si l'on voit en quelque endroit une vapeur humide s'élever en ondoïant, on pourra y faire foüiller.

Cassiodore.

D'autres disent que des nuées de petites mouches, qui volent contre terre à un même endroit, sont des signes certains qu'il y a de l'Eau, ou bien qu'on n'a qu'à enfoncer de longues tarieres de fer, qui étant retirées font juger de ce qui est compris sous la terre.

L'Art des Fontaines du P. Jean François, Jesuite.

On observera que les endroits où seront ces herbes, & où l'on verra s'élever des vapeurs, ne soient point humides dans leur superficie, comme seroit un marais : car il seroit inutile d'y faire foüiller, ces Eaux ne provenant point de sources, & n'étant que des amas de pluïes & de neiges fonduës. On a été fort long-tems trompé par certaines gens, qui prétendoient trouver des Eaux, par le moïen d'une baguette de Coudrier apellée *Divinatoire*, qui étoit une grande absurdité ; cependant elle a eu, & a encore des Sectateurs, mais en petit nombre.

Palladius.

Il y a encore plusieurs manieres de chercher les sources cachées, mais je les passerai sous silence, aussi-bien que plusieurs Observations que j'ai faites sur l'Origine des Sources, sur les Machines Hydrauliques, sur le Nivellement & la Jauge des Eaux ; ce qui me meneroit trop loin. J'en pourrai faire part au Public, si cet Ouvrage lui est assés agreable, pour qu'on en fasse une seconde Edition.

On fait ordinairement la recherche des Eaux dans les mois d'Aoust, Septembre & Octobre, à cause qu'en ce tems, la terre étant déchargée de toutes ses humiditez, est plus seche, & que toute l'Eau qui s'y trouve, se peut apeller Source.

Supposons donc que vous aïez trouvé de l'Eau en plusieurs endroits d'une montagne, faites faire des puits de distance en distance, tant pour connoître la quantité d'Eau, que pour en sçavoir la profondeur jusqu'au lit de glaise, ou de tuf qui la retient, lequel lit il ne faut jamais percer, de crainte de perdre la Source. Cherchez toûjours les endroits les plus élevez, afin de prendre la Source dans son origine, & que les Eaux venant de plus haut, s'élevent davantage dans les Jardins. Faites faire une communication d'un puits à l'autre par des pierrées, & choisissant un endroit de terre un peu plat, vous y rassemblerez toutes ces Eaux dans un Reservoir, d'où vous les conduirez par des tuïaux, aux places destinées pour les Fontaines & Jets d'Eau : & pour connoître quelle hauteur auront ces Jets, provenans de l'endroit où vous devez faire le Reservoir, vous nivellerez cette côte ſelon la pratique ſuivante.

Je ne donnerai ici que l'uſage d'un Niveau apellé communément le Niveau à Fioles, qui eſt le plus juſte & le plus ſimple de tous.

C'eſt un grand Tuïau de fer blanc d'un pouce de groſſeur, & de trois ou quatre pieds de long, comme *A A*, *fig.* 1. ſoûtenu dans ſon milieu par les liens de fer *B B*, & par la doüille *C*, qui ſert à ficher un piquet quand on veut s'en ſervir. Sur le deſſus de ce Tuïau, aux deux extrémitez, & dans le milieu, on ſoude trois autres bouts de Tuïau qui ſe communiquent l'un l'autre comme *D E F*, & l'on met dans chacun de ces Tuïaux les Fioles de verre *g h i*, à peu prés du même diametre, leſquelles ſont ouvertes par les deux bouts. On les joint avec de la cire ou du maſtic à ſes trois tuïaux, enſorte que l'Eau remonte dans ces Fioles, & ne ſe perde par aucun endroit.

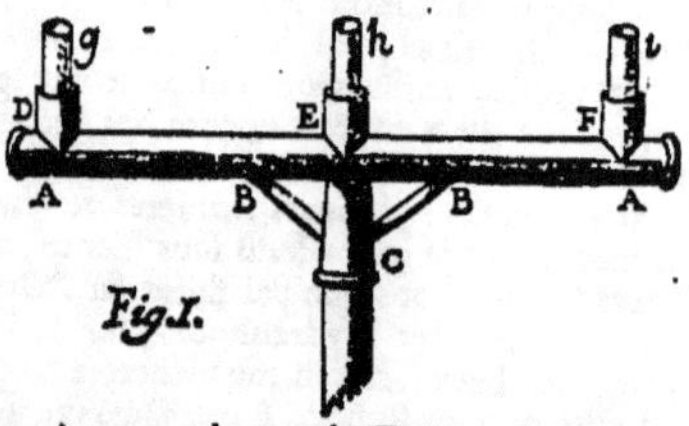

Fig.I.

La perfection qu'on a donné depuis peu à cet Inſtrument, c'eſt que le Tuïau du milieu *E* qu'on a ajoûté, étant hors de l'alignement de ceux des deux bouts *D* & *F*, & en étant écarté environ de deux lignes, ſert de pinules & dirige beaucoup mieux le rayon viſuel.

Pour en venir à l'uſage de ce Niveau, il faut ſuppoſer la montagne *A*, *Fig.* 2. *pag. ſuiv.* au ſommet de laquelle on a ramaſſé des Eaux dans le Reſervoir *B*, que l'on veut conduire au bas de la montagne comme en *C*, pour y faire joüer une Fontaine. Voici la pratique de niveler cette montagne.

Poſez le Niveau au haut de la montagne *A*, comme au bord du Reſervoir *B*; mettez-le le plus droit qu'il ſera poſſible, & pointez-le du côté où vous devez faire le nivellement. Prenez de l'eau où vous mêlerez du vinaigre, afin qu'elle devienne colorée, & se puisse distinguer de loin: em-

fig. 2.

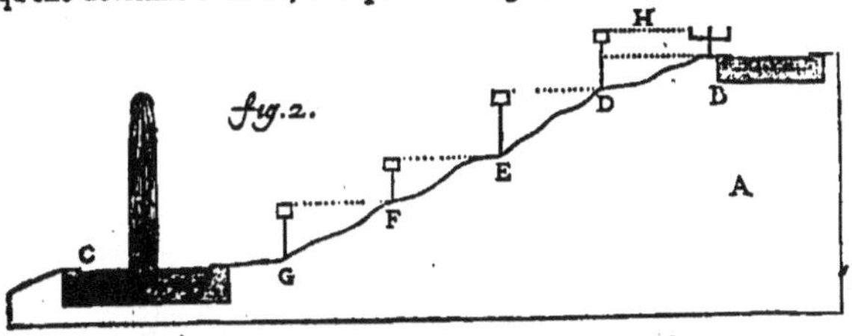

plissés-en le Tuïau de maniere, que l'Eau remontant dans les trois Fioles, il y reste un peu de vuide par dessus. Laissés reposer l'Instrument jusqu'à ce que l'Eau ne balance plus; aïés même la précaution de couvrir avec du papier l'ouverture des Fioles, de peur que le vent ne cause quelque agitation à l'Eau. Prenés ensuite une longue perche, au bout de laquelle il y ait un carton blanc bien équari; faites-la tenir par un homme à quelque distance du Niveau, comme en *D*, en la faisant hausser ou baisser, jusqu'à ce que le haut du carton se trouve juste à la ligne de mire *H*, qui se dirige ainsi. Mettés-vous à quelque distance du Niveau, posés l'œil, & alignés-vous sur la surface de la liqueur comprise dans les trois Fioles, qui conduira vôtre raïon visuel, suivant lequel vous ferés arrêter la perche à hauteur juste. Cela fait, vous prendrés la hauteur qu'il y a, depuis la superficie de l'Eau du Reservoir *B*, jusqu'à la liqueur comprise dans les Fioles, que vous diminuërés & marquerés en contre-bas sur la perche, dont la longueur sera seulement comptée depuis cette marque, jusqu'à l'uni de l'endroit où elle est fichée. Aïés un papier, où vous chiffrerés cette premiere station du nivellement, & les autres suivantes. Faites ôter cette perche, & à l'endroit *D* où étoit son pied, reportés le Niveau que vous établirés comme vous venés de faire, pour une seconde operation, & ensuite par plusieurs stations de *D* en *E*, d'*E* en *F*, d'*F* en *G*, vous viendrés aboutir à l'endroit *C* où doit être la Fontaine jaillissante. Vous supputerés toutes les mesures chiffrées, que vous avés marqué sur vôtre papier à chaque station, & les joignant ensemble vous en aurés la somme, & sçaurés au juste combien vous avez de pente depuis le sommet *B*, jusqu'au bas *C*, & de combien de pieds le Jet d'Eau s'élevera, l'Eau remontant toûjours presque aussi haut que sa Source.

La force & la hauteur d'un Jet d'Eau, peut diminuer environ d'un pied par 100 toises, c'est-à-dire que plus les Jets sont proches des Reservoirs, & plus ils iront haut.

Les Eaux naturelles ne se pouvant trouver dans un Païs plat & sec, on a recours aux Machines Hydrauliques, qui les élevent du fonds des puits, dans des Reservoirs & lieux élevés, pour les descendre ensuite dans les Jardins.

L'Art des Fontaines du Pere J. François, pag. 110.

Ces Machines sont presentement fort en usage, & beaucoup de Gens les préferent aux Eaux naturelles, par raport à la quantité d'Eau qu'elles fournissent, & à la proximité des Reservoirs & conduites ; ce qui coûte infiniment moins que d'amener des Eaux pendant une lieuë ; joint à ce qu'elles mettent la Source dans la Maison, ce qui épargne le chagrin continuel de voir crever les Tuïaux d'une conduite, par la malice des Païsans, qui prennent ce plaisir pour mortifier un Seigneur. On ne doit point aussi aprehender, qu'on vous coupe & détourne l'Eau, d'où naissent souvent de grands procès, ou qu'enfin la veine de terre & lit de glaise changent de situation, ce qui fait perdre la Source entierement.

On peut élever l'Eau par differentes Machines, premierement par la force des Pompes à bras, & à cheval. Secondement, en se servant des deux Elemens de l'Air & de l'Eau, pour faire tourner des Moulins.

Les Pompes à bras, c'est-à-dire qui sont mouvées à force de bras d'homme, sont les moindres Machines, par raport au peu d'Eau qu'elles fournissent, & à la fatigue qu'il faut qu'un homme ait sans cesse de lever les bras, pour faire marcher le balancier. Aussi ne s'en sert-on, que pour avoir un peu d'Eau pour arroser, ou pour donner de l'Eau dans des auges de cuisine & d'écurie : au lieu que les Pompes à cheval, c'est-à-dire qui sont menées par un cheval, sont d'une grande utilité, & fournissent beaucoup d'Eau en peu de tems. Il y a de ces Pompes qui donnent plus d'Eau en une heure de tems, qu'une Source n'en ameneroit en quatre jours; c'est une chose de fait, joint à l'agrément qu'elles ont, qu'on les peut placer dans tous les puits.

On distingue encore de deux sortes de Pompes, la Foulante & l'Aspirante, dont la difference est assés connuë de tout le monde.

La 2e maniere d'élever les Eaux par les Moulins, qui vont par le moïen du Vent ou de l'Eau, est infiniment meilleure. Ces Machines fournissant presque toûjours de l'Eau, & pour ainsi dire jour & nuit; mais aussi c'est une dépense bien plus considerable, & qui ne convient pas à toutes les situations.

Il faut être proche de la Riviere, ou de quelque Ruisseau, pour se servir de Moulins à l'Eau, qui ressemblent par l'exterieur aux Moulins à Bled, & n'ont de difference que dans la composition du dedans. Il y a de ces Moulins qui moulent du Bled, & montent de l'Eau quand on veut, en décrochant la manivelle; mais dans les endroits éloignez des Rivieres & Ruisseaux, comme pourroit être un lieu élevé sur quelque côteau, les Moulins à Vent y font des merveilles, les Vents étant fort frequens dans ces sortes de situations. Ces Moulins ressemblent aussi beaucoup aux Moulins à Vent ordinaires; mais ils ont une plus grande commodité, qui est de se mettre d'eux-mêmes au Vent, par le moïen d'une queuë en forme de gouvernail, qui se tourne de tous sens. Ils sont un peu plus rares que les Moulins à l'Eau, n'aïant encore été executés qu'en quatre ou cinq endroits*, cependant leur réussite & leur bonté sont de sûrs garands, dans l'execution qu'en voudroit faire un particulier.

* Versailles, Marly, Meudon, & proche du Village d'Argenteüil.

On peut dire en general que les Machines Hydrauliques se réduisent presque toutes au Piston, & qu'elles ont beaucoup de raport à celles des Anciens, surtout à celle de Ctesibius dont parle Vitruve. Liv. X. Ch. XII.

Après avoir parlé des moïens de rechercher les Sources, & d'élever les Eaux, il faut dire quelque chose touchant les Reservoirs, avant que de passer à la maniere de les conduire.

On ne peut distinguer que de deux sortes de Reservoirs, ceux qui sont sur Terre, & ceux qui sont élevés en l'Air.

Les Reſervoirs qui ſont ſur Terre, ſont ordinairement des Pieces d'Eau, ou Canaux glaiſez, où l'on ramaſſe des Sources, & qui contiennent pluſieurs milliers de muids d'Eau. On leur donne beaucoup de profondeur, tant afin qu'ils contiennent davantage d'Eau, & qu'ils ne ſe vuident pas ſi-tôt, que parce que cela donne plus de charge aux conduites, & fait aller les Jets plus haut. Quand on les peut placer dans ſon Parc & chés ſoi, cela n'eſt que mieux, ſans cela on les fait dehors en pleine Campagne, en les entourant de murs. Dans les Jardins en pante, les Baſſins d'en-haut ſervent de Reſervoirs aux Pieces d'Eau d'en bas ; ce qui eſt un grand avantage.

Les Reſervoirs élevés en l'Air ne ſont pas, à beaucoup près d'une ſi grande capacité : les plus grands tiennent au plus cinq à ſix cents muids d'Eau, & ſont tres-rares de cette grandeur. Ils ne contiennent pour l'ordinaire, que 100 ou 200 muids. La difficulté de les ſoûtenir, & la dépenſe du plomb dont on les conſtruit, ne permet pas de les faire auſſi grands, que ceux qui ſont ſur Terre. On les éleve ſur des Arcades ou Pilliers de pierre de taille, ſur leſquels on poſe de groſſe charpente, pour ſoûtenir le fonds & les côtés, que l'on a ſoin de revêtir de fortes tables de plomb ſoudées enſemble. Les fondemens & la charpente de ces Reſervoirs doivent être tres-ſolides, pour pouvoir ſoûtenir la grande charge de l'Eau.

On voit plus de ces Reſervoirs élevés, que des autres, à cauſe que ceux qui ont des Machines Hidrauliques, n'en peuvent guéres conſtruire d'autres, par la ſituation plate de leur Terrain.

Il s'agit preſentement de conduire les Eaux de ces Reſervoirs, juſques dans les Baſſins, pour y faire joüer des Jets, des Boüillons d'Eau, & des Caſcades.

Les Anciens avoient trois manieres de conduire les Eaux, par des Aqueducs ſoûterrains, par des Tuïaux de plomb, & par des Tuïaux de grès ou de poterie, qui ſont encore preſentement en uſage, & l'on n'y en a ajoûté que deux, qui ſont les Tuïaux de bois, & ceux de fer.

Vitruve Liv. 8. Chap. 7.

Les Aqueducs ſoûterrains doivent être bien bâtis de pierre de taille, & couverts par deſſus par des voutes ou pierres

res plates apellées *Dalles*, afin que le Soleil ne donne point sur l'Eau: S'il se rencontre du roc, on taillera la voute dedans, & si quelque montagne empêche le passage, on la percera, ou l'on fera passer l'Aqueduc tout au tour, en pratiquant des soupiraux de 50 toises en 50 toises, pour donner un peu d'air à l'Eau. Les fonds & valées apellées *Ventres* qui interrompent le Niveau d'une conduite, seront remplis par des Blocailles & massifs de Maçonnerie, ou par des Arcades & Trumeaux, comme on voit l'Aqueduc d'Arcueil.

On fait couler l'Eau dans ces Aqueducs de differentes manieres, dans des Tuïaux de grès ou de plomb, dans des Auges de pierre de taille, ce qui est le plus ordinaire, ou dans des rigoles faites de chaux & de ciment, ou de glaise dans les Païs où elle est commune. Il se rencontre quelquefois naturellement des veines de gravier ou de tuf, où l'Eau coule sans se perdre. On doit toûjours pratiquer deux petits sentiers des deux côtés de ces Auges, afin qu'on y puisse marcher, & y aller quand il est necessaire; Et outre cela on donne une petite pente imperceptible à ces Auges, pour donner un plus prompt écoulement à l'Eau.

Ces sortes d'Aqueducs ne conviennent qu'à ramasser des Sources, & les amener dans un Reservoir, car les Eaux n'y étant pas resserrées, comme dans des Tuïaux, elles perdent la pente, & la force qu'elles doivent avoir, pour s'élever en l'air.

Les Tuïaux de plomb sont les plus commodes pour conduire les Eaux. On les peut faire descendre, monter, & tourner, sans que cela nuise à l'Eau qui y coule. Il y en a de deux sortes, de moulés, & de soudés. Les tuïaux moulés sont jettés dans un moule, de la longueur qu'on veut, ordinairement de 12 pieds de long; on les fait plus épais que les soudés, crainte des soufflures; aussi sont-ils meilleurs & plus estimés, mais ils coûtent davantage à cause du poids. Les Tuïaux soudés ne sont autre chose, que des tables de plomb que l'on courbe & que l'on soude sur la jointure. Les plus gros Tuïaux de plomb ne passent point six pouces de diametre; on les emboite, & on les joint l'un dans l'autre par des nœuds de soudure. Ils sont sujets à se crever, & à se miner dans les terres pleines de chaux.

Les Tuïaux de grés ou de poterie, qui étoit la troisiéme maniere de conduire les Eaux chés les Anciens, est celle qui coûte le moins; mais aussi celle qui est le plus d'entretien. Ces Tuïaux sont d'une composition de terre cuite, pareille à celle dont on fait les pots & les terrines. On encastre les tronçons qui sont de deux ou trois pieds de long l'un dans l'autre, & l'on met du mastic avec de la filasse à leur jointure sur l'ourlet. Quand ces Tuïaux servent à conduire des Eaux forcées, on les entoure d'un massif ou chemise de ciment de cinq à six pouces d'épaisseur; ce qui les conserve quelque tems, pourvû qu'on ait la précaution premierement, de laisser sécher une conduite plusieurs mois avant que d'y mettre l'Eau, afin de donner le tems au ciment de durcir, & secondement d'assurer ces Tuïaux qui sont tres-fragiles, sur des massifs & fondemens de Maçonnerie, de peur qu'ils ne s'affaissent. Ces Tuïaux sont plus propres à conduire des décharges de Bassins, que des Eaux jaillissantes, ausquelles ils ont bien de la peine à resister long-tems: Ils sont sujets aux queuës de Renard, qui sont des racines d'arbres fort menuës, qui passant par les pores du grès, ou par le nœud de mastic qui se pourrit en terre, se nourrissent dans l'Eau & viennent si grosses & si longues, qu'elles bouchent entierement le Tuïau. J'en ai trouvé de cinq à six toises de long. Il y a des gens qui prétendent que les queuës de Renard viennent de la filasse qu'on met dans les nœuds de mastic, ou bien de quelques graines qui entrent avec l'Eau dans la conduire.

Architecture Françoise de Savot, Chap. XXX. pag. 191.

Les Tuïaux de grès ont un merite particulier, pour les Fontaines d'Eau pour boire; parce qu'étant vernissés par dedans, le limon ne s'y attache point, & l'Eau s'y conserve mieux & plus fraîche que dans les autres Tuïaux; outre qu'elle n'acquiert point de mauvaise qualité en y passant, comme dans le plomb & le fer.

Les deux manieres de conduire les Eaux, que nous avons ajoûtées à celles des Anciens, sont par des Tuïaux de bois & de fer.

Pour faire des conduites de Tuïaux de bois, on prend de gros arbres, comme des Chênes, Ormes, Aulnes, les plus droits que l'on peut, & que l'on perce de trois ou quatre pouces de diametre. On les afute par un des bouts, & on les fait freter & cercler de fer par l'autre; ce qui sert à les emboîter l'un dans l'autre, & ces jointures sont recouvertes de poix. Ces sortes de Tuïaux ne sont bons que dans les Pays marécageux & humides naturellement; car dans les Pays secs ils se pourrissent bien vîte. L'Eau qui y passe est rougeâtre, & a toûjours un certain goût.

Les Eaux de Liencourt ne sont conduites que dans du bois.

Les Tuïaux de fer sont jettés en moule & en fonte, & sont d'un grand usage presentement, il y en a de deux sortes, à Manchons & à Brides; mais on n'emploie que ceux à Brides, comme les meilleurs. Les Tuïaux de fer ont les bonnes qualités de ceux de plomb, durent plus, & coûtent quatre ou cinq fois moins. Il s'en fait jusqu'à 18 pouces de diametre: chaque Tuïau a trois pieds & demi de long, & à chaque bout il y a des Brides, que l'on joint & serre ensemble, par des viz & écrouës entre lesquelles on met des rondelles de cuir & du mastic. Dans les endroits mal-aisés, on y met des rondelles & croisants de plomb, comme aussi dans les coudes, robinets, soupapes, on est obligé d'y racorder des bouts de Tuïaux de plomb.

Ce n'est pas assés d'avoir parlé des Reservoirs, & des differentes manieres de conduire les Eaux, il y a encore une chose de consequence qu'il ne faut pas oublier, c'est la proportion & la grosseur que doivent avoir les Conduites & les Tuïaux, par raport aux Jets que l'on veut faire joüer. C'est de là que dépend la beauté des Eaux jaillissantes; car si les Conduites sont trop menuës, ou qu'elles fournissent à trop de Bassins, sans avoir leur juste proportion, elles ne formeront que des petits Jets foibles, & peu nourris: outre que ces Conduites sont sujettes à s'engorger aisément, & à crever, parce que les vents y étant trop resserrés n'en peuvent presque sortir.

Les Fontainiers apellent ces petits Jets des Pissotières.

Pour remedier à tout cela, voici la plus juste proportion qu'on doit donner aux Conduites, par raport aux Jets d'Eau. Pour faire joüer un Jet de quatre à cinq lignes de grosseur, c'est-à-dire dont l'ajutage soit percé de quatre à cinq lignes de diametre, qui font de sortie un pouce & un 7e en circonference, il faut une Conduite d'un pouce

& demi de diametre; pour un Jet de six à sept lignes, il faut une Conduite de deux pouces; pour un Jet de huit à neuf lignes, une Conduite de trois pouces; & pour un gros Jet d'un pouce de sortie, une Conduite de quatre pouces de diametre. Pour faire joüer encore un Jet plus gros, comme de 15 à 16 lignes, ou une Gerbe, il faudra une grosse Conduite de six pouces de diametre. Je ne parlerai point des Conduites qui passent six pouces, comme celles qui sont chés le Roi & les Princes, & qui vont à un pied & à 18 pouces de diametre, elles coûtent de si grosses sommes, qu'elles me paroissent hors de la portée des plus riches Particuliers.

On doit tenir pour regle generale, que la sortie des ajutages, doit être quatre fois moins grande que l'ouverture ou diametre des Tuïaux de la Conduite, c'est-à-dire en raison quadruple, afin que la Colonne d'Eau soit proportionnée, & que la vîtesse dans les Tuïaux soit égale, joint à ce qu'il se fait trop de frotement dans les petites Conduites, par raport aux gros ajutages, & au bord des petits ajutages, par raport aux grosses Conduites.

Traité du Mouvement des Eaux par Mariotte, 5e Partie pag. 340.

Il y a de plusieurs sortes d'Ajutages ou Ajoutoirs, comme des Gerbes, des Pluïes, Soleils, Eventails, & de quantité d'autres formes que l'on donne à l'Eau; mais les plus ordinaires sont élevés en Cone & n'ont qu'une seule sortie: ce sont aussi les meilleurs, ne se bouchant pas si souvent que les plats, qui sont percés de plusieurs trous ou fentes, placés à l'opposite l'une de l'autre, ou bien on y soude dessus plusieurs autres petits Ajutages.

On prétend que les Jets d'Eau vont mieux, quand les Ajoutoirs sont percés d'un seul trou un peu gros sur une platine, que quand ils sont élevés en Cone; parce qu'il se fait moins de frotement & de resistance au bord.

Mariotte, 5e Partie, pag. 336. & 337.

Il est constant que plus les Conduites sont grosses, mieux les Eaux vont; c'est l'ame des beaux Jets d'Eau, qui pour être bien nourris, doivent avoir une Conduite continuée de la même grosseur depuis le Reservoir, jusques sous l'Ajutage sans aucune diminution; cela fournit davantage d'Eau, & donne plus de charge au Jet, qui sans cela se trouve étranglé & resserré de trop loin.

Il y a des gens qui ont une opinion toute contraire, ils s'imaginent que dans une Conduite de 100 toises de long, on doit la tenir plus grosse dans les 50 premieres toises depuis le Reservoir, que dans les 50 dernieres jusqu'à l'Ajutage, où ils prétendent qu'elle doit diminuer de grosseur, environ un pouce de diametre; afin, disent-ils, que l'Eau commence à être forcée & resserrée un peu de loin dans cette Conduite, qui doit toûjours venir en diminuant jusqu'à la sortie de l'eau: c'est une opinion des plus mauvaises en fait de Fontaines, car il suffit de contraindre & de forcer l'Eau dans la souche ou colonne du Jet, & dans l'ajoutoir, sans pour cela que la Conduite diminuë de grosseur.

Nous n'avons qu'un seul cas, où les Conduites doivent diminuer de diametre, c'est quand elles sont tres-longues, comme de trois à quatre cent toises; alors on met de trois sortes de grosseurs de Tuïaux, car sans cela par le grand chemin que l'Eau a à faire, elle dormiroit pour ainsi dire, & perdroit beaucoup de sa force: ces differentes grosseurs la réveillent, & lui redonnent sa force: par exemple, dans une grosse Conduite de 300 toises de long, on mettra les 100 premieres toises de huit pouces de diametre, les 100 autres de six pouces, & les 100 dernieres de quatre pouces; mais dans les Conduites de 100 toises, ou 150, il faut continuer le même diametre, dans toute la longueur jusques sous l'ajutage.

Quand on aura plusieurs Jets à faire joüer dans un Jardin, par exemple cinq ou six, il n'est pas necessaire de tirer du Reservoir cinq ou six Conduites, c'est-à-dire autant de Conduites que de Jets, ce seroit une dépense superfluë. On fait seulement deux ou trois Conduites, mais de telle proportion, qu'elles soient assés grosses pour fournir de l'Eau à tous ces Jets, en sorte qu'ils jouënt tous ensemble sans s'alterer l'un l'autre, & aller plus bas; par exemple pour faire joüer trois Jets d'Eau, chacun de six à sept lignes de diametre, il faut que la Conduite ait six pouces; pour trois Jets de quatre lignes, il faut une Conduite de quatre pouces. On continuë la même grosseur de la Conduite, jusques vis-à-vis les Bassins, ou par des fourches on la diminuë proportionnellement ; ainsi sur une Conduite de six pouces, on branchera des Tuïaux de deux pouces de diametre dans les fourches, afin que l'Eau soit distribuée également par ces saignées.

On observera qu'à l'entrée d'une Conduite, c'est-à-dire à la sortie du Reservoir, elle ait deux pouces de plus de diametre ; comme si c'est une conduite de quatre pouces, on lui donnera une soupape & ouverture de six pouces au fond du Reservoir, afin que cette entrée étant plus grande, elle serve d'entonnoir à l'Eau pour sortir plus promptement, & donner plus de charge au Jet.

Les Conduites étant parvenuës jusqu'aux Bassins, on y fera un Regard, pour y mettre un robinet de grosseur convenable au diametre de la Conduite, en prenant garde que par le trou ovale de la canelle & du boisseau, il passe autant d'Eau que par le trou circulaire du Tuïau ; nous avons de plusieurs sortes de robinets comme à tête quarrée, à branches ou à potence, à deux & trois Eaux.

Il faut souder une rondelle, ou colet de plomb un peu large autour du Tuïau, dans l'endroit du corroi & massif du Bassin où il passe, afin que l'Eau étant ainsi arrêtée par cette plaque, ne suive point le long du Tuïau, pour tâcher à se perdre.

On doit toûjours faire passer les Tuïaux à découvert, sur le plat-fond d'un Bassin, & jamais les enfoncer dedans ; afin qu'on puisse mieux remedier aux fautes qui surviennent. On soudera sur la Conduite un Tuïau montant apellé *Souche* au centre du Bassin, qui est l'endroit où doit être le Jet, & au bout de cette Souche, on soudera encore l'écrouë de cuivre, sur lequel se visse l'ajutage. A deux pieds environ de la Souche on coupera le Tuïau, & on le bouchera par un tampon de bois avec une rondelle de fer, ou par un tampon de cuivre à vis, que l'on y soudera. On peut dégorger une Conduite, quand il y a des ordures, en ôtant ces tampons.

Il faut éviter dans les Conduites les coudes, les jarets, & les angles droits ou équerres, car cela diminuë la force de l'Eau : & quand on ne peut faire aller une Conduite bien droite, & qu'il y a un tournant indispensable, on prendra ces coudes d'un peu loin, pour en diminuer la roideur.

Dans les Conduites un peu longues, on met d'eſpace en eſpace des ventouſes, ou ſoupapes renverſées, pour le ſoulagement des Tuïaux, & pour la ſortie des vents; & quand aprés une pente roide, les Conduites ſe remettent de niveau, il faut dans cet endroit ſouder un robinet pour arrêter cette charge; car ſans cela le Tuïau ne reſiſteroit pas long-tems.

On enfoncera toûjours les Conduites un peu avant en terre comme de deux ou trois pieds, à cauſe de la gelée & crainte des voleurs, & on les fera paſſer dans les Allées, & jamais dans les Bois, dans les Parterres &c, afin qu'on en puiſſe mieux connoître les fautes, & les racommoder plus aiſément ſans rien déplanter. Quand les Conduites paſſent ſur des terraſſes, on doit faire une petite voute le long du Tuïau, pour le pouvoir viſiter de tems en tems.

CHAPITRE X. & DERNIER.

DES FONTAINES, BASSINS, Cascades d'Eau, & de leur Construction.

LEs Fontaines & les Eaux sont l'ame des Jardins; ce sont elles qui en font le principal ornement, & qui animent & réveillent les Jardins, & pour ainsi dire les font revivre. Il est constant qu'un Jardin, quelque beau qu'il soit, s'il n'y a point d'eau, paroît triste & morne, & manque dans une de ses plus belles parties.

La distribution des Eaux dans un Jardin, est ce qu'il y a de plus difficile, ce qui demande du genie & de l'industrie, pour faire en sorte qu'une petite quantité paroisse beaucoup, & que ne prodiguant pas les Eaux dans des Rocailles & petits Bassins (ce qu'on apelle des Colifichets) on la ménage pour des lieux necessaires, où elle fasse un bel effet, en formant de gros Jets bien nourris. Il seroit à souhaiter, que les parties d'un Jardin fussent bien pratiquées, & les Allées percées avantageusement pour les Eaux.

On doit prendre garde dans cette distribution, que les Fontaines soient disposées de telle maniere, qu'elles se puissent voir presque toutes ensemble, & que les Jets d'Eau s'enfilent, c'en est la beauté: cette répetition cause un embaras agreable à la veuë, qui les croit en plus grand nombre qu'ils ne sont effectivement.

On distingue les Eaux en plusieurs manieres, comme les Eaux naturelles & artificielles, les Eaux jaillissantes & plates, les Eaux vives & dormantes.

Les Eaux naturelles sont celles qui sortant de terre d'elles-mêmes, se rendent dans un Reservoir, & font joüer les Fontaines continuellement: au lieu que les artificielles sont élevées dans un Reservoir, par le moïen des Machines Hydrauliques, ainsi qu'il a été expliqué dans le Chapitre precedent.

On

On apelle Eaux jailliſſantes, celles qui s'élevant en l'air au milieu des Baſſins, forment des Jets, des Gerbes, des Boüillons d'Eaux &c, à la difference des Eaux plates qui ſont ſimplement des Canaux, Etangs, Viviers, & Miroirs d'Eau ſans aucuns Jets; ce qui n'eſt pas d'une grande beauté dans un Jardin, parce que ces Eaux étant toûjours tranquilles & dans le même état, n'animent point les Jardins comme les Eaux jailliſſantes qui leur donnent la vie, & c'eſt principalement de ces dernieres, qu'on dit qu'il y a de belles Eaux dans un tel endroit.

Les Eaux vives ſont celles qui courent ſans ceſſe, & les plus belles de toutes par leur clarté; ce mouvement continuel les rend ſaines & tres-nettes; telles ſont les Eaux des petites rivieres ou ruiſſeaux, dont on fait des Canaux & Pieces d'Eau dans les Jardins: on met de ce nombre les Fontaines qui vont jour & nuit.

Ainſi que le Canal de Chantilly, de Berny, &c.

Les Eaux dormantes ſont les plus deſagreables de toutes, elles deviennent ſales, vertes, & toutes couvertes de mouſſe & d'ordure, ces Eaux n'aïant point de mouvement, ainſi que dans les Baſſins qui jouënt rarement, ou dans les marais & étangs: elles ſont ſujettes à ſe corrompre, & à ſentir mauvais pendant l'Eſté.

On ne peut fixer de vraïes places pour les Fontaines & les Baſſins, faiſant un bel effet par tout; ſi l'on en pouvoit placer à chaque endroit, cela n'en feroit que mieux; mais comme la dépenſe en eſt conſiderable, on a beaucoup de ménagement pour leur nombre.

On place ordinairement un Baſſin au bout ou dans le milieu d'un Parterre, en face d'un Bâtiment; c'eſt un lieu où l'on ne manque jamais d'y en conſtruire, auſſi-bien que dans un Potager: mais quand on peut en pratiquer dans les Boſquets, c'eſt un double agrément, les Eaux y étant comme dans leur centre, outre que la verdure des arbres leur ſert de fond, & fait valoir la blancheur de l'eau, le gazoüillement & murmure frappent davantage l'oreille par le repos & l'écho qui regnent dans les Bois.

Il ne faut point placer les Fontaines ſi près des Bâtimens, parce que dans l'Eſté il s'éleve de l'eau des vapeurs & des humeurs ſi corrompuës, qu'elles peuvent communiquer une malignité à l'air qu'on respire, ce qui nuit fort à la santé, joint à ce qu'elles causent une humidité tres-grande aux murs d'un Bâtiment, capable de gâter les Peintures & les meubles du dedans. On a encore l'incommodité d'entendre la nuit croasser les grenoüilles, crapaux, &c. Ce sont toutes ces raisons qui empêchent [illegible]ntement d'entourer les Maisons de Campagne de fosses d'eau, comme on faisoit autrefois, & que l'on a mis à sec les fossés de plusieurs Châteaux.

On doit pour la forme & figure des Bassins suivre celles qui sont marquées sur le Plan: il y a des Bassins ronds, octogones, longs, ovales, quarrés &c; mais ordinairement ils sont circulaires. Quand ces Bassins passent une certaine grandeur, on les apelle Pieces d'Eau, Canaux, Miroirs, Viviers, Etangs, & Reservoirs.

Pour la grandeur des Bassins, je dirai en general qu'on ne peut jamais pecher en grandeur; plus ils sont grands mieux ils sont; au lieu que l'on peut pecher en petitesse, ce qui est tres-difforme; ce sont deux extrémités qu'il faut éviter dans leur proportion, comme de faire un petit Bassin dans un grand lieu, ou de consommer la meilleure partie d'un endroit dans une grande Piece d'Eau. On laisse cette juste proportion au discernement de l'Architecte, ou de celui qui donnera des Desseins de Jardinage.

Beaucoup de gens prétendent que la grandeur d'un Bassin doit être proportionnée à la hauteur du Jet d'Eau, afin, disent-ils, que l'eau poussée en l'air, quoiqu'agitée par le vent, ne passe pas les bords du Bassin, & y retombe toute sans moüiller l'allée du tour. C'est en quoi ils se trompent, car pour peu qu'un Jet soit élevé, quoique dans un grand Bassin, le vent enlevera toûjours l'eau, & la portera tres-loin; c'est une experience que j'ai faite plusieurs fois, & qui est incontestable: je conviens avec eux qu'il est aussi desagreable de voir un petit * Jet menu dans un grand Bassin, que d'en voir un tres-gros & tres-élevé dans un petit Bassin. Il faut qu'il y ait autant que l'on poura quelque sorte de convenance entre le Jet & le Bassin; mais on ne peut déterminer de juste proportion de la grandeur des Bassins, par raport aux Jets, cela dépend de la chute & force des

* Comme le petit Jet du grand Bassin du Palais Roial.

Eaux, ou de la place que le terrain peut vous permettre de prendre pour les Fontaines.

A l'égard de la profondeur qu'on doit donner aux Baſſins, l'ordinaire eſt de 15 à 18 pouces, ou deux pieds tout au plus: cette hauteur étant ſuffiſante pour y puiſer avec les arroſoirs, & pour garantir le fond d'un Baſſin dans les grandes gelées. On ne leur donne jamais plus de profondeur, que quand ces Baſſins doivent ſervir de Reſervoirs, ou qu'on y veut nourrir du poiſſon, comme il ſe pratique dans les grands Baſſins, Canaux, & Pieces d'Eau: on leur donne pour lors quatre à cinq pieds de profondeur, c'eſt aſſés pour y contenir beaucoup d'eau de reſerve, pour que le poiſſon s'y éleve comme il faut, & pour y porter un Bateau en cas qu'on ait deſſein d'y en mettre un; ce qu'on eſt obligé de faire quand il y a des Jets dans le milieu d'une Piece d'Eau, pour aller déviſer l'ajoutoir, & ôter les ordures qui empêchent l'eau de faire ſon effet. Ces petits bateaux ſervent encore à pêcher, & à ſe promener ſur l'eau; ce qui n'eſt pas un des moindres plaiſirs de la Campagne.

On obſervera ſur tout en fait de profondeur, de ne pas paſſer quatre ou cinq pieds, ſoit que ce ſoit un Canal ou Reſervoir, y aïant du danger qu'il le ſoit davantage, comme de huit à 10 pieds; on a veu arriver tant d'accidens de perſonnes qui ſont tombées en ſe promenant, dans des Baſſins tres-creux, & qui s'y ſont noïées, qu'en verité on doit y faire une ſérieuſe reflexion, en tâchant qu'une choſe faite pour le plaiſir & l'ornement d'un Jardin, ne puiſſe pas dans la ſuite cauſer du chagrin & de la peine.

Pour conſtruire un Baſſin, il faut bien prendre ſes meſures, ſi l'on veut le faire bon, & qu'il tienne bien l'eau*. On ne ſçauroit avoir trop de circonſpection dans cet ouvrage, l'eau de ſa nature cherchant toûjours à couler, & par ſa peſanteur & ſa charge dans un Baſſin, étant ſujette à paſſer par la moindre petite fente, qui croît toûjours de plus en plus. Si l'on manque à bien faire cet ouvrage du premier coup, il eſt tres-difficile d'y revenir. Car il y a des Baſſins où l'on a travaillé à pluſieurs repriſes, ſans pouvoir preſque y faire tenir l'eau, faute d'avoir été bien faits d'abord. Ce travail, outre qu'il demande beaucoup de ſoin & d'habiles

* Les Fontainiers diſent, qu'un Baſſin doit tenir l'eau comme un pot.

Ainſi qu'au Baſſin octogone qui eſt dans le Parterre du Palais Roial.

Ouvriers, exige encore l'emploi de bons materiaux; ce qui sera expliqué dans la suite.

Mais avant que de dire comme l'on construit les Bassins, il faut distinguer les differentes manieres dont on peut se servir. Nous en avons de trois sortes, les Bassins faits avec de la glaize, avec du ciment, & avec du plomb.

Commençons par les Bassins de glaize, comme les plus en usage.

La place étant tracée sur le terrain, il faut avant que de la faire foüiller, reculer & agrandir cette trace de quatre pieds au delà, c'est-à-dire agrandir le diametre de quatre pieds de chaque côté, ce qui fait huit pieds en tout. Le Bassin n'en deviendra pas plus grand pour cela, parce que cette augmentation de quatre pieds sera remplie & occupée par les murs & les corrois du pourtour. On observera aussi pour le fond ou plat-fond d'un Bassin, de creuser deux pieds plus bas que la profondeur qu'on lui voudra donner: Ces deux pieds de foüille seront pareillement occupés par le corroi de glaize, qui doit avoir 18 pouces d'épaisseur, & les autres six pouces seront pour le sable & pavé qu'on met dessus la glaize. En voici un exemple. On veut faire un Bassin de six toises de diametre, il faut faire l'ouverture des terres de sept toises deux pieds de diametre; & si on lui veut donner deux pieds de profondeur d'eau, on creusera quatre pieds de bas. Ainsi le Bassin étant achevé, reviendra toûjours à la grandeur & hauteur requise de six toises de diametre, & de deux pieds de creux.

Il y a des Fontainiers qui ne donnent que quinze pouces d'épaisseur de glaize au corroi du plat-fond, quoiqu'ils donnent 18 pouces au corroi du tour. C'est pour trouver quelque épargne, dans la quantité des glaizes qui entrent dans le plat-fond d'une grande Piece d'Eau.

On foüillera ces terres à pied droit, & on les transportera, suivant ce qui est enseigné ci-dessus dans le Chapitre second de cette Partie. Cette foüille étant faite, & la place bien nette, il faut y bâtir deux murs, & renfermer la glaize entre deux, afin que par ce moïen les eaux ne la délaïent point, qu'elle se conserve fraîche, & que les racines des arbres voisins n'y penetrent pas si aisément.

Elevés contre la terre, c'est à dire adossés le mur *A*, *Fig.* 1. *pag. suiv.* d'un pied d'épaisseur, depuis le bas de la foüille jusqu'à fleur de terre, que vous bâtirés de moilons, libages, cailloux, il n'importe, avec du mortier de terre; c'est-à-dire de la terre que vous délaïerés en mortier, ce mur est apellé le Mur de Terre, à cause qu'il n'est bâti, que pour soûtenir la poussée des terres d'alentour.

Ce mur étant élevé tout au tour de la piece, on y fera aporter la glaize que l'on jettera dans le fond, & on la préparera au travail & au manîment, en y jettant de l'eau de tems en tems, & n'y souffrant aucune ordure. Vôtre glaize préparée, faites-la étendre & jetter par pellerée, & ensuite petrir petit à petit à pieds nuds ou avec des pilons d'un pied & demi de hauteur, & de quatre à cinq pieds environ de large tout au pourtour de ce mur; l'on n'étend la glaize de quatre à cinq pieds de large, que pour mettre dessus la platte-forme & racinaux sur lesquels on bâtir le second mur *B* apellé le Mur de Douve, n'étant pas necessaire d'étendre d'abord la glaize dans tout le plat-fond d'un Bassin. Mesurez 18 pouces depuis ce mur, & laissant cet intervalle pour le corroi de glaize *C*, il faudra bâtir en delà le mur de Douve *B*, lequel doit avoir aussi 18 pouces d'épaisseur: & comme on ne pourroit pas bâtir solidement ce mur, si on le fondoit sur la glaize, il est besoin d'y pratiquer une platte-forme avec des racinaux, ce qui se fait ainsi. Prenés du chevron de quatre pouces d'épais, ou bien des planches de bateau épaisses de deux ou trois pouces, & de six de large; enfoncés-les à fleur de glaize de quatre pieds en quatre pieds, en sorte qu'elles débordent un peu des deux côtez le parement du mur: c'est ce qu'on apelle les Racinaux *D*, *fig.* 2. Mettés ensuite

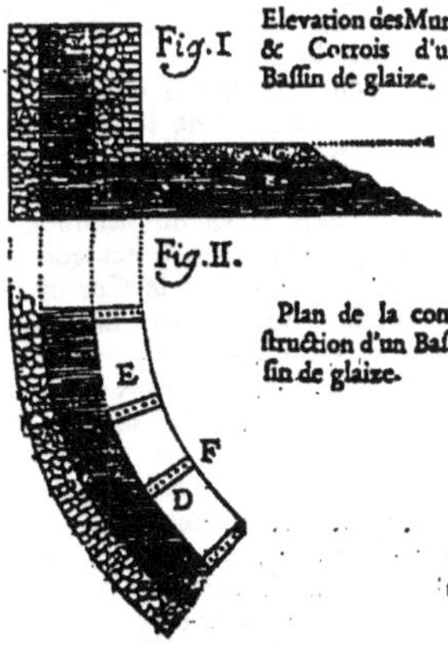

Elevation des Murs & Corrois d'un Bassin de glaize.

Plan de la construction d'un Bassin de glaize.

deſſus, de longues planches de bateau, qui ſoient de la largeur du mur, que vous clouërés ou chevillerés ſur les Racinaux; c'eſt ce qu'on apelle la Plate-forme *E*, *Fig.* 2. Cet ouvrage fait, on poſe deſſus la premiere aſſiſe du mur de Douve *B* que l'on éleve de la hauteur de l'autre, & de 18 pouces d'épaiſſeur pour le moins; car dans les Pieces d'Eau un peu grandes & profondes, comme il y a beaucoup de charge d'Eau, on donne deux pieds d'épaiſſeur au mur de Douve, cela conſerve la piece auſſi-bien que le mur.

On n'élevera d'abord le Mur de Douve qu'à moitié de ſa hauteur, ſuppoſé qu'il dût avoir ſix pieds, ce ſeroit de trois pieds qu'on l'éleveroit; parce qu'il ſeroit trop difficile de jetter & petrir les glaizes dans le fond du corroi, ſi ce mur étoit élevé de toute ſa hauteur. On remplira de glaize l'eſpace *C*, *Fig.* 1. compris entre les deux murs, apellé le Corroi, juſqu'à la hauteur du mur qu'on achevera de bâtir au niveau de l'autre, & l'on continuëra de petrir les glaizes pour élever le Corroi *C* à fleur de terre.

Pour travailler au plat-fond *F*, *Fig.* 2. on remplira de glaize toute l'étenduë de la piece, pour y faire un corroi de 18 pouces de haut, en recommençant à petrir les glaizes que vous avez d'abord étendu au delà des Racinaux, & les liant avec celles du plat-fond qu'on couvrira de ſable de cinq à ſix pouces de hauteur, comme on voit en *G*, *Fig.* 1. ce qui conſervera le Corroi, & empêchera le poiſſon de foüiller. Au lieu de ce ſable on peut y mettre du pavé; mais cela coûte infiniment.

Si le Baſſin eſt dans un Bois, ou proche de grands arbres, il faudra bâtir le mur de Terre avec du mortier de chaux & ſable, afin d'arrêter par là les racines des arbres, qui cherchant la fraîcheur de la glaize pour s'y nourrir, & ſe fortifiant de plus en plus, abattent à la fin les murs dans l'eau. Il faut encore pour la conſervation des Baſſins, faire faire tous les ſix à ſept ans, des tranchées auſſi profondes que le corroi du plat-fond, au tour des murs & dans le milieu des allées, ſans trop approcher du Baſſin & de la Paliſſade, crainte de les endomager; c'eſt pour couper toutes les racines qui pourroient gagner le corroi de glaize.

. Pour bâtir le mur de Douve, on choisira de bons moilons, qui ne s'écroutent & ne se délitent point dans l'eau, ou bien des cailloux & pierres de montagnes, ce qui fait un ouvrage de longue durée, mais qui n'est pas de la propreté des moilons piqués. On pose de tems en tems des pierres qui tiennent toute la largeur du mur, c'est-à-dire qui font le parement des deux côtés, ce qu'on apelle faire *Parpin*; cela soûtient le mur & le rend plus solide. Le mortier qu'on doit emploïer dans la construction de ce mur, est composé de sable délaïé avec de la chaux, dont la dose est un tiers de chaux, & deux tiers de sable, ce qui fait le bon mortier.

On demandera peut-être pourquoi le mur de Douve *B*, ne prend pas de fond, comme le mur de Terre *A*. Voici pourquoi: Si ce mur étoit assuré sur la terre, comme l'autre mur, l'eau se perdroit, & l'ouvrage de derriere deviendroit inutile, parce que le corroi *F* du plat-fond, ne se lieroit point avec celui C des côtés, & que les glaizes ne feroient point corps ensemble, ce qui en fait toute la consequence, & ce qui retient l'eau dans l'angle du mur. Voila ce qui fait qu'on est obligé de bâtir, & d'assurer ce mur sur des racinaux & plates-formes au dessus de la glaize, afin de laisser dessous, une communication du plat-fond avec les côtés.

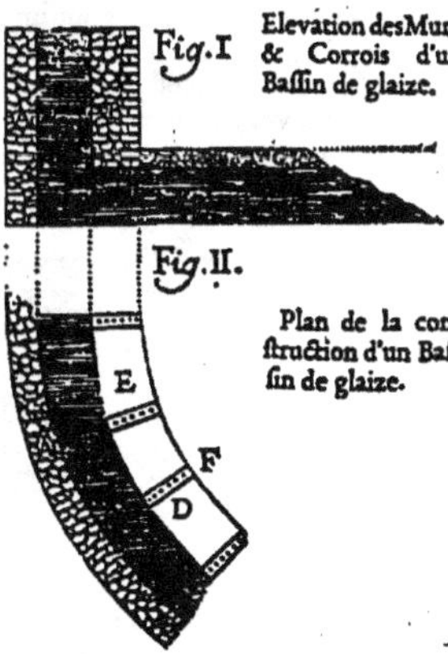

Elevation des Murs & Corrois d'un Bassin de glaize.

Plan de la construction d'un Bassin de glaize.

La veritable marque de la bonne glaize est qu'elle soit

ferme, & point sabloneuse, qu'elle s'alonge & file en la rompant, & qu'elle paroisse grasse en la maniant. Il n'importe qu'elle soit rouge ou verdâtre, la couleur n'y faisant rien : Elle s'achete à la toise cube, qui compose en tout 216 pieds cubes. La toise cube doit avoir de tous sens une toise quarrée, qui fait 36 pieds en superficie. La glaize n'est chere que par les voitures & transports ; il y a des païs où elle ne coûte qu'à tirer, & où il y en a trop ; d'autres où il la faut faire venir de loin, ce qui coûte beaucoup.

Les Bassins de ciment sont construits d'une maniere bien differente ; on recule la trace du Bassin, & on agrandit le diametre, mais pas si considerablement qu'aux Bassins de glaize ; il ne faut qu'un pied neuf pouces d'ouvrage dans le pourtour, & autant dans le plat-fond, ce qui est suffisant pour retenir l'eau. Ainsi pour un Bassin de six toises de diametre, il faut faire une foüille de six toises trois pieds & demi, & creuser un pied neuf pouces plus bas que la profondeur qu'on veut donner au Bassin.

Commencés par élever & adosser contre la terre coupée à pied droit, le mur de maçonnerie *A*, *Fig.* 3e, d'un pied d'épaisseur, lequel prendra de fond, & sera bâti de moilons & libages avec mortier de chaux & sable. Ce mur étant fait, tout au pourtour, on commencera le massif du fond *B*, d'un pied d'épaisseur, & construit des mêmes materiaux & mortier que le mur *A* : ensuite on adossera contre ce mur, le massif ou chemise de ciment *C* de neuf pouces d'épaisseur, y comprenant l'enduit & parement. Ce massif sera fait de petits cailloux de vigne mis par lit, & de mortier de chaux & ciment, qu'il ne faudra point épargner, car c'est ce qui fait le bon ouvrage. Tous ces cailloux ne doivent point se toucher l'un l'autre, au contraire ils doivent un peu s'éloigner, & regorger * de mortier de tous côtés.

Construction d'un Bassin de ciment.

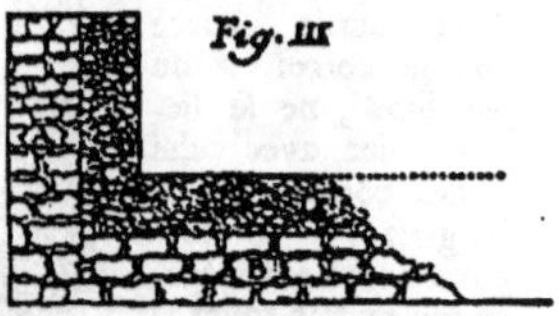

* Les Fontainiers disent, mettre des cailloux à boüin de ciment.

Quand

Quand ce massif aura environ huit pouces de large, & qu'il sera continué dans toute l'étenduë du plat-fond *D*, il faudra enduire le tout avec du mortier plus fin, c'est à dire avec du ciment passé au sas, avant de le délaïer avec la chaux, lequel enduit on unira avec la truelle. Cet ouvrage demande une grande sujétion pour ôter les pailles & les ordures qui peuvent se rencontrer dans le mortier qu'on fera, dont la dose est deux tiers de ciment, & un bon tiers de chaux. Il ne faudra pas faire ce mortier en jettant quantité d'eau, de peur de dégraisser la chaux; il se doit faire à force de bras.

On doit choisir un tems chaud pour travailler aux Bassins de ciment, la pluïe y étant tres-contraire. Quand le Bassin sera fini, il faudra pendant quatre ou cinq jours de suite, froter l'enduit avec de l'huile ou du sang de bœuf, de peur qu'il ne se fende & ne se gerce; ensuite dequoi on y mettra l'eau promptement de peur du hâle.

Le ciment a la vertu de durcir de telle maniere dans l'eau, que la pierre & le marbre ne sont pas plus durs; car il fait un corps solide qui ne se ruïne jamais.

Les Bassins de plomb sont un peu plus rares dans l'usage, par raport à la grande dépense, & au risque où ils sont d'être volés. Il faut agrandir la trace d'un pied seulement de chaque côté, & faire l'ouverture plus creuse d'un demi-pied, que la profondeur qu'on veut donner au Bassin; par exemple, un Bassin de six toises de diametre aura six toises deux pieds de foüille, & un pied ½ de creux si l'on ne le fait que d'un pied de profondeur.

On donne un pied d'épaisseur au mur *A*, *Fig.* 4ᵉ, des côtés, afin de mieux soûtenir les terres, quoiqu'on ne donne qu'un demi pied de haut, à l'aire ou plat-fond *B*. On bâtit ces murs de moilons, avec du mortier tout de plâtre, parceque la chaux mine le plomb, & sur ces murs & massifs on assurera les tables de plomb *CC*, qui seront jointes l'une à l'autre avec de la soudure.

Construction d'un Bassin de plomb.

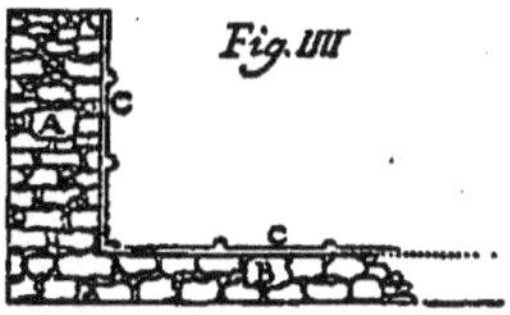

Quand on fait un Baſſin dans des terres raportées ou mouvantes, il faut ſoûtenir le mur de terre de ſix pieds en ſix pieds, par des arc-boutans ou éperons de maçonnerie, dont l'empatement ait autant de largeur par le pied, que l'éperon a de hauteur, *ainſi qu'on le voit dans cette Fig. 5e.* On pourroit craindre ſans cette précaution, que le Baſſin ne s'affaiſsât entierement. Si le fond n'étoit pas bon, on fera des grils de charpente, des plates-formes & pilotis, ſur leſquels on aſſurera le plat-fond d'un Baſſin.

Fig. V

Il faut remarquer qu'en faiſant le plat-fond d'un Baſſin, on doit laiſſer une petite pente d'un côté, afin de donner un écoulement depuis un bout juſqu'à l'autre, pour vuider entierement le Baſſin & le nettoïer quand on veut; ce qui ſe fait par le moïen d'une ſoupape, & décharge de fond.

A l'égard du bord & de la ſuperficie d'un Baſſin, il le faut tenir bien de niveau, afin que l'eau couvre également tous les murs, & qu'il s'entretienne toûjours bien plein; ce qui eſt d'une grande beauté à une piece d'eau, & de grande conſequence pour conſerver les differens Baſſins dont je viens de parler: car ſi c'eſt un Baſſin de glaiſe, l'eau n'étant pas aſſés haute, la glaiſe du corroi du pourtour ſe ſechera & ſe fendra, ce qui fera perdre l'eau, & ce qui fait auſſi qu'on met tout autour ſur les corrois & murs, une bordure de gazon de la même largeur, afin que le Soleil ne puiſſe pas ſi facilement en attirer l'humidité. Si c'eſt un Baſſin de ciment, l'enduit des côtés ſera ſujet à être gâté par la gelée, & à s'écrouter; ſi c'eſt un baſſin de plomb, le Soleil le fera bouffer & écarter les ſoudures; car le plomb craint plus la chaleur que la gelée, & l'eau enſuite ſe perdra, à quoi l'on a beaucoup de peine à remedier.

On doit pour les décharges des Baſſins, ſoit de fond ou de ſuperficie, obſerver de les faire plus groſſes que petites, étant tres-sujettes à s'engorger, nonobstant les crapaudines qu'on met au devant. On conduit ces eaux de décharge dans des pierrées ou dans des tuïaux de grès, quand ce n'est que pour les perdre dans des puisarts & cloaques; mais quand elles servent à faire joüer des bassins plus bas, il faut y emploïer des tuïaux ordinaires.

Ces grosses décharges, outre qu'elles servent à tenir les allées du tour d'un Bassin propres & seches, elles sont encore tres-necessaires à la conservation d'un bassin: car quand l'eau passe par dessus, elle détrempe les terres fermes sur lesquelles on avoit assuré l'aire & les fondemens d'un Bassin, & en affaissent le niveau.

De ces trois manieres de faire des Bassins, dont nous venons de parler, celle qui coûte le moins est sans doute la glaise, où il faut avoir recours dans les grandes pieces d'eau, à cause de l'épargne Mais c'est aussi la plus sujette de toutes, étant tres-facile à se secher & à se fendre, ce qui oblige de la remanier de tems en tems: celle qui coûte le plus c'est le plomb, à cause de sa pesanteur & soudure, & la troisiéme qui est le ciment, est préferable à toutes par sa durée; elle peut tenir le milieu pour la dépense entre la glaise & le plomb: Il n'y a jamais que l'enduit qui puisse se gâter; cela est si vrai que j'ai fait raccommoder des Bassins de ciment, qui avoient été 10 ou 12 ans sans eau, & qui se sont trouvés fort bons, après les avoir fait repiquer jusqu'au vif & enduire de nouveau.

On observera de plus, de n'emploïer de la glaise que dans les païs humides, elle s'y conserve mieux que dans les païs secs, & l'on n'a pas la peine de la remanier de tems en tems. Le ciment est plus propre dans les terrains arides & secs, & où les glaises sont rares, perceque de son naturel il aime la secheresse & la chaleur. Pour le plomb on l'emploïe par tout, mais avec beaucoup de ménagement: il sert plus à faire des tuïaux, que des Bassins, à moins que ce ne soit de petits Bassins sur des terrasses, dans des cascades, & autres lieux où l'on ne veut pas foüiller profondément, crainte de faire mourir de beaux arbres.

Il y a des païs où il ne faut ni glaise ni ciment pour faire des Bassins, les terres tenant l'eau naturellement. Ce sont des especes de terres franches, qu'il ne faut que délaïer & couler dans une tranchée de trois pieds de large, après avoir fait un revêtissement du côté de l'eau pour retenir ces terres, par un mur de maçonnerie de deux pieds de large, qui sert de mur de Douve.

On se sert encore en Languedoc & en Provence d'une espece de terre apellée *Pozzolane*, laquelle a la vertu de se durcir dans l'eau, & de durer fort long-tems; c'est de cette terre dont on construit les Bassins : on la mêle avec de la chaux, & on l'emploïe comme le ciment, à quoi on la peut comparer faisant presque le même mortier.

Vitruve parle de cette terre Liv. 2. chap. VI.

Dans les endroits où il y a beaucoup d'eau & de pante, on peut outre des Bassins & pieces d'eau, y pratiquer encore des Cascades, goulettes, buffets d'eau, &c. tant dans les allées, que dans les escaliers & rampes, rien n'est plus agréable & plus commode; car les bassins d'en-haut fournissent ceux d'en-bas, & de l'un à l'autre ils se font joüer, soit par des décharges de fond, ou de superficie.

Les Cascades sont composées de Nappes, de Buffets, de Masques ou Dégueuleux, de Boüillons, Champignons, Gerbes, Jets, Moutons, Chandeliers, Grilles, Cierges, Croisées & Berceaux d'eau.

On les accompagne d'ornemens maritimes & convenables aux eaux, comme de glaçons, de rocailles, de congélations, petrifications, coquillages, feüilles d'eau, joncs & roseaux imitant le naturel, dont on revêtit le parement des murs & bordures des bassins. On les orne de figures, dont le naturel est d'être dans l'eau, comme de Fleuves, de Naïades ou Nymphes des eaux, de Tritons, Serpens, Chevaux marins, Dragons, Dauphins, Grifons, Grenoüilles, ausquels on fait jetter & vomir des traits & torrens d'eau. Voilà à peu près ce qui entre dans leur composition.

A l'égard de leur situation & de leur difference, les Cascades n'en peuvent gueres avoir d'autres, que celle d'une pante douce en rampe, ou par chute de perrons, escaliers de pierre, ou de talus & glacis de gazon : on distingue ces grandes Cascades d'avec les petites, qui se pratiquent soit dans une niche de charmille ou de treillage, soit dans le milieu d'un fer à cheval d'escalier, soit enfin à la tête d'une piece d'eau, ainsi qu'on en voit des exemples dans la Planche suivante, que nous allons expliquer.

La premiere Figure represente une Cascade toute des plus simples, & des plus aisées à executer dans la maison d'un particulier. Elle est suposée sur une pante ou rampe douce, au bout d'un bois percé en pate-d'oye, dont les allées viennent aboutir à un bassin rond, où il y a un gros jet; & pour fournir davantage d'eau à la tête de cette Cascade, on aura quelques décharges de bassins au-dessus, qui viendront se rendre à *gueule-bâie* dans ce même bassin. Cette tête est entre deux escaliers de pierre, ornés de quatre figures, & elle est formée par trois Masques ou Dégueuleux, jettant de l'eau dans des coquilles, qui font napes dans le bassin, avec deux gros jets qui l'accompagnent. De la largeur de ce bassin, & de celui d'en-bas, on a pratiqué une pelouse de gazon bordée de deux allées, où l'on a mis des chevrons ou arrêts de gazon en zig-zac, pour rejetter les ravines des deux côtés. Ces allées sont plantées de Maroniers & d'Ifs entre-deux, & derriere la petite contre-allée on a fait regner des bois, afin de renfermer cette Cascade, & lui faire un fond de verdure. L'eau sort de cette tête & du premier bassin par une rigole, & vient se rendre dans un second bassin, où elle fait nape; il y a deux petits bassins au-dessus, avec des boüillons, qui font aussi nape dans ce bassin. L'eau ensuite coule dans une autre rigole, au bout de laquelle il y a un petit bassin avec un boüillon qui fait avant-corps, & forme une nape dans un autre bassin plus bas. Le reste de cette Cascade est une repetition jusqu'au grand bassin d'en-bas, qui reçoit toutes ces eaux, & qui est orné de deux gros jets, outre les trois petits au-dessus qui font napes sur napes dans ce bassin. Il y a dans la palissade deux figures, qui accompagnent toutes ces eaux. Fig. I.

La seconde Figure est beaucoup plus magnifique & plus composée; elle est ménagée sur une pante douce, coupée d'escaliers, perrons, pailliers & petits talus de gazon. Sa tête est un grand bassin octogone, d'où sort un gros champignon d'eau faisant nape dans ce bassin: la coupe en est soûtenuë par des Dauphins, qui jettent de l'eau. Il y a encore quatre boüillons placés avec simetrie dans ce bassin, dont Fig. II.

les eaux se déchargent par une nape soûtenuë par des Tritons & Dauphins, qui ornent la tête de cette Cascade. Ces eaux ensuite trouvent un repos dans des bassins, & se repetent par plusieurs autres napes, jusqu'à la grande d'en-bas qui est de la largeur du grand bassin, qui reçoit toute l'eau & où il y a trois gros jets, dont deux répondent à l'enfilade des jets ou chandeliers des côtés, & le troisiéme est dans le milieu. Comme ces napes & ces bassins seroient trop unis & trop nuds sans jets, on a accompagné les côtés de cette Cascade, de deux rangs de petits bassins apellés Chandeliers, qui sont pratiqués sur chaque paillier. Ces jets n'emplissent point les bassins, qui ont dans leur milieu une crapandine & un tujau de décharge pour fournir aux autres, c'est à dire le premier jet fournit au troisiéme, le second au quatriéme, & ainsi des autres, car en fournissant les deux premiers jets de chaque rangée, on en fera joüer un cent tout de [illegible] il y a de petits talus de gazon entre ces bassins, qui se [illegible] vis à vis des escaliers, & ce qui est marqué en petit [illegible] noir sur la tablette de pierre, sont des dez [illegible] & des pots de fleurs, dont il y a trois [illegible] proche la palissade est un talus [illegible] jusqu'en bas, & qui est coupé à la rencontre [illegible] Cette Cascade est [illegible] car c'est là presque toujours qu'on [illegible] des arbres & des gazons, la blancheur [illegible] des figures & vases y faisant un mélange [illegible] des plus agréables à la vûë.

FIG. III. La troisiéme Figure est un grand [illegible] la tête d'une piece d'eau, dont le [illegible] tenu d'un petit mur de terrasse. On juge [illegible] bel effet que cette Cascade feroit, & par [illegible] qu'elle occupe. Dans le bassin à niveau [illegible] premier gradin, il y a cinq gros jets [illegible] haut. Ce bassin [illegible] échancré dans les [illegible] des napes [illegible] cailles, placées dans [illegible] échancrures [illegible] à deux napes. Ces [illegible]

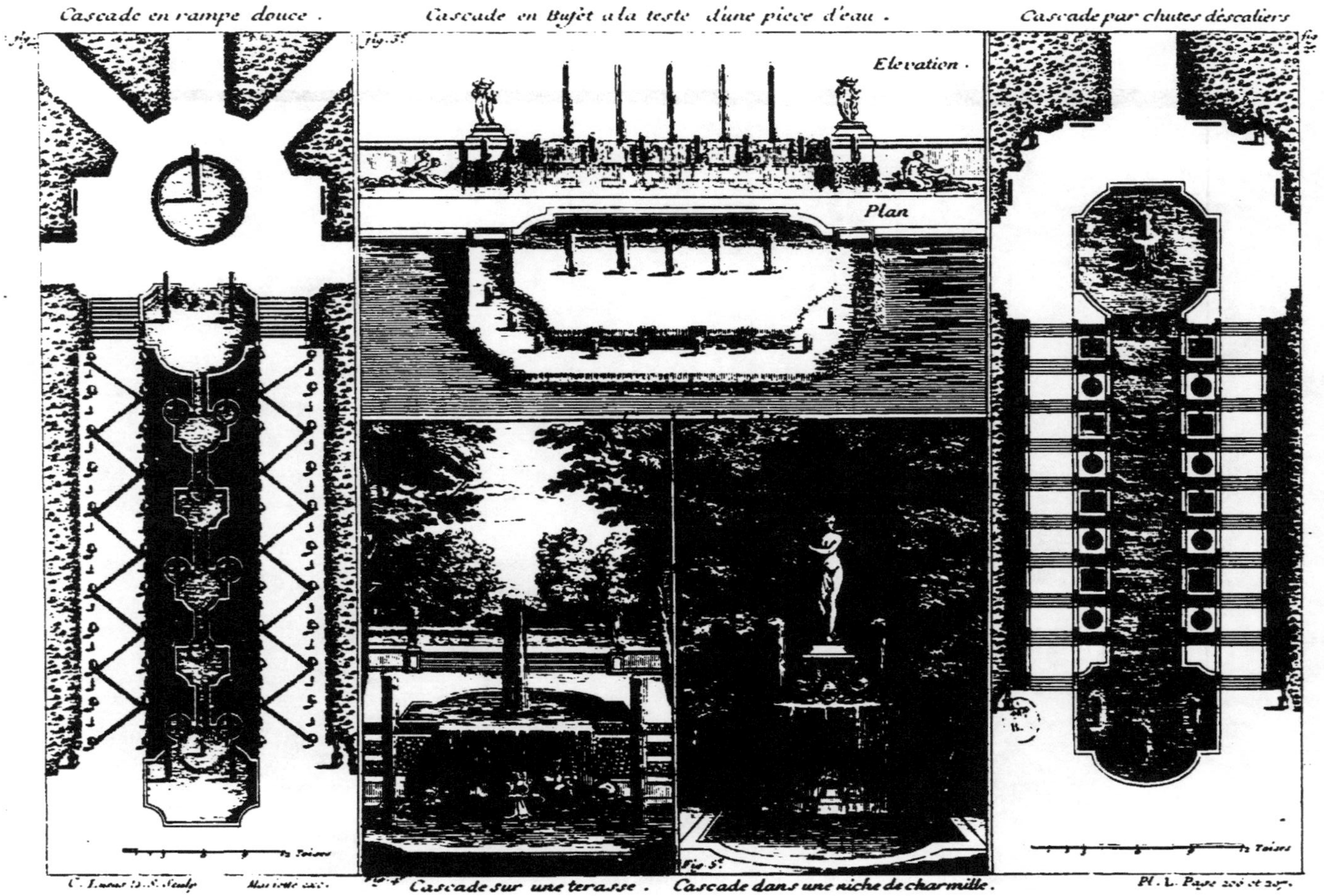
Cascade en rampe douce .
Cascade en Bufet a la teste d'une piece d'eau .
Cascade par chutes d'escaliers
Fig. 3.
Elevation .
Plan
12 Toises
12 Toises
Fig. 5.
C. Lucas D. F. Sculp.
Mariette exc.
Fig. 4.
Cascade sur une terasse .
Cascade dans une niche de charmille .
Pl. L. Page 206 et 207.

re opposition, & servir de fond à 10 boüillons d'eau, qui sont dans le second bassin ou gradin, lequel varie assés bien avec le premier. La nape en face est continuée d'un bout à l'autre, & se répand dans la piece d'eau. Il y a encore deux napes assés larges sur les côtés, & il ne se trouve des rocailles que dans les encoignures. Ce Buffet est orné dans le haut, de deux groupes d'enfans, qui suportent des paniers de fleurs, & qui sont posés sur des socles au-dessus de la tablette de la terrasse; dans le bas il est accompagné de deux figures de Nymphes des eaux, portées sur des Dauphins qui vomissent de l'eau par les narines.

On voit dans la quatriéme Figure l'élevation d'un petit Buffet d'eau ou Cascade, ménagée dans le milieu d'un escalier en fer à cheval. Sur le plein-pied de la terrasse est un bassin cintré par le bout, avec un gros boüillon ou gerbe d'eau, qui se trouve en face d'un autre escalier plus haut, & d'une grande allée de bois, le long de laquelle est un canal qui fournit l'eau de cette Cascade. Ce gros jet retombe dans le bassin d'en-bas, par une nape soûtenuë de deux jeunes Tritons & de trois Dauphins, qui bavent dans ce même bassin. Cette Cascade est accompagnée de deux jets sur les côtés: les murs de la terrasse & du fer à cheval sont ornés de paneaux, de bandes de rocailles, de glaçons, & petrifications taillées dans la pierre de taille. FIG. IV.

La cinquiéme Figure est propre à mettre au fond d'une allée, ou au bout de quelque enfilade; elle est pratiquée dans une niche ou renfoncement d'une palissade: c'est une grande coquille élevée dans le bout d'un bassin, & soûtenuë de consoles & feüilles d'eau; au milieu est une figure de Venus sur un pied douche porté par deux Dauphins, qui jettent de l'eau. Il y a deux boüillons sur les côtés de cette coquille, dont l'eau retombe par napes dans le bassin d'en-bas. FIG. V.

On peut faire les Bassins de ces Cascades en glaise ou en ciment, avec une tablette de pierre de taille regnante par tout; & pour les petits bassins des Chandeliers, on les taillera & creusera dans une seule pierre: les rigoles & goulettes seront aussi creusées dans la pierre, ou bâties de cailloutages & mortier de ciment. On pourroit encore faire tous ces bassins & rigoles en plomb, mais cela coûteroit beaucoup, & est fort sujet à être volé.

A l'égard des napes, elles seront soûtenuës par des murs bien bâtis, & afin qu'elles fassent un bel effet, & qu'elles ne se déchirent point, on les fera couler sur des tables de plomb, ou sur des tablettes de pierre bien unie, & posées bien de niveau. Les figures dont on orne les Cascades peuvent être de marbre, de bronze, de plomb doré ou bronzé, ou au moins d'une pierre bien dure; car pour les ouvrages dans l'eau, on ne sçauroit emploïer de trop bons materiaux.

FIN DE LA SECONDE ET DERNIERE PARTIE.

De l'Imprimerie de la Veuve d'Antoine Lambin.

www.ingramcontent.com/pod-product-compliance
Lightning Source LLC
Chambersburg PA
CBHW070544160426
43199CB00014B/2371